国家社会科学基金项目资助

闫 磊 著

非再生性资源供给侧价值链治理路径建构研究

FEIZAISHENGXING ZIYUAN GONGJICE
JIAZHILIAN ZHILI LUJING JIANGOU YANJIU

中国财经出版传媒集团
经济科学出版社
Economic Science Press

图书在版编目（CIP）数据

非再生性资源供给侧价值链治理路径建构研究／闫磊著．—北京：经济科学出版社，2020.6
ISBN 978-7-5218-1654-9

Ⅰ.①非… Ⅱ.①闫… Ⅲ.①能源经济-价值论 Ⅳ.①F407.2

中国版本图书馆 CIP 数据核字（2020）第 106708 号

责任编辑：孙怡虹　刘　博
责任校对：齐　杰
责任印制：王世伟

非再生性资源供给侧价值链治理路径建构研究
闫　磊　著
经济科学出版社出版、发行　新华书店经销
社址：北京市海淀区阜成路甲 28 号　邮编：100142
总编部电话：010-88191217　发行部电话：010-88191522
网址：www.esp.com.cn
电子邮箱：esp@esp.com.cn
天猫网店：经济科学出版社旗舰店
网址：http://jjkxcbs.tmall.com
北京季蜂印刷有限公司印装
710×1000　16 开　14.25 印张　260000 字
2020 年 6 月第 1 版　2020 年 6 月第 1 次印刷
ISBN 978-7-5218-1654-9　定价：69.00 元
（图书出现印装问题，本社负责调换。电话：010-88191510）
（版权所有　侵权必究　打击盗版　举报热线：010-88191661
QQ：2242791300　营销中心电话：010-88191537
电子邮箱：dbts@esp.com.cn）

前 言

　　加快推进我国产业迈向全球价值链中高端是时代赋予我们的使命。然而，纵观国际贸易领域，单个企业无论实力强弱，都很难长期保持永久竞争优势。产业价值链、国家价值链之间的竞争正在逐步取代旧的竞争方式。"爱之深，责之切"。作为成长于20世纪70年代末期的新一代中国经济学研究者，改革开放的波澜壮阔为我们提供了丰富的研究样本：我们既要短期内通过工业化、信息化、城镇化和农业现代化完成西方国家几百年才能完成的现代化任务，又要避免陷入"低水平均衡陷阱""比较优势陷阱"和"中等收入陷阱"；既要考虑全球化背景下的全球接轨和同步发展，又要考虑中国经济的现实基础和实践可行性；既要赢得全球价值链的中高端，又要维持产业链供应链安全，牢牢将国家的命运掌握在自己的手中。

　　生于西部，长于西部，幼年时期目睹的稀土、萤石、铜矿企业大起大落，无数次激励着笔者思考"中国卖什么，什么东西便宜；中国买什么，什么东西贵"的言论。2016年，据此问题，笔者申报了国家社会科学基金项目《非再生性资源供给侧价值链治理路径建构研究》，并有幸获得年度项目资助（项目号为16BJL054）。经过近3年多的研究，于2020年5月该课题结项，鉴定等级为良好。尽管笔者提供的答案，离系统解决这一问题仍有一定的差距，但笔者研究观点为解读这一问题提供了一条新的路径。林毅夫先生《新结构经济学：反思发展问题的一个理论框架》、迈克尔·波特著名的竞争三部曲（《竞争战略》《竞争优势》《国家竞争优势》）等优秀作品，启迪笔者从"资源禀赋结构决定比较优势""企业通过业务单元的联系实现经济租的产生和分配"等观点去进一步思考资源禀赋的战略重置问题，以期从价值链系统性协调角度来实现非再生性资源供给侧国家价值链的现代化治理。进而也得到了一个重要的结论，即"非再生性资源的下游控制更有利于价值链的中高端收益。"这一结论结合本人另一研究结论，即"非再生性资源的上游控制将更有利于产业链的整体安全"，对于当前推进企业复工复产、维护全球产业链供应链稳定，以及未来全球化新格局下培育国家竞争优势都有着重要的借鉴意义。

我们知道，非再生性资源作为经济之根本，是我国工业经济的核心命脉。本书基于国家价值链的考量，强调非再生性资源供给侧价值链的治理本质是国家价值链的治理。这一问题的研究将有助于解决国际定价权过弱、产能过剩、产品质量不高等问题。为此，本书基于供给侧结构性改革的要求，在以往投入产出视角、地理范围视角、制度分析视角和产业升级视角分析的基础上，基于资源禀赋战略重置这一思路，思考非再生性资源的区域黏性和空间价值，提出空间价值视角更适合于分析国家价值链，并构建了相应数理模型和实证模型，确立了非再生性资源供给侧价值链治理思路为"空间价值—链主主导权—核心能力—治理环节"。进一步从上游、中游和下游分析供给侧价值链治理的决定因素、关键环节和具体路径，以期对非再生性资源供给侧的价值创造和成本约束进行系统性治理。本书中的非再生性资源指金属矿产资源、非金属矿产资源和传统能源。资源禀赋战略重置是指资源禀赋的信息对产品价格构成影响之后，经济主体依据定价策略，对产品的价值创造和成本约束进行系统性的治理。

本书的主要研究成果如下：

（1）梳理了研究价值链的四大视角，确定空间价值是研究国家价值链的一个理想视角。投入产出视角主要是基于"物"的层面，分析部门间的生产投入和使用去向，侧重于对价值构成的分析；地理范围视角基于资源禀赋和比较优势，分析资源禀赋战略重置带来的不同效果，侧重于供给侧对价值生成的分析；制度分析视角基于所有权和经营权的匹配，分析不同匹配方式带来的治理路径的不同；产业升级视角基于产品附加值的提高，分析生产要素改进、结构改变、生产效率与产品质量提高对产业收益的影响。这四类分析视角各有侧重，是分析价值链治理的必要基础。但是，从国家价值链层面看，国家的战略意志和国家力量则需要更充分的重视。为此，需要考虑空间价值视角，以资源的区域黏联特性为基础，以国家战略、国土安全、生态安全和可持续发展为导向，以空间结构的优化为主要策略进行价值链治理路径的建构。

（2）基于研究价值链的四大视角，选择相应的主要研究方法，分析了不同视角下的主要结论。通过投入产出视角下的耗散系数和影响系数，分析得到我国产业发展非常依赖非再生性资源，非再生性资源的上游构成了产业发展的主导力量；而其他产业对非再生性资源投入的需求依次为中游、下游和上游。通过地理范围视角下资源禀赋战略重置组分析，得到：C—操纵，即联盟（coalition）；W—操纵，即预扣（withhold）；G—操纵，即赠予（grant）；D—操纵，即破坏（destroy）都可以成为改变非再生性资源价值收益的方式。通过制度分析视角下的治理思路分析，构建了上游主导和下游主导的资源配置模型，分析得到下游处于支配权的产业更容易使产业链的价值最大化。通过基于产业升级视角下的随机前沿分析，发现我国非再生性资源产业普遍存在产能过剩现象，上游产能过剩程度呈螺旋式上升状态，中下游产业平均产能过剩指数程度更高。

（3）分析比对了国家层面价值链价值增值的差异。基于世界500强企业盈利能力的比对，分析得到：在发达国家，价值链的上游、中游和下游所处企业的获利能力依次呈上升态势，而我国的价值链上游和中游所处行业的盈利能力较强，处在下游行业的盈利能力较弱。进一步结合四大视角下的价值链分析，可以看出我国非再生性资源价值链存在的问题是：上游产业国有企业占据"链主"位置，下游产业的整体实力偏弱、创新能力不足。

（4）基于空间价值视角，建构了非再生性资源供给侧价值链治理的模型。本书所指空间价值是指由区域资源禀赋结构特征所决定的附加价值，比如国土安全和生态安全都在此列。通过建构模型得到两个命题：一是在资源开发主导的区域，对资源的开采程度越小，就越有利于区域的长远价值；二是对区域长远价值的需求预期越大，越有利于区域的长远价值和空间价值。其意义在于要将资源开发与当地空间价值结合起来，防止资源诅咒。同时，制造不同的预期，通过合理的垄断，打破我国"生产什么，什么东西便宜"的"陷阱"。在此基础上，以我国西部地区、中亚5国和俄罗斯为样本，对上述资源诅咒和空间价值的观点进行了验证，确立了非再生性资源供给侧价值链治理思路为

"空间价值—链主主导权—核心能力—治理环节"。

（5）分析了上游产业供给侧价值链治理路径的决定因素和关键环节，提出了提高行业集中度、以空间期权为决策导向的治理路径。在决定因素的认知上，通过分析得到资源禀赋的区域黏联特性和双重委托代理是我国非再生性资源上游产业的主要特征；在关键环节的认知上，从上游产业供给侧存在的行业集中度低、产能过剩、未将生态成本完全计入等问题中，梳理出利益协调机制是解决上游产业供给侧的关键，而不是以盈利能力为导向。进而提出提高行业集中度、运用空间价值期权、将生态成本完全计入价格的治理路径。

（6）分析了中游产业供给侧价值链治理路径的决定因素和关键环节，提出了以标杆管理为导向的治理路径。在决定因素的认识上，基于马歇尔冲突的认识，强调处理好规模、成本和创新的关系；在关键环节的认知上，强调减少恶性竞争、降低垄断利润、降低行业整体风险，实现中游产业的稳定发展。在治理路径上提出，学习标杆，挂钩业绩，营造适度竞争环境。

（7）分析了下游产业供给侧价值链治理路径的决定因素和关键环节，提出了以市场为导向、统领政金产学研的治理路径。在决定因素的认知上，强调下游产业大型企业过少，不能够很好地创造和满足消费者价值主张。在关键环节的认知上，强调缺乏核心技术和恶性竞争是造成价值链整体盈利能力较弱的原因。在相应的治理路径上，强调以市场为导向、统领政金产学研、合力开发核心技术，实行企业价值链成本控制，实现产品高质量的治理路径。

（8）在横向归纳总结前述供给侧治理路径的基础上，结合需求侧，提出以信息化提升价值链治理的动态反应能力、以开放化提升价值链治理的市场接纳水平、以生态化提升价值链治理的社会认同标准的纵向制度设计建议。

需要进一步解释的是，因为本书涉及《中国工业统计年鉴》《2012年全国投入产出表》《2015年全国投入产出表》《上市公司年报》等多项数据，在上游、中游和下游的划分上主要根据具体统计数据中出现的名称进行划分和统计。

目 录

第1章 绪论 / 1

    1.1 选题背景和意义 / 1

    1.2 文献述评 / 4

    1.3 研究目标、研究思路和研究方法 / 7

    1.4 本书研究的重点、难点和创新之处 / 10

    小结 / 11

第2章 概念界定和相关理论 / 12

    2.1 概念界定 / 12

    2.2 相关理论 / 18

    小结 / 38

第3章 基于四大视角的非再生性资源价值链分析 / 39

    3.1 投入产出视角下基于耗散系数和影响系数的价值链分析 / 39

    3.2 地理范围视角下基于资源禀赋战略重置的价值链分析：
以稀土产业为例 / 45

    3.3 制度分析视角下基于控制权的价值链分析 / 51

    3.4 产业升级视角下基于随机前沿的价值链分析 / 55

    3.5 四类视角下价值链分析结果的相似性和差异性：
国家空间价值的凸显 / 62

    小结 / 65

第4章 国家层面非再生性资源价值链的价值比对 / 66

    4.1 我国非再生性资源价值链的构成 / 66

    4.2 基于盈利能力的价值链总体分析 / 68

4.3 我国非再生性资源价值链分析中存在的主要问题 / 71
小结 / 72

第5章 非再生性资源供给侧价值链治理的空间价值模型和建构思路 / 73
5.1 以空间价值为导向的非再生性资源价值链治理模型 / 73
5.2 以空间价值为导向的实证分析 / 78
5.3 非再生性资源供给侧价值链治理的建构思路 / 81
小结 / 83

第6章 上游产业供给侧价值链治理路径 / 84
6.1 非再生性资源上游产业的供给特性 / 84
6.2 上游产业供给侧价值链治理中存在的问题 / 90
6.3 我国非再生性资源上游产业供给侧价值链治理路径的建构 / 110
小结 / 119

第7章 中游产业供给侧价值链治理路径 / 121
7.1 非再生性资源中游产业供给侧价值链治理特征 / 121
7.2 我国非再生性资源中游产业供给侧价值链治理中存在的问题 / 127
7.3 非再生性资源中游产业供给侧价值链建构 / 139
小结 / 149

第8章 下游产业供给侧价值链治理路径 / 150
8.1 非再生性资源下游产业供给侧价值链治理特征 / 150
8.2 下游产业价值链治理中的供需不匹配问题 / 154
8.3 非再生性资源下游产业供给侧价值链治理建构 / 169
小结 / 178

第9章 政策建议 / 180
9.1 非再生性资源供给侧价值链治理路径的政策建议 / 180
9.2 结合需求侧非再生性资源价值链治理路径的政策建议 / 185
小结 / 187

附录 / 188
参考文献 / 211
后记 / 217

第1章

绪　　论

1.1　选题背景和意义

1.1.1　选题背景

党的十九大报告指出,"我国经济已由高速增长阶段转向高质量发展阶段""促进我国产业迈向全球价值链中高端,培育若干世界级先进制造业集群"。工业作为我国经济发展的主要支柱,必然面临着发展方式的转换,必然要求在整个全球价值链中不断攀升,由过去的中低端向中高端攀升。当前,全球贸易领域,国际化、信息化态势明显加快,企业不管其规模多大、技术多先进、资源多占优,都面临着孤军奋战难以保持永久竞争优势的困境,产业价值链间的竞争优势、国家价值链间的竞争优势已逐步成为国家间争取话语权的关键。反思我国非再生性资源供给侧,亦存在着"中国卖什么,什么东西便宜;中国买什么,什么东西贵"的言论。对此,基于资源禀赋战略重置这一思路,思考非再生性资源的区域黏联特性和空间价值,对其产业链的价值创造和成本约束进行系统性的治理,将有助于长远解决"定价权"和"产能过剩"问题。本书中所涉及的非再生性资源是指金属矿产资源、非金属矿产资源和传统能源。

（1）非再生性资源作为经济之根本,是中国工业经济发展的核心命脉。

合理开采非再生性资源、合理规划非再生性资源和合理使用非再生性资源是实现经济增长及可持续发展的基本要求。就非再生能源而言,根据统计局《中国统计年鉴》数据可计算得到：1978~2019年,我国煤炭、石油、天然气年消费总量分别为55,202万吨标准煤、411,642万吨标准煤,各占全年总消费能源的96.6%和84.7%。虽然煤炭、石油、天然气的年消费总量占比下降了11.9%,但其消费总量却在以每年5.02%的速度增加,在我国生产生活中仍占有重要分量。此外,非再生性资源中的金属、非金属材料在制造业中也扮演着重要的角色，支撑着我国现代制造业的发展。

（2）非再生性资源价值链治理现状堪忧。

根据国土资源部发布的《2017中国国土资源公报》，2016年油气资源储量与2015年度相比减少了38.3%，岩气资源储量较上年度减少6.0%，钾盐储量较上年减少691.5%，金刚石储量减少8%。同时，煤炭、石油和天然气等矿产性的非再生性资源作为经济发展的物质基础正在以惊人的速度减少。同时，资源开采带来的生态环境问题也愈演愈烈。比如，开采企业排放的废气、废水、废渣对空气、地下水和土壤造成破坏；因采矿活动引发的地面塌陷、沉降、地裂等地质灾害对地表景观、地质结构等生态环境造成破坏。上述资源储量和生态环境的恶化让我们陷入了沉思，是否是经济的迅猛发展造成了非再生性资源的长期浪费？探究其原因，一个简单的认识是，在我国，非再生性资源的开采权在国家，而国有企业作为代理人，在对非再生性资源进行开采时，往往因追求短期的业绩，造成资源的过度开采、企业的产能过剩和资源价格偏低等现象，从而在一定程度上，也影响了非再生性资源供给侧中游和下游企业的发展思路。

（3）供给侧改革为改善非再生性资源价值链提供一种思路。

2015年12月，在中央经济工作会议上，习近平提出"在适度扩大总需求的同时，着力加强供给侧结构性改革"，这一举措从供给侧的角度为重构产业价值链提供了新思路。会上，习近平用"加减乘除"四则运算法则对供给侧结构性改革这一举措做了详细的说明，所谓"加法"是指补齐短板，重点强调提升创新能力、发展新兴产业以及增加公共产品的供给；所谓"减法"是指政府简政放权，重点强调去产能、降成本；所谓"乘法"是指以创新发展理念培育创新发展因子，重点强调释放新兴产业的活力；所谓"除法"是指扫清前行路上的"拦路虎"，重点强调淘汰过剩产能。"加法"和"乘法"法则要求企业通过提高创新能力来增加公共产品的供给，释放新兴产业的活力；"减法"和"除法"法则要求企业通过规模化来淘汰过剩产能和降低成本。这一举措为我们提供了这样一个思路：以提高供给质量为出发点，通过供给结构对需求变化的适应性和灵活性，矫正要素市场配置的扭曲。

（4）非再生性资源供给侧改革进程缓慢。

2016年1月26日，在中央财经领导小组第十二次会议上，习近平强调，供给侧结构性改革的根本目的是提高社会生产力水平，落实好以人民为中心的发展思想。根据马克思主义哲学，决定生产力高低的因素有三个：劳动者、劳动资料与劳动对象。之前，在很长一段时间我们过度重视劳动资料粗加工带来的外在产出，比如，"大跃进"时期的大炼钢铁等问题。实际上，社会生产力体现的是社会劳动者创造社会财富的能力，这种能力不是单纯的生产问题，而是一个对价值维度的重新认知问题。对于非再生性资源，其资源禀赋与生俱有的区域黏联特性和空间价值，是我们在非再生性资源开采和开发中忽略的问题。近年来，在非再生性资源供给侧治理中，有一些方式试图利用企业间构建的价值链来解决企业长期存在的产能过剩和产品价格偏低等问题。但是，到目前为止，针对非再生性资源产业的特殊性，仍没有深入剖析出其产能过剩和产品价格偏低的根本原因，致使供给侧结构性改革的进程缓慢。为此，需要我们通过对非再生性资源供给侧价值链治理路径进行研究，分别找出非再生性资源行业上游、中游和下游不同类型企业存在的本质性问题，从价值链治理角度，提出对企业深入贯彻落实供给侧改革的方式方法。

1.1.2　选题意义

（1）理论意义。

我国非再生性资源分布广泛，具有较强的地理特性。非再生性资源供给侧是与区域发展耦合在一起的。其理论意义在于：第一，从长期来看，区域的空间价值决定了该地区是否能够长期发展，具有基础性作用，对空间价值的研究应先行于地域产业竞争力。市场竞争不再是简单双方博弈，而是宏观层面上产业链的竞争。非再生性资源供给侧亦是如此，其产业链竞争力的提升，离不开整个产业系统的结合。第二，从短期来看，基于成本的角度来看待区位和比较优势理论，虽然能够获得短期的成本优势，但并非成本最低是实现产业链价值最大化的最佳途径。非再生性资源供给需要慎重考虑成本因素，重视区位、产业链和企业的长远价值。第三，从空间角度看，我国领土面积广，区域特征明显，将资源禀赋战略重置与区域相结合，有利于将其内生为一体的系统性分析框架。总体而言，非再生性资源开采企业只有与区域资源禀赋结构耦合到一定程度，才会从长远谋划，实现非再生性资源端企业价值的最大化。此外，金融衍生品作为公司治理的重要辅助工具，从定价策略上考虑了时间价值，也可以用于非再生性资源价值链治理路径。

（2）实践意义。

当前，非再生性资源供给侧出现的产能过剩和资源价格偏低的现象仍然是我国经济发展中亟待解决的问题。非再生性资源与区域发展问题相结合，是解决上述问题的重要途径，尤其适合西部欠发达地区区域发展战略的制定。近年来，对于资源供给侧改革的方式数不胜数，但往往因其晦涩难懂而执行效果欠佳。从价值链治理路径出发进行资源供给侧改革，可形成一套被官方和民间普遍认同的形式，具有如下实践意义：第一，从空间价值角度，依照因地制宜的原则，从根本上去解决非再生性资源价值链治理路径问题，符合主体功能区发展战略；第二，从经济学角度和生态角度出发，将可再生性资源供给侧与当地生态价值相结合，建立非再生性资源企业一套特有的价值链治理体系，有利于推进国家治理体系的现代化；第三，绿色、创新、协调、共享发展是当今社会不变的理念，有效地将金融衍生品理论和标杆企业战略相结合，有利于深入贯彻落实新时代发展理念。

1.2 文献述评

1.2.1 国外相关研究的学术史梳理及研究动态

（1）资源诅咒的研究。

20世纪60年代，一些资源导向型国家如石油输出国组织（Organization of the Petroleum Exporting Countries，OPEC）成员国等普遍开始面临经济减缓问题，中收入国家人均国民生产总值（gross national product，GNP）以年均2.2%的速度递增，而同期OPEC成员国却下降了1.3%，而一些资源贫乏的国家（新加坡、韩国等），经济增长已超过了发达国家的平均水平。1993年，奥蒂（Auty，1993）首次提出了"资源诅咒"概念，其基本观念是长期依据资源禀赋比较优势，提供能源、矿产等初级产品，将会导致经济增长减缓和生态环境恶化。此后，萨克斯和沃纳（Sachs & Warner，1995）较为系统地进行了实证检验，主要涉及了制度安排、区域效应、价格波动和地理气候等因素。

（2）非再生性资源的供给研究。

资源供给问题最早可追溯到萨伊定律，简称为供给决定需求。但是，对于非再生性资源而言，在供给上是不能满足约翰·希克斯（John Hicks）假定的，即非再生性资源不能由人力资源决定，并且不能够无限制的夸大。为此，霍特林（Hotelling，1931）提出了一个法则，通过考虑价格上涨和利润率的比较来决定是否开采。20世纪90年代，资源过度开采引起的环境问题开始进入经济学家的视野，为此，一些经济学家提出了污染在低收入水平上随人均国内生产总值（gross domestic product，GDP）增长而上升，高收入水平上随GDP增长而下降的观点（Grossman & Krueger，1991，1995）。此后，这种观点进一步被表述为环境库兹涅茨曲线[①]。

[①] Panayotou, T., *Empirical tests and policy analysis of environmental degradation at different stages of economic development*, No. 992927783402676, International Labour Organization, 1993.

(3) 非再生性资源的价值研究。

在国外，非再生性资源的价值研究是与资源诅咒问题割裂的，目前更多是以强调环境资源价值的重要，适应评估社会经济活动费用与效益的需要。而在使用价值方面，则更侧重资源使用的直接价值和间接价值（Gallagher & Smith，1985；Cook & Graham，1977）；在选择价值方面，则更突出资源的潜在价值（Cory & Saliba，1987；Adams & Katz，1984）；在内在价值方面，则强调非个人资源的消极使用（Rollins & Lyke，1998；Madariaga & McConnell，1987）。

(4) 价值链和价值链治理的研究。

关于非再生性资源的价值链治理问题可以追溯到 1985 年迈克尔·波特（Michael Porter）在《竞争优势》中提出的价值链概念。其核心思想是企业通过采用业务单元或业务单元的联系，来实现经济租的产生和分配。在这一过程中，价值链治理实际上就是价值链系统性的协调[1]。在非再生性资源的价值链治理路径上，萨夫拉（Safra，1983）提出了资源禀赋的战略重置问题，并通过不同信息条件下的资源禀赋假定，数理分析得到了 C—操纵、W—操纵、G—操纵和 D—操纵四类策略。根据"波特假说"，在环境管制对产能过剩的影响方面，适当的环境规制有利于提升产品的竞争力，增加市场对产品的需求，缓解供给侧的产能过剩（波特，1985）。对此，保罗·克鲁格曼（Paul Krugman）在 2010 年的《纽约时报》发表的《打造绿色经济》（Building A Green Economy）一文中，则更强调用市场的方法去解决，提出在事前给污染物贴上价格标签更为有效；而对煤炭燃烧可以采取直接控制的方法，来弥补市场机制的不足。

1.2.2 国内相关研究的学术史梳理及研究动态

(1) 资源诅咒和空间价值的研究。

国内关于资源诅咒的文献主要集中在省级面板数据层面，实证分析表明，我国同样存在资源诅咒现象（徐康宁、王剑，2006），对此问题的解释分为两类：一类是关注生产要素的利用率问题，比如人力资本的投入不足（胡援成、肖德勇，2007）、寻租与腐败的存在（邵帅、齐中英，2008a）；另一类则强调区域自我发展能力的不足。这类研究构建了"空间结构—空间价值—自我发展能力"的分析框架。其中，空间结构是社会经济客体在空间中相互作用及所形成的空间集聚程度和集聚形态[2]。这种由空间结构所表现、由区域主体价值认同而决定的

---

[1] Gereffi, G., Korzeniewicz, M. *Commodity chains and global capitalism*. ABC-CLIO, 1994.
[2] 陆大道：《区域发展及其空间结构》，科学出版社 1995 年版，第 82 页。

区域取向称之为空间价值①。

(2) 供给侧改革的研究。

当前供给侧改革的解释上，可以分为三类：第一类基于萨伊定律，强调产能过剩的原因不是总需求不足，而是凯恩斯主义的政策人为压低了资金成本，扭曲了需求结构（许小年，2016），可以采取"八双、五并重"的思路对重点领域改革（贾康、苏京春，2014）。第二类基于经济增长的理论，强调凯恩斯主义的政策所解决的需求不足问题是一个短期问题，政策取向是采用货币刺激，而经济增长要取向于长远，从经济增长的要素入手（吴敬琏，2015）。第三类基于新结构主义分析，即从经济体制应服从于发展战略的分析框架入手，提出适度扩大总需求的同时，着力加强供给侧的结构性改革（林毅夫，2016）。

(3) 价值链治理的研究。

国内关于价值链治理的研究，主要偏向于国家价值链重构下的产业升级问题，其主要观点是中国在"被俘获"的全球价值链下，弱化了中国发展的主动性（刘志彪、张杰，2009；巫强、刘志彪，2010；刘志彪，2011）。在治理路径上强调要基于一国内的产业合作而言，通过知识、技术等高位资源要素构建国家知识分工体系（詹浩勇、冯金丽，2015）。对于非再生性资源价值链治理，产能过剩与环境治理的政策路径是一致的（杨振兵、张诚，2015a）；要深化投资体制改革，对高污染的企业征收高额环境税（韩国高等，2011）。

1.2.3　研究述评

第一，就上述国外研究而言，一直以来，资源诅咒中存在着诸如制度安排、区域效应和地理气候等问题，它们也一直被归属于资源供给侧之中。一是充分考虑非再生性资源供给侧企业特性和当地环境的特殊性，将非再生性资源供给问题与当地环境相结合，研究得出了环境库兹涅茨曲线；二是虽然研究非再生性资源取得了一定的进展，但上述研究中仍没有将资源诅咒与资源潜在的未来价值紧密联系在一起，在主观上能动地忽视了资源的消极使用；三是将资源禀赋纳入了发展战略重置范畴，虽能从发展战略角度重新思考资源禀赋问题，但是对波特假说尚未形成一个应用性的具体结论。

第二，就上述国内研究而言，一是我国区域层面的资源诅咒问题仍然存在，且从生产要素角度来看，我国区域的人力资本投入不足是阻碍区域经济发展的重

---

① 闫磊：《西部发展的忖量：基于区域自我发展能力的理论框架与实践探索》，中国社会科学出版社2015年版，第37页。

要因素；二是国家供给侧改革的战略正在逐步深化中，针对非再生性资源价值链治理路径的研究尚未完全展开；三是由于非再生性资源禀赋结构与发展仍存在着不确定性，所以一直尚无内生于资源禀赋结构的系列研究；四是理论研究中一直认为产能过剩与环境治理存在着一定的耦合性，但实践中还未从资源禀赋战略重置的角度展开。

第三，就本书所需要解决的问题而言，解决此问题，需要将资源诅咒与资源潜在的未来价值紧密联系起来，援引价值链治理的研究，如波特、格里芬（Gereffi）、萨夫拉、克鲁格曼等的研究，以及刘志彪、詹浩勇等、杨振兵等、韩国高等的研究，可以看出：一是我国区域层面资源诅咒问题与供给侧价值链治理路径有关，目前国家供给侧改革的战略刚刚形成，尚未专门针对非再生性资源进行价值链治理；二是资源禀赋结构与发展存在着不确定，尚无内生于资源禀赋结构和空间价值的系列研究；三是资源的供给侧是与区域耦合的，空间价值先行于区域产业竞争力，资源性产业链上游竞争力的提升，离不开整个产业链竞争力的系统结合；四是区位和比较优势理论都是基于成本而言的，资源供给需考虑长远价值。对我国而言，资源禀赋战略重置需要与区域相结合，内生为一体的系统分析框架，并且资源开采企业只有与区域资源禀赋结构耦合到一定程度，才会长远谋划。

1.3 研究目标、研究思路和研究方法

1.3.1 研究目标

本书研究的总体目标是系统地解决我国非再生性资源供给侧产能过剩和定价偏低的问题。具体包括以下四个方面：一是通过基于空间价值的价值链治理模型，确定资源禀赋战略重构的策略；二是通过纳入空间价值的生态资本，解决非再生性资源供给侧定价偏低问题；三是通过全行业风险控制优化产业生态环境，通过标杆企业战略实现国有企业激励；四是通过供给侧和需求侧的对接，系统解决非再生性资源产能过剩和定价偏低问题。

1.3.2 研究思路

本书基于供给侧结构性改革的要求，在以往投入产出、地理范围、制度分析和产业升级视角分析的基础上，基于资源禀赋战略重置这一思路，思考非再生性资源的区域黏联特性和空间价值，提出空间价值视角更适合于分析国家价值链，并构建了相应数理模型和验证了相应的内在关系。然后，进一步从上游、中游和

下游分析了供给侧价值链治理的决定因素、关键环节和具体路径，以期对非再生性资源供给侧的价值创造和成本约束进行系统性的治理。继而，在此分析的基础之上，进一步探讨如何实现供给侧和需求侧对接，从根本上解决非再生性资源供给侧所存在的资源价格偏低和产能过剩的现象。研究基本思路如图 1-1 所示。

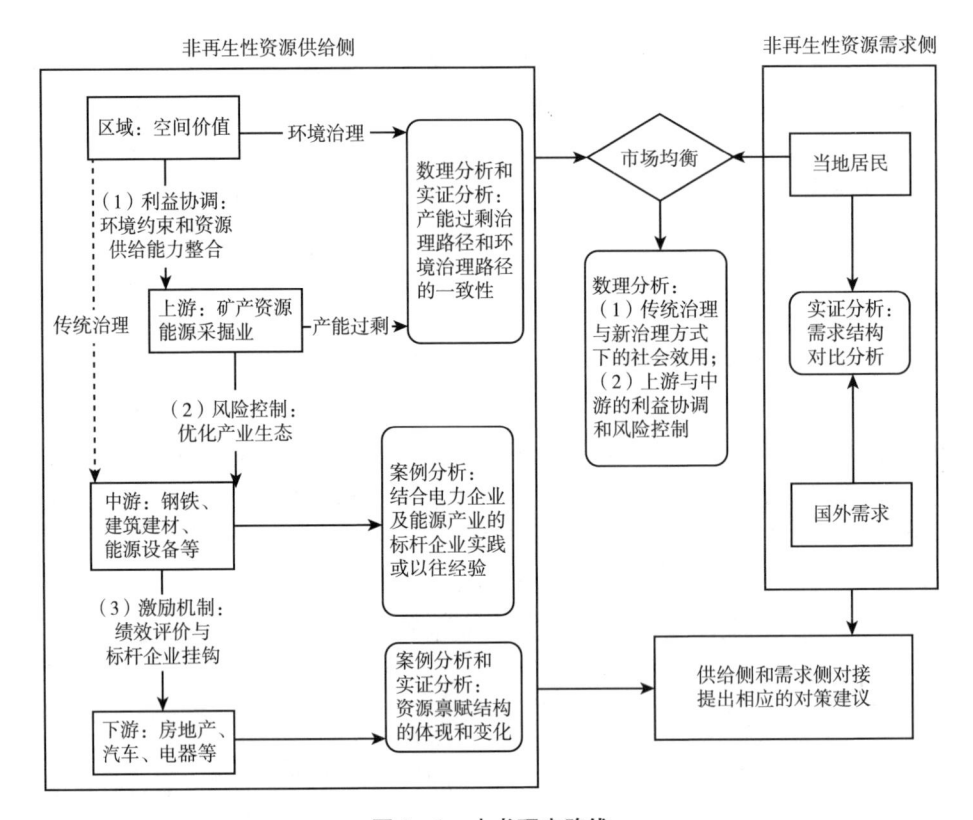

图 1-1　本书研究路线

1.3.3　研究方法

（1）数理模型方法。

本书采取了对经济过程和经济现象研究的表述更简洁清晰，推理更直观、方便和精确的数理模型方法，为本书所提出的产能过剩和资源价格偏低等现象提供了数据逻辑支撑。首先，构建了基于空间价值的区域发展模型，对模型进行均衡分析，分析达到均衡点的关键因素，得到价值链治理的重点；然后，通过构建环境治理和产能过剩治理路径模型，分析两者之间的判断两种治理模式的一致性条件，同时得到治理环境和产能过剩的关键路径；根据资源型企业治理方式——期权确定的时间价值和内在价值，得到评价国有企业业绩的新方法；最后，基于信息不完全假定，构建资源禀赋战略重置模型，分析确定非再生性资源的定价依据。

（2）实证分析方法。

本书采取了着眼于中国的现实问题，通过事例和经验等从理论上推理说明的实证方法，为本书提出的关于非再生性资源产业供给侧价值链治理的关键因素分析提供了实证检验支撑。通过使用随机前沿分析法（stochastic frontier analysis，SFA），得到 36 个行业的产能过剩指数；通过实证分析，验证了空间价值导向下的价值链治理路径模型。

1.3.4 主要内容

第 1 章，对本书研究背景、研究意义、研究综述、研究内容、研究方法和研究难度及重点进行介绍。

第 2 章，梳理了价值链的四大视角，确定空间价值是研究国家价值链的一个理想视角。其中，投入产出视角主要是基于"物"的层面，地理视角是基于资源禀赋和比较优势，制度分析视角是基于所有权和经营权的匹配，而产业升级视角是基于产品附加值的提高。在此基础上，确定国家价值链层面认识本书研究的角度。

第 3 章，根据上述四大视角，选择相应的研究方法，分别计算不同视角下得到的主要结论。

第 4 章，基于世界 500 强企业盈利能力的比对，分析国家层面价值链价值增值的差异。

第 5 章，基于空间价值视角，建构了非再生性资源供给侧价值链治理的空间模型，并对其结果进行研究，得到相应的建构思路。

第 6 章，分析上游产业供给侧价值链治理路径的决定因素和关键环节，提出提高行业集中度、以空间期权为决策导向的治理路径。

第 7 章，分析了中游产业供给侧价值链治理路径的决定因素和关键环节，提出了以标杆管理为导向的治理路径。

第 8 章，分析下游产业供给侧价值链治理路径的决定因素和关键环节，提出了以市场为导向，统领"政产学研金"的治理路径。

第 9 章，在横向归纳总结前述供给侧治理路径的基础上，结合需求侧，提出以信息化提升价值链治理的动态反应能力、以开放化提升价值链治理的市场接纳水平、以生态化提升价值链治理的社会认同标准的纵向制度设计建议。

1.4 本书研究的重点、难点和创新之处

1.4.1 研究重点

研究重点主要包括以下四个方面：一是对我国非再生性资源供给侧价值链上的上游、中游和下游企业所在的行业产能过剩指数测度进行测算，同时分析其影响因素，建立价值链治理分析的基本框架；二是运用经济价值与空间价值的区域发展数理模型，将其进行比较，找出价值链治理的重点环节；三是通过对上游、中游和下游供给侧价值链治理的决定因素识别，系统地建构关于非再生性资源供给侧价值链治理的关键环节标准和治理路径的建议；四是从资源禀赋战略重置角度，将其理论与非再生性资源企业切实存在资源价格偏低和产生过剩等问题结合在一起，系统地解决供给侧价值链治理问题。

1.4.2 研究难点

从以往视角建构非再生性资源价值链治理的路径，很难与国家视域下的非再生性资源产能过剩和环境治理路径进行一致性分析。此外，关于非再生性资源期权定价模型和上游企业管理层评价的结合也是难以攻破的问题，这导致非再生性资源供给侧价值链治理路径的构建在公司治理层面缺少相应的联系和指导。除此之外，对于非再生性资源中游产业实现全行业风险控制和利益协调的要点把控仍存在问题。为此，本书研究的难点如下：一是非再生性资源产能过剩和环境治理路径的一致性分析；二是非再生性资源期权定价模型和上游企业管理层评价的结合；三是非再生性资源中游产业实现全行业风险控制和利益协调的要点。

1.4.3 创新之处

本书创新之处主要体现在以下四个方面：

第一，从价值判断的角度去认识产能过剩问题，用资源禀赋战略重置思路解决价格问题，这有利于国家层面的价值链分析。

第二，从我国实际情况出发，用空间价值期权评估方法，解决资源型国有企业追求短期利润问题，这有利于探索新时代非再生性资源国有企业改革的内容。

第三，从风险控制优化产业生态角度，通过标杆企业实现国有企业激励，细化价值链治理路径，这有利于借鉴成熟的企业治理模式，破解资源型企业注重短期效益的问题。

第四，通过数理模型和回归分析，从根本上解决我国产能过剩和资源价格偏低的问题，这有利于规范分析和实证分析的结合，并将其应用于实践中。

1.4.4 成果的适用范围和推广价值

本书研究的成果主要使用去向是为国土资源管理部门献计献策，为资源型国有企业提供现代化治理新路径，为非再生性资源供给侧价值链治理提供理论依据，为国家价值链重构提供实践参谋，丰富后发大国和平崛起的治理路径。

小　　结

本章对本书研究背景、研究意义、研究综述、研究内容、研究方法和研究难度及重点进行了阐述。

第 2 章

概念界定和相关理论

由于本书研究涉及非再生性资源供给侧价值链的治理问题，其相关概念包括非再生性资源、上中下游和价值链治理等概念。同时，根据以往关于价值链的研究，将从投入产出、地理范围、制度分析和产业升级视角，进一步分析其与价值链之间的关系。

2.1 概念界定

2.1.1 非再生性资源和上中下游产业

古往今来，对于资源的定义有很多种，随着人们生活的演变，资源的定义也在不断地丰富。一般而言，资源指一国或一定地区内拥有的物力、财力、人力等各种物质要素的总称，如阳光、空气、水和土地等。当前，资源主要指某个国家或某个地区的各种要素的集合，其中，要素主要包括物质、财力和人力，由人力资源、信息资源以及通过劳动创造的各种物质财富等。根据资源性质划分，自然资源又可分为可再生性资源和非再生性资源。非再生性资源是指资源储量有限不能在短期内更新的自然资源，且在人类开发后很长时间不能再生，主要包括矿石资源、土壤资源、煤、石油等。20 世纪以来，随着我国工业化的快速发展，人们对非再生性资源的开发和利用远远超过了我们的想象，非再生性资源正在面临着毁灭性的灾难，与此同时，过度使用非再生性资源带来的生态问题也愈演愈烈，这些问题正在以各种各样的姿态呈现在我们眼前。例如，酸雨、沙尘暴、地震、飓风、洪水、泥石流以及城市下陷。在本书中，我们所说的非再生性资源特指储量有限的一次性资源。

由于现代企业的分工细化，不同的企业活动在不同的业务单元内完成，所以构成了企业之间的供需关系。供需之间的这种关系往往是相互依存的，并且受到企业之间产生的信息流、物料流和资金流的制约。而位于产业链不同位置的企业有不同的角色，往往分为上游企业、中游企业和下游企业。上游企业是整个产业链的资源提供者，奠定着整个产业链的发展基础；中游企业被认为是资源的利用者，促进整个产业链的发展；下游企业被认为是技术创新的运用者和产品服务的配套者，支持着整个产业链的发展。上述三个环节缺一不可，三者相辅相成，构成现代产业链。在本书中，上游产业一般是指处在整个产业链的开端，包括重要资源的开采、供应以及零部件制造和生产的行业，该行业决定其他行业的发展速度，具有基础性、引领性的特点；中游产业，是指对上游产业提供的原材料进行加工、精炼形成产品，实现原材料的价值增值的产业，其产品主要是面向下游产业；下游产业则是指处于产业链的最末端，通过对上游和中游开采出来的原材料进行深加工和转化处理，使其能够制造出应用于生产和生活中的产品，下游产业与人类的日常生产生活联系最为紧密。上述关于上游、中游和下游的定义，是从企业视角进行的界定，但在拓展到产业时，存在着这样一个问题，即某产业从一个角度看是上游的产业，而从另一个角度看是下游产业。比如，对于农业产业，它是纺织和家具产业的上游，也是化肥和农药产业的下游。本书研究中，由于是从国家视角审视产业链与价值链的关系，进而在一定程度上忽略了这种占比不高的特殊情况。

2.1.2 空间价值：供给侧认识产业链的价值创造

以往关于产业链创造价值的认识，主要是集中于需求侧视角。一般而言，上游产业需要关注产品定价，而下游产业需要关注消费者需求。中游产业同时受到上游原材料价格波动和下游需求波动的影响，这是导致行业毛利率差异的根本原因。比如，有色金属、煤炭、石油、谷物和木材的行业定价对产品的销售及存货影响较大；而分析设备制造、汽车零部件、化工、水泥和钢铁产业时，需要统筹结合上游原料供给和下游行业需求；而下游公司关注消费者的需求、品牌、渠道，而对原料的定价问题关注较少。

本书认为：（1）不同行业受交通半径的影响，其发展与地理因素存在着一定的黏联关系。比如，在水泥产业，一个水泥工厂只会供应一个区域。（2）以往关于行业集中度的认识，即行业集中度越高，企业拥有的规模经济就越明显，技术优势或成本优势会越明显，也更容易获得较高的收入。这一观点若从供给侧视角具体展开，还缺乏一些基础的理论。为此，作者想基于空间价值视角，从供给侧角度，对产业链的价值创造问题进行分析。

我们知道，空间是地理的延伸，在空间价值的认知上要基于地理的自身特性。这一特性在学术界一般称之为空间结构。吕特尔、克里斯塔勒、廖什、博芬特尔、陆大道等都对此进行过定义。一般而言，空间结构是指社会经济客体在空间中相互作用及所形成的空间集聚程度和集聚形态（陆大道，1995）。以往这一理论定义的意义在于研究产业集聚、运费等经济要素。而司马迁《史记·货殖列传》中的一些记载却给了我们新的启示，比如，"夫山西饶材、竹、穀、纑、玉石；山东多鱼、盐、漆、丝、声色；江南出楠、梓、姜、桂、金、锡、连、丹沙、犀、玳瑁、珠玑、齿革；龙门、碣石北多马、牛、羊、旃裘、筋角；铜、铁则千里往往山出棋置：此其大较也。""百里不贩樵，千里不贩籴。""夫自淮北沛、陈、汝南、南郡，此西楚也。其俗剽轻，易发怒，地薄，寡于积聚。江陵故郢都，西通巫、巴，东有云梦之饶。陈在楚夏之交，通鱼盐之货，其民多贾。徐、僮、取虑，则清刻，矜己诺。"这些阐述，其思路的根本在于区域资源禀赋的黏联特性。即不局限于运输问题，而更侧重于资源禀赋的供给特性。这种区域禀赋供给的黏联特性，会带来区域范围内的经济繁荣，作者将其称为空间价值。

从另一个角度看，空间价值指出了空间结构衍生出的空间关系，从而有利于揭示区域变化动力及演变趋势。比如，物流、人流、资金流和信息流等问题，都间接反映出了空间价值的变化取向，这也有助于解释区域差异问题。这种空间关系的认识，在现代经济社会的演变过程中，地租问题将不是以级差的形式而存在，而可能更多地是以购置成本和发展预期为基础，而单位成本的产出效率递减规律仅仅是一种理想状态的假设。正是由于空间价值的存在问题，才会催化出最佳的企业规模、居民点规模、城市规模和中心地等级体系，以及由此产生的区域合作、生态成本、国土安全等空间关系问题。

2.1.3 价值链和价值链治理

（1）价值链的提出和发展。

价值链最初是由著名的美国战略管理专家迈克尔·波特于1985年在价值增值的基础上建立的。波特认为，价值链上的每项业务活动都包括五项基本活动：内部后勤、生产经营、外部后勤、营销和服务，同时包括四项支持活动：采购、技术开发、人力资源管理和基础设施，企业的总价值可以看作是价值活动和利润两部分的结合，企业中创造价值的各项活动以链的方式联系在一起，形成了企业的价值链。

随后，彼得·海恩斯（Peter Hines）在价值链基本理论的基础上进行了更进一步的说明，价值链的定义由波特最初简单定义的企业内部一系列链条式的增值活动扩展到由上游供应商、中游生产商、下游客户组成为一体的价值链。彼得·海恩斯认为企业的利润只是企业战略目标的副产品，并提出供应商和客户也应作为价值链的组成部分，这一概念的引入，使得供应商、生产商和客户作为价值链的一个整体呈现在人们的面前。

随着互联网信息时代风靡全球，人们对价值链的认识不再局限于实物形态，而对信息时代的价值链有了新的认识，价值链的定义进一步扩展到由虚拟价值链构成的价值网络。瑞波特和史维奥克拉（Rayport & Sviokla，1995）提出了"虚拟价值链"这一术语，他们认为每个企业都包含两个价值链，即实物价值链和虚拟价值链。实物价值链是指企业的资本流、物流、信息流、知识流等其他实物形态通过一系列的价值活动到客户最终流向的过程，虚拟价值链可以被视为实物价值链的信息反映。随后，一些学者在此基础上提出了价值网的概念，所谓价值网就是企业之间的虚拟联系网络。

（2）产业链、供应链、价值链和创新链的密切结合。

产业链起源于20世纪90年代，基于分工和相互合作的基础上，原先主要以企业为主体，上下游之间相互协作为纽带形成链网状结构的产业组织。发展到现在，对于产业链的认识可以从三个方面来了解：一是宏观层面，产业链是不同地区之间产业互相合作的活动；二是中观层面，产业链是不同行业之间的合作活动；三是微观层面，产业链是指各种不同企业之间相互合作的活动。

供应链最早来源于彼得·德鲁克（Peter Drucker）提出的"经济链"，后经由迈克尔·波特发展成为"价值链"，最终演变为"供应链"[①]。它是各部门之间相互合作的过程，通过对资金流、信息流和物流的控制，将原材料采购、成品制造、库存商品、物流运输、销售服务等环节整合为一体的链式结构，最终目的是将产成品交付给消费者。自20世纪初以来，科学技术以一种难以想象的速度发展。正是这种发展使消费者对产品的需求越来越多样化。但对于企业而言，它们无法保证它们有足够的资源来满足大多数消费者的需求。今天，企业的资源分配也正因此处在一个开放的系统中——一个集内部和外部资源在一起的系统。许多学者试图定义供应链。例如，林和肖（Lin & Shaw，1998）等将供应链定义为涉及产品流、资金流和信息流且包括供应商、制造商和销售商在内的网络系统。马士华（2005）认为，供应链是一个企业通过控制产品流、资金流和信息流，将企业采购原材料、生产产成品、销售商品和最终向顾客交付货物而构建的一个功能性网络结构。供应管理学会中国区（Institute for Supply Management，ISM China）将供应链定义为：从供应商的上游供应源头，到客户的客户，直到最终用户，为

---

① 李维安、李勇健、石丹：《供应链治理研究：概念、内涵与规范性分析框架》，载于《南开管理评论》2019年第19卷第1期。

中间环节和最终用户创造价格的整个物流、资金和信息流链条，每个环节整合了计划、采购、生产、交货、退货等关键流程。这一定义，目前也得到实务界的广泛认可。

波特提出来的价值链，是企业为了获得竞争优势，通过设计、加工、生产、运营等活动方式把获取的资源转换成另外一种社会所需要的资源，并在这一系列活动中实现了价值增值。把这些能够创造价值的活动有序地连接起来，形成一条动态链，这条动态链就是所谓的价值链。原先提出的价值链仅仅针对企业的内部活动，随后开始扩展到企业之间相互行为的活动中。

创新链是指围绕某一创新的核心参与者，以满足市场需求为导向，通过知识创新活动将相关的创新参与者联系起来，以实现知识的经济化过程和创新系统的优化目标。习近平总书记在全国科技创新大会、中国科学院第十八次院士大会和中国工程院第十三次院士大会、中国科学技术协会第九次全国代表大会上指出："创新是一个系统工程，创新链、产业链、资金链、政策链相互交织、相互支撑，改革只在一个环节或几个环节搞是不够的，必须全面部署，并坚定不移地推进。"可见，创新链主要侧重于理念和行动的高度融合。

产业链、供应链、价值链和创新链四者之间，虽然存在侧重点的不同，比如，产业链侧重原料的输入输出，供应链侧重产品生产的时间维度，价值链侧重业务单元带来的价值创造，而创新链侧重生产经营环节的革新；但是，这四者之间也有相像的地方，都体现着链的关系，都是各个环节的相互联结，进而通过这一联结实现增值、价值最大化和资源配置。在全球化的驱动下，产业链、供应链、价值链和创新链打破了区域的限制，企业的发展更加充满了不确定性，只有将这四者结合起来，才能将公司的核心竞争能力提升。

（3）价值链治理的特点。

价值链治理是一种"面面俱到"的综合治理方式。价值链治理是将位于价值链不同环节的企业看成一个整体进行治理，要求吸收各个企业的优势环节，弥补每个企业的劣势，提高整个价值链的效率、降低其成本，从而使供应商、采购商、制造商、零售商以及最终用户的价值达到最大化的管理模式。

价值链治理的核心是客户价值。价值链治理从宏观上去把握各个企业运营状况，分解各个企业价值活动中的作业中心，其中间环节较多。但无论这个治理模式的中间环节数量有多少，价值链的最终核心依旧是客户价值。从客户主张的价值出发，向价值链上游企业施加压力，通过层层压力的不断传递，进而实现供应与需求相匹配的健康市场环境。

价值链治理是通过与企业战略进行有机结合，从而形成新的竞争优势。作为一种综合管理模式，价值链管理模式通过产品流、信息流和资金流，将价值链上的供方、买方、制造商、零售商以及最终用户连接起来，形成一个网状结构。进而实现降低成本、提高利润的企业目标，同时，形成与其他产业和企业不同的竞争优势。价值链治理实质是将供应链财务化，即用财务的角度审视供应链，对企业各个价值活动进行考察和分析，从而实现供应链上每个企业成本最低、利润最大的目标。

（4）非再生性资源价值链治理的对象。

非再生性资源具有区域黏联特性，进而在价值链治理中，不能仅仅包括传统价值链治理各方活动主体，还应包括与其利益相关的承受者。作为区域性质的开发活动，其治理活动体现了价值链治理的空间价值，所以，非再生性资源价值链治理的对象包括政府组织、顾客、供应商和竞争对手等。具体如下：

政府组织代表了非再生性资源的利益相关者的基本权益。它是非再生性资源价值链治理的逻辑主体，主要是通过制度规范和环境管制，对生产经营等相关增值活动进行约束，实现当地及国家的长期受益。

顾客是指一群接受产品的自然人或企业群体，通过消费或耗损一定数量的产品，获得一定程度上的相关收益。随着经济社会的发展，顾客需求趋于多样化，关注顾客、满足顾客需求和实现顾客满意的服务，是营利性组织必须遵循的基本原则。非再生性资源价值链治理结构中，对顾客的治理包括下面三个方面：一是体现在满足顾客的客观、合理的需求目标；二是体现在确保产品和服务选择定位的准确性；三是体现在服务质量对市场变化的敏感性和及时性等方面。

供应商是指提供产品的自然人或企业（厂商）群体，它通过市场竞争为顾客提供产品，实现业务目标。在非再生性资源涉及的市场环境中，政府组织具有前所未有的优势，供应商一定程度上是在执行政府组织的决策。但政府组织不能剥夺供应商的所有利润以实现治理目标，必须通过双赢来促进均衡。况且，在全球市场的价值链中，任何企业都作为顾客和供方两种身份同时存在，这样政府组织对供应商的治理难度将会持续加大。

竞争对手是指企业（厂商）群体或自然人，他们与组织在价值链中提供的产品具有潜在的或现实的竞争或替代关系。它遵循价值规律，与市场中的组织（竞争对手）进行竞争。在《竞争战略》和《竞争优势》中，迈克尔·波特提出了著名的五要素竞争战略框架，在这五个要素中，除了买方（顾客）、卖方（供方）外，其他三个因素分别为产业竞争者、潜在入侵者、替代品，这三个因素本质上都是不同形式的竞争者，即当前的竞争对手（包括相同的产品或替代品）和潜在的竞争对手（包括相同的产品或替代品）。对于非再生性资源供给侧竞争对手的认知，还需要进一步扩大到其他国家的相关价格垄断者。比如，铁矿石领域里的必和必拓集团等。

2.2 相关理论

2.2.1 投入产出视角下的价值链相关理论

2.2.1.1 投入产出视角下价值链分析的要点

基于投入产出视角下价值链的分析，首先，要识别我国非再生性资源价值链中的主要活动。因为只有识别了主要活动，才可以对成本及影响因素进行分析，从而帮助上中下游企业识别竞争优势、识别增加产品价值的机会以及识别降低成本的机会。价值链的主要部分通常包括：研究和设计、投入、生产、分销和营销、销售。投入产出通常表示为一组由价值链连接的有形和无形商品以及服务的流动，这映射的是价值链中不同阶段的增值，我们可以通过为产品或服务增加的价值来识别和区分链的主要部分。由于增值的过程反映了为产品或服务作出的贡献，以及它们背后的链参与者所获得的不同回报，贡献和回报越大，活动所带来的附加值越大。

其次，要识别价值链各部分公司的动态和结构。前面步骤中确定的每个部分都具有特定的特征和动态，例如特定的采购实践或首选供应商。例如，在稀土价值链治理中，由于稀土是一个笼统的说法，在具体治理中需要区分其结构。比如，因为氧化镨、氧化钕和氧化铽其价格变化相对一致，可以对此视为一类；而对氧化镧、氧化铈也可以同理化为一类。同时，需要根据从事该行业的公司类型，以及在全球竞争中的优势，动态的对其产业变动做出相应的趋势分析。

2.2.1.2 投入产出视角下价值链分析可供借鉴的理论

（1）投入产出理论的内涵。

投入产出理论首先由美籍俄国人瓦西里·里昂剔夫（Wassily Leontief）于1896年提出，其中，投入是指生产过程中使用的各种资源和要素，产出是指生产活动中产生的各种商品和服务，通过各种技术我们可以将投入转化为产出。而投入产出理论则是用于具体分析这一特定经济体系中投入和产出之间的数量依存关系，其理论依据是劳动价值论、生产资料生产和消费资料生产两大理论。主要内容是：首先编制投入产出表，其次建立线性方程，最后构造数学模型，对经济系统内错综复杂的投入、产出、再投入、再产出的比例关系进行三步综合分析。投入产出表是投入产出理论的基础，通过数学模型可以揭示国民经济各部门间、生产活动与再生产活动各环节之间的定量关系，在此基础上进行经济分析和预测①。根据不同的计量单位，投入产出表可分为价值型投入产出表和实物型投入产出表②。然而，在实际中，学者们主要使用价值型投入产出表。价值型投入产出表反映了生产活动与再生产活动各环节所使用原材料的情况和产出产品的情况，并在投入产出表中用数学形式表达国民经济的平衡关系，为使用计算机软件模拟计算国民经济各部门生产和分配关系提供了一种可行的方法，它可以揭示国民经济和社会再生产的内在联系，并能反映产品供需平衡关系，被广泛应用在经济结构分析、编制经济计划等许多方面。

（2）投入产出表结构。

投入产出表由投入表和产出表两部分组成，二者水平和垂直交叉即可形成投入产出表。投入表包括材料消耗、劳动报酬和剩余价值，其中，劳动报酬与剩余价值又可统称为新创造价值；产出表包括中间产品和最终产品。一般简化形式如表2-1所示。

表2-1　　　　　　　　　　　　　投入产出

投入	产出		
	中间产品	最终产品	总产品
材料消耗	(a_{ij})	C	A
新创造价值	B	—	—
总投入	A	—	—

（3）投入产出表的相关指标。

将投入产出表应用于行业投入产出理论分析时，借助的相关指标通常包括：直接消耗系数、完全消耗系数、影响力系数和感应度系数等。其中，直接消耗系数（投入系数）是指单位产出直接消耗的某部门中间投入量与生产过程中中间投入总量的比值。中间投入总量由投入产出表该部门中间产品每列汇总求和得到。完全消耗系数是指单位产出完全消耗的某部门中间投入量与生产过程中的中间投入总量之比。它通常以矩阵的形式表示，也称作完全消耗系数矩阵，是直接消耗系数与间接消耗系数之和。影响力系数是指一个行业在生产过程中对整个行业的影响程度。感应度系数是指一个产业在生产过程中受到所有行业的影响程度。

---

① Leontief, Wassily W., "Quantitative input and output relations in the economic systems of the United States", *The Review of Economic Statistics*, 1936.

② 冯宗宪、李悦、宋玉娥：《基于影响因素分析的中国出口减排重点部门选择和减排途径研究》，载于《人文杂志》2013年第8期。

2.2.1.3 投入产出视角下价值链分析对本书研究的贡献

投入产出视角下价值链分析能清晰反映我国非再生性资源的生产消耗关系,可以相对准确地追踪产品流向。通过分析价值链各部分投入产出的情况,找出决定其增值能力的因素,对促进我国非再生性资源价值链治理具有重要的现实意义。并为确定我国非再生性资源价值链事前管理、事中管理、事后管理的工作重点提供依据,为价值链治理提供方向。

2.2.2 地理范围视角下的价值链相关理论

2.2.2.1 地理视角下价值链分析的要点

地理范围视角下价值链分析主要解释不同产业如何在全国分散,以及不同的价值链活动应该在哪些地区开展。自然禀赋、地质地貌、经度纬度、气候环境的不同使各个地区都有不同的地理优势以及相应有利的生产条件。如果各个地区都能发挥自身的地理优势,将生产要素用于最有利于促进该地区发展的产业上,就可以获得相对有利的比较利益。因此,企业可以根据地理位置,利用其自身优势来进行价值活动。

2.2.2.2 地理视角下价值链分析可供借鉴的理论

(1) 资源禀赋理论。

1919年,瑞典经济学家伊·菲·赫克歇尔(ELI. F. Heckscher)和贝蒂尔·俄林(Bertil Ohlin)突破大卫·李嘉图(David Ricardo)的一种生产要素投入假定,认为产生贸易差别的原因不仅仅是比较成本的存在,更是其所在地的土地、企业资本和企业本身拥有的技术等生产要素造成的,因此,俄林等人在此基础上提出了要素禀赋说,即资源禀赋理论。该理论认为,在各国生产同一种产品的生产要素价格相同、技术水平和市场环境相同的情况下,两国生产同一种产品的主要差别来自本国对这种生产要素的相对丰裕程度,由此产生的差异导致了国际贸易和国际分工的不同。

随着经济的发展,经济学家们认为资源禀赋带给经济的作用并不总是正向的,资源相对丰富的国家会比资源相对贫乏的国家经济增长得更加缓慢,这种现象被称为"资源诅咒"。其产生的主要原因在于丰裕的自然资源通过各种机制对其他生产性组织或经济活动产生了"挤出效应"。我国地大物博,自然资源储藏丰富,理论上在局部区域也可能会产生资源诅咒的现象。

(2) 资源禀赋的区域黏联特性。

随着人们对资源进行大量开采,并且对资源长期以来不合理使用,造成了资源浪费和资源所在地的环境污染和生态破坏。维尔默和贝克尔(Wellmer &

Becker，2002）指出，不可再生矿产资源的过度开发利用将破坏植被，严重污染环境。贾若祥（2005）、张秀生和盛见（2009）提出我国非再生性资源产业由于开采的不规范、无秩序造成了资源的过度浪费和生态环境恶化等问题。资源与区域之间的关系协调是解决这些生态问题的关键。

资源禀赋与区域的关系："供给"还是"共生"？资源禀赋学说是指为了发展经济而对一个国家或地区拥有各种生产要素状况的综合评价，是区域经济学中一个重要的概念。资源在现实中表现出来的"区域黏联特性"，构成了非再生性资源的区域供给特性。以资源为主导的地区，资源禀赋是地区经济增长的物质基础。正确地认识资源禀赋带来区域黏联特性，将有助于资源企业的发展带动当地经济的发展；但是，当企业发展与区域发展不同步时，理论推演的原因在于资源的区域黏联特性未受到重视，将非再生性资源视为了流动性要素，进而在区域发展中低估了区域的空间价值。这里所指的空间价值，是由空间结构所表现，由区域主体价值认同而决定的区域取向。

（3）"资源诅咒"相关理论。

"资源诅咒"现象是指一些资源丰富的地区，其经济发展与其资源的丰富程度并不正相关，经济发展往往不理想或落后于其他地区。邵帅等（2013a）认为，资源型国家或地区的经济发展会出现落后的现象，主要是因为该国家或地区的经济发展过分依赖该地区的资源型产业，长此发展会使经济发展受到一系列的抑制，经济发展的负面影响最终将影响该地区经济的持续健康发展。

总的来说，资源相对丰富的地区往往优先发展资源型产业。为了追求更多利益，这些以资源为基础的产业将会加速发展，这必然导致当地资源型产业的快速发展，使得当地的经济和社会严重依赖资源型产业的发展。一旦资源型产业发展不利，这种长期发展将导致整个地区经济发展滞后，使该地区逐步出现"资源诅咒"现象。

在"资源诅咒"传导机制的解释方面，在不考虑其他因素的情况下，自然资源的投入与产出成正比。而考虑到经济增长的现实，自然资源对经济的作用，还受产业结构、人力资本、技术创新、制度等其他因素的影响。这些影响通常遵循"自然资源—影响因素—经济增长"路径。我们将影响自然资源的因素大致分为产业结构、人力资本、技术创新、制度质量以及含金量五个方面，下面我们将具体阐述。

产业结构。产业内部生产要素的构成、产业比重、产业之间的相互关系等都是产业结构研究的内容。一般而言，产业结构布局将直接影响经济发展的速度，不同行业之间的联系程度也会影响经济的发展，反之，经济发展速度的差异也会影响产业结构。在资源集中的一些地区，往往产业比例不协调，产业结构不合理。这些地区的产业基本上都是围绕该地区的资源进行的采掘业或资源的初级产品加工业。该地区的大量生产要素聚集在资源产业，最终使产业生产链条变短，产品的品种也不丰富，因而影响了整个资源丰富地区的经济发展。

人力资本。在自然资源富集的地区，人们很容易获得财富，这会助长他们的懒惰本性，从而忽视技术的提高。采掘业对技术的要求较低，使得对人力资本的投入并不迫切或被忽视。我国资源丰富地区人力资本积累薄弱主要体现在对教育投资的忽视。对教育程度的测量主要采取的是教育经费占财政总支出的比例，以及教育业从业人员、高等教育学生数。缺乏对教育的关注，将使经济失去持续发展的动力。在我国资源丰富的地区，人力资本羸弱也是造成"资源诅咒"的重要因素。

技术创新。资源丰富地区的技术创新，主要是引进新的资源勘探技术、资源开采技术、资源加工利用技术以及科学先进的管理模式和经营理念等。自然资源丰富地区往往削弱了对产权的保护，限制创新者的创新。当个人在创业时，会通过不断的创新来促进经济增长，而当这些创新者成为寻租者时，就只注重财富的再分配，从而削弱了经济增长的势头。同时，资源丰富地区会对企业家的创新活动产生挤出效应，即通过鼓励或刺激企业家和创新者更多地参与初级产品部门的生产，而使企业家或创新者减少企业创新的关注，进而间接挤出企业的创新活动。同时，资源丰富地区带来的意外收益可能会破坏产权保护活动以及生产活动，从而阻碍经济增长。目前，由于过度依赖自然资源，我国资源丰富的中西部地区相比东部地区更缺乏创新动力，同时企业家的创新精神得到压制，严重阻碍了该地区经济的增长，促进了资源诅咒现象的形成。

制度质量。在资源相对丰富的地区，其经济的增长受政府的干预相对较大。由于市场机制和法律制度的不完善，导致产权制度不合理。个别地区资源在开采中存在着所有权、经营权以及收益权利不明确现象。产权制度的弱化，一方面使官员更容易利用自己的权力进行制度寻租；另一方面超额利润的存在，使得经营者行贿动机更加清晰，同时寻租的成本也会通过掠夺式的开采收回。最终，出现大量非法开采资源现象使整个资源开采无序，影响其长远发展。同时，资源丰富地区容易产生腐败的现象，最终阻碍该地区经济的增长。

含金量。近几年来，"含金量"也成为评估某一地区是否存在资源诅咒的重要指标，它与资源诅咒相互影响。含金量反映了居民的幸福程度。一般来说，在关注当地经济总量高速增长的同时，还应综合考虑与民生有关的相关指数，比如说人均可支配收入。如果某地的人均 GDP 较高，但居民收入相对较低，其含金量就较低；如果某地的人均 GDP 较低，但居民收入相对较高，其含金量就较高。总体来说，资源丰富地区在大规模资源开采时期的经济增长速度一般较快，而经济的快速增长会让人们冲昏头脑而忽视治理环境的问题，这将导致生态环境日益恶化，必然会阻碍地区经济的发展。

2.2.2.3　地理视角下价值链分析对本书研究的贡献

运用比较优势理论、资源禀赋理论和资源诅咒理论可以对我国存在的资源诅咒问题进行解释，并用存在的案例进一步验证资源诅咒的可能传导途径，同时，为避免技术落后国家在全球价值链中被低端锁定提出了具体政策性建议。

2.2.3　制度分析视角下的价值链相关理论

2.2.3.1　制度视角下价值链治理分析的要点

非再生性资源的占有方式决定了受益人的行为特征，构成了非再生性资源价值形成基础。非再生性资源的所有权制度涉及地表权和地下权两个方面，因而产生了以美国和澳大利亚为代表的普通采邑制（地表权和地下权结合），以德国、法国、巴西为代表的地表权和地下权分离模式，以南非为代表的地表权和地下权相结合模式。而我国是土地国家所有，在使用权和所有权上有着明显分离，对于非再生性资源的占有更多的是国家所有下的治理问题。

2.2.3.2　制度视角下价值链分析可供借鉴的理论

（1）委托代理理论。

①传统委托代理理论。委托代理理论是在 20 世纪 60 年代末至 70 年代初期产生的，由于企业经营权和所有权开始分离，因此出现了委托代理关系，委托代理理论就是在此基础上产生的。美国经济学家伯利（A. Belre）和米恩斯（G. Measn）于 1930 年在《现代公司与私有财产》一书中，分析和研究了美国的 200 家公司，发现超过一半的企业由不拥有公司股权的经理人控制，由此他们分析得出，所有权与经营权的分离已经在企业中出现。基于此他们提出了委托代理理论的基本框架，即企业的所有者只享有企业的剩余权利，将企业的经营权利转让给专业的管理人员。

传统的委托代理理论可以追溯到亚当·斯密（Adam Smith）《国富论》一书中。在所有权不集中和集体行动成本高的情况下，从理论的角度看，职业型的公司经理大多数是没有控制权的代理人。[①] 后经曼因（H. Manne）、罗

---

①　亚当·斯密：《国民财富的性质和原因的研究》，商务印书馆 1974 年版。

斯（S. Ross）①、莫里斯（J. Mirrlees）、詹森（J. Michael）和麦克林（W. Meckling）②等众多经济学家不断改进优化委托代理理论，使研究委托代理问题的方法变得更加清晰，最终演变成现在的委托代理理论。委托代理理论认为，如果双方之间存在利益关系，代理方代表委托人行使某些权利，代理关系就会随之产生。此外，詹森和麦克林认为，委托代理关系是一种契约关系，在这种关系下，委托人授权代理人代表他们而行事，并授予某些决策权。

随着委托代理关系的产生，委托代理问题也随之出现，其表现形式也有所不同。主要表现在两个方面，一是由不完善的监督制度引起的委托代理问题，二是由委托代理问题引起的道德风险和逆向选择。詹森和麦克林于1976年提出了代理成本概念，他们认为在经济学中，人都是理性的，都是以达到自身利益最大化为目的。③所以委托人和代理人很容易出现双方目标不一致的现象，而且双方之间还存在着信息不对称性，因而在这种关系下导致代理成本变高。

②我国委托代理的特征。我国委托代理制度可以从两个阶段去认识，第一个阶段是计划经济时期的单委托代理关系。冯根福（2004）等研究认为西方传统委托代理理论本质上是一种单委托代理，只适用于解决股权分散的上市公司中存在的问题，不适合解决股权相对集中的上市公司存在的治理问题。其治理关系如图2-1所示。

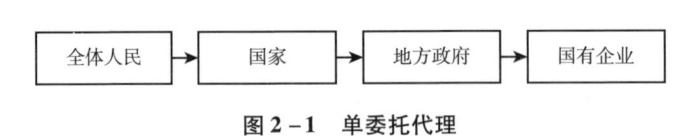

全体人民 → 国家 → 地方政府 → 国有企业

图2-1 单委托代理

这种委托代理就是全体人民将所有权委托给国家，政府拥有所有权和经营权，企业隶属于上级管理机构，没有决策权，国家完全控制企业的各项经济活动，企业每年的生产量和销售量都是按照国家或上级部门下达的计划数进行。

随着国家经济体制的改革，我国国有企业治理方式也发生了深刻的变革，在第二个阶段，国有企业委托代理由原来的单委托代理发展成为双重委托代理，如图2-2所示。

---

① Ross, Stephen A., "The economic theory of agency: The principal's problem", *The American Economic Review*, Vol. 63, No. 2, 1973.

② Jensen, Michael C., and Meckling William H., "Theory of the firm: Managerial behavior, agency costs, and ownership structure", *Journal of Financial Economics*, Vol. 3, No. 4, 1976.

③ Jensen, Michael C., and Meckling William H., "Theory of the firm: Managerial behavior, agency costs, and ownership structure", *Economics Social Institutions*. Springer, Dordrecht, 1979.

```
全体人民 ↔ 全国人民代表大会 → 国务院 ↔ 国有资产监督管理委员会 → 国有企业（董事会） ↔ 全体人民
                              ↓         ↑                                      ↕
                              地方政府 ──┘                                    全体人民
                                （1）                                          （2）
```

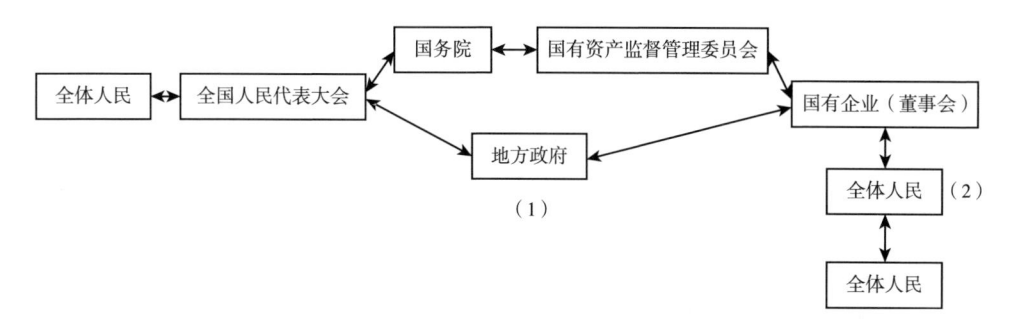

图 2-2 双重委托代理

我国双重委托代理中的第一层委托代理就是图 2-2 中的（1），是指国务院国有资产监督管理委员会（以下简称"国资委"）与国有企业的委托代理。我国的国有资产是属于全体人民的，但由于我国人口众多且分散，人民很难及时履行自己的职能。鉴于此，国家成立全国人民代表大会（以下简称"全国人大"）来代表人民行使权力，全国人大再将其委托给国务院和地方政府，国务院进一步将国有资产委托给国资委，由国资委代表国务院行使有关国有资产的权力，对国有资产进行监督与管理。但是，由于企业数量很多，国资委不可能对所有企业都做到面面俱到，所以国资委将决策权委托给国有企业（董事会），董事会作为企业法人代表股东行使权利，维护股东利益，同时董事会也要受到股东的监督。

第二层委托代理就是图 2-2 中的（2），是指国有企业（董事会）与经营者之间的委托代理。董事会为了提高企业的经营绩效，就会聘请有经验的职业经理人管理企业的日常经营活动，经营者要在规定的职权范围内从事与经营相关的一切活动，但他并不是企业所有事项的决策者，有关企业的重大事项仍要由董事会审议并决定。

③我国现代管理中的委托代理冲突。在上述的国有企业委托代理关系中，委托人对企业的生产经营活动拥有一定的管理权，在监督管理的过程中极容易在生产决策上发生分歧，各执己见，耗费大量的时间，导致错失最佳投资机会，从而造成重大损失。而一旦出现经营困难的时候，各级政府、各部门之间又容易互相推卸责任，没有真正承担责任的委托人。在各种所有制企业中，国有企业的代理成本较高，这是因为在国有企业内部设置了较多的监督机构和内部控制程序。这说明从理性人的角度来说，在国有企业的委托代理过程中一定情况下，很容易产生国有企业经营者不努力、不作为的道德风险问题。造成国有企业存在道德风险问题的原因主要是存在不对称信息和不确定性，国有企业经营者往往无法预知自己的努力带来的产出水平，会通过推测政府的行为来选择自己的行为；而政府

作为规则的制定者，却无法观测到国有企业经营者的产出水平，因此无法准确地判断经营者的努力水平。

此外，民营企业也存在着委托代理冲突。与占有较多资源的国有企业相比，民营企业想要发展，只能依靠小部分的资源来进行制造生产。同时，企业为了开拓市场，会对供应商、经销商、物流服务提供商进行招标，为了获得更多的利益，一些企业会看中招标企业的价格，而忽略供应商中间产品的质量、经销商服务及售后的质量以及物流方面仓储、运输的质量，导致"劣品占据良品市场"现象的出现。究其根本原因是作为委托人的制造企业无法了解到下属的委托企业是否按照他们的意愿进行行动，只能看到最终的结果。同时，在资源有限的情况下，代理人也有可能为了自身的利益，做出一些违反道德的行为，比如偷工减料、以次充好，再以低价卖出，获得销售量的增加，而委托人看不到代理人这一切作为，只看到了销量和利润的结果，会继续延续这些企业进行代理。当所售出的产品出现问题时，代理人又会把这一切的错误归结于外生事件，比如自然环境、社会环境、经济政策等。这种行为不仅导致了市场上次品的增加，人们的需求得不到满足，还会导致资源的浪费。

(2) 市场导向理论。

①市场导向理论的发展。市场导向理论在20世纪90年代初发展起来，不同的学者从不同的角度提出了各自的理论框架。然而在我国，对于这一领域的研究极为罕见，学者们也少有关注，这也是我国企业界亟待解决的问题。

金（King，1965）将市场导向定义为"一种旨在提高企业利润，动员、利用和控制企业所有努力以帮助顾客解决问题的管理理念"。早期的市场导向理论主要是针对企业管理，最大目标是创造企业利润，受用群体是消费者，通常以实用为主，并没有在质量以及创新方面做太多的诠释，这主要与当时缺乏资源有关。

随着经济的发展和资源的丰富，仅仅靠实用已经无法满足人们的需求，人们开始追求使用的舒适性和产品功能的满足感。杜拉克（Druker，1974）提出从企业中消除市场导向的焦点，并将其放到顾客身上。他认为企业目标存在于企业之外，目的是创造客户，基本职能是市场营销和创新，都需要在市场中实现。除了企业和客户，之后的学者们开始在这一理论研究当中添加新的元素。戴和温斯利（Day & Wensley，1983）加入以竞争者为导向的观点，并且提出了一种整合范式，他们认为，如果企业想要在竞争中获得优势，仅靠企业自身是不行的，需要在协调管理与企业利益集团之间建立起贸易关系，在基于顾客与渠道关系上进行营销，平衡各方利益并获得竞争优势。科利和贾沃斯基（Kohli & Jaworski，1990）

建立了以市场为导向的理念，这一理念是指由整个组织的全员获取跟顾客有关的现在和未来的市场信息，这些信息在整个组织中传播，并且对这些市场信息进行整体回应的一系列活动和过程。

②市场理论的特征。市场导向这一理念已经从仅仅基于企业利润为主的活动逐渐演变为在整个组织下进行协同合作的活动和过程，它主要有三个特点：第一，开始重新定义顾客的价值以及把顾客的偏好与公司的能力相结合；第二，开始关心市场体系之间的联系；第三，开始与客户建立起有效的关系平台，随时关注顾客的行为以及当前和未来的需求。市场导向的概念开始扩大，覆盖到整个产业链当中，只有协同合作才能产生最大的效益。

2.2.3.3 制度视角下价值链分析对本书研究的贡献

从制度视角分析价值链治理，可以有效地发现价值链治理的国家特征。这是因为非再生性资源价值的产生和国家的矿产资源所有权设计紧密相关，尤其是对不动产地下权的设计。当不动产地下权的设计偏向于长久时，对资源的开采就会偏向于一种长期目标，有时会通过资源禀赋的战略重置，产生额外的收益。当这种制度设计偏向短期时，会使资源价值下降。进而，会因为资源价值的下降使得产业链整体对资源价值的不重视，导致整个产业链产品质量的低端化。以上两点的指出，告诉我们：非再生性资源的制度安排，因为有国家利益的存在，其市场结构的存在并不是以降低信息不对称为目标的，而是以国家利益为导向才是合适的。因而，通过进一步调整非再生性资源的治理体制，借助资源禀赋战略重置，将有助于提升我国非再生性资源的价值链分工地位，推动国家价值链分工地位提升。

2.2.4 产业升级视角下的价值链相关理论

2.2.4.1 产业升级视角下价值链治理分析的要点

产业升级视角下，有助于从微观视角去了解产业的运转情况，并从管理角度提出一些切实可行的措施。产业升级视角下，有利于解决产能过剩、能耗过大、污染严重、劳动力成本大幅上涨等问题，实现我国非再生性资源价值链升级。汉弗莱和施密茨（Humphrey & Schmitz，2002）提出嵌入全球价值链的工艺流程升级、产品升级、功能升级和价值链或部门间升级的四种类型。工艺流程升级是通过重组或引进先进技术，提高投入产出水平，从而提高竞争力及综合效益。例如，下游装备制造业等行业工艺升级即通过采用计算机科技和人工智能等新技术，进而提升工艺水平，提高生产效率。产品升级主要是通过引进新产品或将企业现有产品转移到更精细的生产线等，提高单位产品的附加值。例如，下游装备制造业等行业可以通过提升产品质量和研发新的产品来提升附加值。功能升级主要是重新组合价值链中增值环节，提升附加值。价值链或部门间升级是指企业通过行业交叉向更高附加值的行业转型，提升竞争力。例如，装备制造业链条升级可以脱离原来价值量低的价值链，进入技术水平和价值量更高的一个新价值链。这些内在于产品升级的措施，可从以下理论进一步阐述。

2.2.4.2 产业升级视角下价值链分析可供借鉴的理论

（1）战略联盟理论。

①战略联盟的提出和发展。随着现阶段的科学技术发展，资本市场对制造业产品的需求产生了多元化与复杂化的趋势，自2001年我国加入世界贸易组织，中国逐渐在各个方面与国际接轨，这一现象在与国外企业的竞争上也有所体现。随之而来的是市场竞争压力的显著提升。国际市场由以前的封闭型市场转化为开放型市场，导致企业之间在交易市场和产品生产领域的相互依存度随之增加，这迫使企业越来越需要通过合作方式立足于市场。另外，出口作为拉动总需求的"马车"，对于带动我国总体经济发展水平也显得尤为重要。占领国际市场成为企业做大做强后的发展方向，战略联盟作为提高国际市场竞争力最经济有效的办法，成为企业占领国际市场的首选战略目标。

战略联盟这一概念，最早由简·霍普兰德（J. Hopland）和美国管理学家罗杰·奈格尔（R. Nigel）提出。这一概念的提出为企业竞争优势增添了一份新的含义，企业间的关系发生了质的改变，企业在逐渐发展的过程中纷纷从完全竞争趋向于更多合作中的竞争，同时合作也被认为是企业开拓市场的重要手段之一，因此，企业的合作能力逐渐被视为一种竞争能力。林奇（Lynch，1989）认为，联盟是由多个企业自主发起的，以实现战略目标且分担责任和风险为目的，达成的一种分配收益的契约，并具有正式的文件及终止日期。以波利斯和杰米森（Borys & Jemison，1989）为代表的观点认为，联盟是将两个或两个以上企业的资源结合起来的联合组织。

关于战略联盟的理论，学者们产生了不同观点。产生这种差异的原因是分析的出发点不同，资源、交易成本、股东、制度、战略、学习、风险都曾用作分析战略联盟动因的理论基础。以伯格·沃纳菲尔特（Birger Wernerfelt）为代表的资源基础理论，认为企业间产生战略联盟的动机是资源的不可替代性、稀缺性；以威廉姆斯（Williamson）为代表的交易成本理论，认为通过战略联盟形成稳定的交易关系，是减少企业交易成本的一种方式；以帕维特（Pavitt）为代表的学习理论，认为企业进行战略联盟的原因在于知识是提升企业价值的重要途径；以图萨尔·坎蒂·达斯（Tushar Kanti Das）等为代表的风险理论，认为战略联盟会降低企业绩效风险。究其根本，其动机无非是以下两个方面：一是追求企业价值最大化的诉求，通过战略联盟使得企业降低了生产成本和交易成本从而获得收益；二是绩效风险规避意识，随着资源的不断减少，对于拥有稀缺资源的国家，保护国家资源也成为战略联盟的动机之一。本书中战略联盟是指两个或两个以上拥有互不相同资源优势的企业或跨国企业所组成的组织。它们在共同的战略目标驱使下，为拥有市场、资源而达成共同享有风险和收益的约定。

②战略联盟的分类。战略联盟被分为两种：横向联盟和纵向联盟。横向联盟作为最经典的一种联盟形式，是指同一行业中原先处于竞争关系的企业为扩大市场份额而形成的一种联盟，后有学者认为横向战略联盟使得联盟后企业的创新能力不如联盟前。随着人们对供应链的认识不断完善，更多企业倾向于通过纵向联盟增强企业对市场的应变能力。纵向联盟是指企业通过实现供应链的上中下游三级联盟，一方面规避因交易的不确定性给企业带来的经营风险，另一方面提升价值链的灵活性。对于非再生性资源中游企业而言，更倾向于采用纵向联盟的方式提升企业的核心竞争力，从而占领国际市场份额。

③战略联盟的结果。战略联盟可能产生四种结果：一是改组。改组是指企业中技术研发、产品生产和安装及销售等基础经营活动发生重大改变，这一结果能够体现合作方各自的实力。二是接管。当某一个合作方提出终止之前的合作，并由另一方接替该方之前所有的合作行为，这种战略联盟最终呈现的后果就称为接管。在这种情况下，某一合作方不再需要与以前的合资企业进行合作，那么，合资企业的价值对于参与合作的某一方企业来说要比另一方大，因为对该企业来说，它能够自行管理其行动而另一方仍缺乏非合作环境下所需的能力。三是维持。规模联盟的双方都希望通过规模联盟使企业拥有相同的技术和资源，以维持企业在市场上的份额。四是解散。即联盟失败或合作方达不到目的。

(2) 组织再造理论。

①组织再造的提出与定义。组织再造，又称为业务流程再造。其概念最先出现在20世纪90年代，是由管理学大师哈默（Michael Hammer）最先提出的。随后，1993年，哈默与钱皮（James Champy）合作出版的专著《再造企业》（Re-engineering the Corporation: A Manifesto for Business Revolution）对组织再造进行了重新定义，即组织再造不仅是对组织流程进行优化，而是对企业现有的组织流程进行改造、完善和重新设计，使得各关键领域的组织流程得到改善，从而有效提升企业竞争力，增加企业利润。对组织再造的重新定义，丰富了学术上对流程再造理论的发展，并且得到学术界的广泛认可和进一步深入研究。进入21世纪，伴随信息技术时代的到来，大量的管理软件根据业务流程思想进行了应用设计，

并得到中小企业广泛应用,进一步提升了管理效率和企业竞争力,业务流程再造理论结合时代变化,研究深度和广度也在不断变化。

②组织再造的原则。一是提高业务流程运作效率。发现并处理业务流程再造的细节,保证改造后的效果。如果该过程涉及企业不同部门,要保证部门与部门之间的安全无障碍。

二是增强业务流程增值能力。企业为满足客户的需求,利用和整合市场已有的资源来最终实现企业的价值。现代企业别无选择,必须要坚持"面向客户"的经营理念,因此,企业为提升自身价值和盈利水平,其主要经营活动往往以最大限度地满足客户需求为目标来展开工作。为实现提高顾客满意度的目标,业务流程再造一定要以顾客为中心,重点提升改造后的业务流程增值能力。

三是降低企业经营成本。企业的经营管理最初由粗放式的追求企业规模的扩大,逐渐地开始追求精细化的卓越式运营,业务流程再造实际上是企业对其管理运营的重新设计,在业务流程再造的全过程中应重点考虑提高管理水平和降低经营成本。

四是提高员工的工作积极性。业务流程再造会导致组织结构的改变,各部门会变革和重组,一些职员工作岗位会发生变化。在业务流程再造的过程中,要坚持以人为本,要尊重及善待员工,与其进行真诚及友好的沟通,提高员工的工作积极性。同样在业务再造开展的过程中,应主要解决企业文化中与员工态度及业务能力有重大关系的实际问题。

③组织再造的主要程序。第一,组织再造的问题发现。对企业原有流程进行功能分析、效率评估,促进战略目标的实现。业务流程的问题,不仅存在于流程本身,还与流程相关的企业文化、组织结构、公司制度等方面有着密切的联系。流程改进与评估。分析现有业务流程存在的问题,重新设计新的业务流程改进方案,并进行评估。在设计新的流程改进计划时,可以考虑将当前的几项业务或工作合二为一,当多流程改进计划被提出时,主要评估成本、收益的大小、技术完备情况、风险水平大小等,选择可行的解决方案。

第二,配套方案制订。业务流程的再造一定会引起企业工作岗位的重新分配,尤其是制约流程运行的部门可能被取消或改组,组织结构为适应新的流程也会进行一定程度的变革,构建适合企业业务流程再造要求的组织结构。因此,在进行业务流程再造时,应进行配套方案的制定,并进行试点后再开始全面再造,一定不要对企业的原有工作产生致命的不利后果,可以将影响降到一定范围,最后实现组织变革。

第三,业务流程持续改善。业务流程再造实施后,并不等于企业再造的结束。业务流程再造由于企业不断面临新的挑战，而成为一个动态的循环过程。因此，我们需要不断优化业务流程，评估再造的效果，判断改善是否达到预期的目标，进一步将业务再造与企业战略匹配分析，对出现的问题进行完善和再处理。

（3）协同理论。

①协同理论的演进及内容。协同理论源于20世纪70年代，由德国赫尔曼·哈肯（Hermann Haken）教授提出，在此基础上经过多学科研究逐渐发展起来。协同理论主要研究在与外界物质或能量交换的情况下，远离平衡状态的开放系统如何通过自己内部协同作用，自发的在时间、空间和功能上出现有序的结构。在微观到宏观的转变中，它描述了各种系统和现象中无序和有序转变的普遍规律。其主要内容可以归纳为以下三个方面：

一是协同效应。该效应是指在复杂开放系统中一些子系统之间进行相互作用，进而产生"$1+1>2$"的整体效应。不同的自然系统或社会系统都存在着协同作用。协同作用是形成系统有序结构的内部驱动力。在复杂系统中，当外部能量或物质的总体状态达到临界值时，子系统之间会因此而发生协同效应。其作用主要表现在，能使系统在临界点发生变化并产生协同效应，使系统从无序趋于有序，在混乱中产生一种稳定的结构。

二是伺服原理。伺服原理即快的服从慢的，序参量主导支配子系统行为。其实质在于规定了临界点上系统的简化原则——当系统靠近不稳定点或者临界点时，系统的动力、突现结构通常由一些集体变量（即序参量）所决定，而这些序参量支配或规定系统其他变量的行为。

三是自组织原理。自组织是相对于他组织而言的。自组织意味着系统可以在没有外部指令的情况下，根据某种规则自发地形成具有一定结构或功能的系统。因此，内在性和自生性是其基本的特征。自组织原理解释了在资金流、信息流和物料流输入的一定条件下，系统将通过大量子系统之间的协同作用形成一个全新的、有序的结构。

②协同管理理论的评价。随着20世纪60年代企业发展的多元化，美国管理学家伊戈尔·安索夫（Igor Ansoff）从战略角度提出了协同，并用投资收益率分析其含义。日本战略学家伊丹广之（Hiroyuki Itami）从"互补效应"和"协同效应"对其进行深入分析，使协同的内涵更加全面。韦斯顿（Weston）又从另外一个角度提出了协同理论——企业兼并，他认为通过管理、营运的协同效应来提高效率的企业兼并，对整个社会的发展是有利的。随即，波特提出企业的协同作用就是企业各种业务活动的相互关系，通过企业各种业务行为的相互关联形成企业的竞争优势。

由此可见，协同管理是利用其基本思想和方法来研究管理对象的协同规律，实施管理一种的理论体系。协同管理是指企业利用尖端技术所提供的全方位跨企业合作的能力，有助于企业与主要交易伙伴共同开发新产品、市场和服务，提高竞争优势，它涵盖了企业间计划和运营的几乎所有方面，主要体现在对供应链组成主体和伙伴间的战略决策、组织构成、管理控制等各个相对独立的子系统间的协同作用，以形成一个新的生命体组织体系，在结构等方面超越之前的组织系统，最终达到实现协同效应的目的。

同时，协同管理是多个单元或节点企业为同一目标，共享资源，协同工作，协调一致的过程，其目的是达到"1+1>2"的效果。管理创新促进协同，同时它又可以促进管理创新，进一步扩展到不同的广度和深度。因此，价值链治理过程中必须建立协同机制，不断实现管理创新。

(4) 标杆管理理论。

在20世纪70年代初，美国多数公司由于受到日本企业的竞争，以比较、拆解、学习竞争产品为基础开始了竞争产品比较阶段，到了20世纪70年代中期，企业发现真正落后于对手的不在于产品本身，而是在过程上相差甚远，自此企业由竞争产品的比较阶段，转而向过程标杆管理迈进，比如，生产标杆管理、营销标杆管理等。标杆管理的思想很早就出现了，但真正被人们熟知是在20世纪80年代初，一直处于垄断地位的施乐公司受到日本佳能、东芝的打压，市场占比大大下降，这让一直处于霸主地位的施乐公司意识到企业存在问题，并与竞争者进行对标找差距、战略调整，最终夺回失去的市场份额。随后，摩托罗拉、杜邦、通用也通过与全球同行业内优秀企业对标形成竞争优势。

随着人们对标杆管理的深入了解与探究，标杆管理随后也被用于改善企业的管理方法。比如，如何合理分配不同层次、不同部门员工的薪酬，甚至用于调整企业布局以及确定长期战略计划。在企业进行内部标杆取得一定成效后，就开始向全球范围探寻标杆进行对标，自此标杆管理从企业层次过渡到行业层次乃至国家层次。标杆管理的有效实施离不开政府的指引。例如，1984年美国总统里根（Ronald Wilson Reagan）设立了"美国国家质量奖"，以及1992年欧洲设立的"欧洲质量奖"。无论国内外，政府机构下属的企业多少都会存在行政垄断，缺乏竞争环境，进而导致缺乏创新的现象。标杆管理和学习型组织的创建恰好可以弥补这一缺陷，利用标杆为对标企业创造创新环境。

标杆管理的主要思想是选取优秀的竞争企业或行业内优秀的企业作为学习和对比的目标，从而找到自身与对标企业的差距，进而通过改进企业的战略布局形成独特的竞争优势，最终领先于对手。简单来说，标杆管理就是企业立标、对标、达标、创标的过程。叶泽（2006）研究发现，电力企业、煤炭企业、钢铁企业都曾将标杆管理用于成本控制或用来评价管理层的绩效。有学者将钢铁行业经常设为对标企业的新日铁住金（Nippon, Steel & Sumitomo Metal）、日本钢铁工程控股公司（Jfe Shoji Trade Corporation）、韩国浦项钢铁公司（Pohang Iron and Steel Co. Ltd）、安赛乐米塔尔钢铁集团（ArcelorMittal）作为研究对象，分析其频繁被对标的原因。结果发现这4家大型知名钢铁行业都有着清晰的发展战略、将效率作为公司治理的中心、资源全球有效配置、以市场为导向的生产理念、追求技术创新领先的战略计划、在区域市场形成强大的控制力等特点。此外，杜春峰（2007）认为，标杆管理被誉为提高企业竞争力最有效的内部管理办法，也是大多数企业全面质量管理的首选。原因在于通过与标杆的不断对标，使得企业更加灵活地应对外界环境的变化，最终实现满足客户的需求。标杆管理提供了一种间接市场机制，有利于解决因自然垄断或行政垄断形成的缺乏市场竞争力的问题。

然而，部分企业却只将标杆管理单纯地理解为仿制而非创新，虽然在短期内有所收益，但站在企业长期发展的角度来看，效果并非那么显著，可能因此陷入"先落后—再标杆—再落后—再标杆"的恶性循环的怪圈。为解决这一问题，罗伯特·坎普（Robert C. Camp）将标杆管理更加细化，使得实施标杆管理的主体能够更加深入了解标杆管理的操作流程，他认为标杆管理分为五个阶段：计划、分析、整合、行动、完成，这一流程的建立使得企业的战略计划更加明确，增加了计划的可行性。

（5）质量管理理论。

纵观历史，不难发现远古时代的人类祖先在选择居住地方时，习惯于选取面朝流水、背靠青山且树木丛生的地方，目的是为了更方便地获取食物和保护自己人身安全，这是古人对环境质量的追求和渴望；石器时代，先人们打磨形状不规则、重量不一的石块，截取一定长度、直径的木材，目的是为了捕获猎物和延续自己生命，这是先人们对工具器材质量的追求和渴望；封建时代，国家的武器直接由兵工部门掌管，目的是获得更加可靠的兵器，这是封建王朝对兵工质量的追求和渴望；今天，我们在商场上的挑挑拣拣，渴望找到一个性价比较高的产品，无一不是对质量的追求。

18世纪70年代，英国人瓦特发明了蒸汽机，它的问世改变了自此之前资本主义社会的劳动模式——由工厂手工业转向机器大工业。正是机器的出现，使得许多步骤相同或流程相似的环节被机器得以合并后快速完成，颠覆性地改变了劳动方式。而随着社会的发展，人们的生活要求与渴望变得更加具有多样化——由原来的越多越好演变成现在的适量即可，由原来的复杂多样演变成现在的简单易行，由原来的实用演变成现在的实用且美观等。对于作为市场主体的企业来说，其面临的经营不确定性不仅是客户需求内容、层次和范围的转变带来的不确定性，更是企业所处的市场环境、产品的生命周期、科学技术变化的方向和速度等带来的一系列不确定性。换个角度来看，这种大环境不仅是企业经营的困境，更是企业发展的巨大机会——抓住机会。因此，正确地识别企业现状、选取正确的生产经营和管理模式，不仅是企业成功的核心环节，更是企业实现可持续发展的基础。

2017年10月18日，习近平在党的十九大报告中强调，中国特色社会主义进入新时代，我国社会主要矛盾已经由人民日益增长的物质文化需要同落后的社会生产之间的矛盾，转化为人民日益增长的美好生活需要和不平衡不充分的发展之间的矛盾。由此可以看出，我国之前的经济增长核心一直是以"数量型增长"为主。今天，我国社会主义初级阶段的主要矛盾已经转化，人民更加注重对美好生活的追求，经济增长也从"数量型增长"逐步转变为"质量型增长"。在市场经济改革深化过程中，企业产品的质量管理也理所当然成为企业当前转型和发展的重要核心任务。

①质量管理理论的提出和发展。自从有了生产以来，对商品的质量管理便开始存在。随着经济社会的发展和科学技术的进步，质量管理的方法也在与时俱进，不断地调整改善，以适应当前社会生产模式的速度。其中质量管理主要经历过操作者的质量管理、质量检验管理、统计质量管理和全质量管理等阶段。

第一，操作者的质量管理阶段。该阶段从出现质量管理一直延续到18世纪末，资本主义社会的工厂生产方式逐步取代了以家庭为主的手工作坊。在这阶段，因为生产方式的限制，质量管理主要是由工匠和手艺人自己来担当重任。他们依靠自己在生产中积累的经验，主要以手触摸、眼睛观察以及其他感官的主观估计，又或者以简单的度量器械为主的方法进行衡量评判产品质量，进行质量管理。这种质量管理方式很大程度上具有主观性，且评判主体与生产者未进行分离，很难保证这种质量管理的结果具有公正性。

第二，质量检验管理阶段。该阶段产生的最根本原因是：18世纪时，英国已经具备了多年的海外贸易和殖民扩张为其积累的资本要素，带来的不仅是广阔的原料地，更是广袤的海外市场。因此，其原有的手工业生产方式已经不能满足市场扩张所带来的巨大需求。随着工业革命号角的吹响，手工业彻底湮没在历史的长河中，机器大工业鼎盛而出——大批量的生产促使了质量检验管理的出现。同时，由于1875年弗雷德里克·温斯洛·泰勒（Frederick Winslow Taylor）的科学管理诞生——将检验活动与其他职能进行科学的分离，进而促使专职的检验工作开始兴起，主要表现在专职检验员和独立的检验部门开始分离出来。质量检验的责任一般主要由工长担任，通过制定标准的人员、生产人员和检验人员的分立，按照专门制定的专有标准，进行当时较为先进的科学质量管理。但是，这种质量管理方式最大的不足就是要求对生产的产品进行全面的检验，这样做不仅加大企业成本，更违背了企业为获取更多的市场利益而进行质量管理的初衷。

第三，统计质量管理阶段。该阶段的开始主要源于1925年休哈特（Shewhart）倡导的统计过程控制（statistical process control，SPC）理论，即应用统计技术来监控生产过程，以减少产品对后续检验过程的依赖。这种数理统计的方式是在第二次世界大战之时，需要对武器弹药的质量进行控制而产生的。其原因主要在于当时操作者的质量管理方式皆为事后控制，无法对作战武器的质量进行监控，促使了统计质量管理阶段的兴起。该阶段强调过程理念，通过对产品生产过程中涉及质量的6个方面（"6σ"法）进行控制，达到质量管理的目的。

第四，全质量管理阶段。该阶段主要起源于20世纪60年代，是随着科学技术以爆炸式速度更替而产生的一种全新的质量管理模式，由约瑟夫·莫西·朱兰（Joseph M. Juran）和阿曼德·费根堡姆（Armand Vallin Feigenbaum）提出，旨在生产出成本合理且质量上乘的产品。随着经济社会的发展，越来越多的企业开始采用全质量管理阶段，采用以人为本、保护消费者权益和质量保证等相关理念，让企业员工不分职位地进行全员参与，共同以产品的耐用、美观、可靠、安全、经济等标准作为质量标准的度量，实现全面的企业产品质量管理控制。

发展到今天，质量管理已经成为企业获取成功的核心竞争优势，不少优秀的企业与理论界结合，建立起一系列质量管理的标准体系。例如，ISO 9000质量管理体系和GB/T 19001：2008/ISO 9001：2008标准等。此外，为了促进企业提高质量，保证经济高质量的增长，国际上也设立了一系列的奖项，例如，日本戴明奖、美国马尔科姆·波多里奇国家质量奖、欧洲质量奖等。

②质量管理的特点。质量管理是通过测量、试验或是其他相关方式，按照某一标准对该产品进行符合性评判。国际上将质量管理定义为通过指挥和控制组织协调的活动控制产品质量的一种活动。究其本质，旨在生产活动中通过对生产出来的产品进行测量、试验等方式进行检验，将检验的结果与事先制定的产品标准进行比对，判断其是否符合标准，并分析其产生不良结果的原因，寻找其不断向标准方向调整的方式。

质量管理是一种控制产品质量的管理方式，主要是对其产品质量实现一定程度上的控制。质量一直是人们追求的产品品质，但因为其环境的变化，不同时期的顾客对不同时期的质量追求程度不一致。随着人们生活水平的提高，顾客对质量的追求日益明显。企业只有抓住产品质量这个核心竞争因素，才能在激烈的竞争环境中存活下去，才可以谈论其是否可持续发展。通过质量管理对其产品的设计、制造和使用过程中的技术、工艺标准和规范、产品整个生命周期的产品质量实现全过程的系统性保证。

质量管理，在一定程度上来说，是实现高质量的最佳途径之一。质量成为当今社会顾客购买的主要诉求，这是不可避免的态势。而许多企业为了实现产品质量的提高花费了高昂的代价，产生了巨大的成本支出。因此，如何处理好质量与成本之间存在的耦合关系已然成为当前企业发展面临的重要难题。产品的质量经济性主要用来衡量人们为获得质量而耗费资源的价值量。在质量相同的情况下，耗费资源价值量与其经济性成反比；反之亦然。通过对产品的相关质量管理，持续调整改善产品的质量，减少和杜绝不合格产品的产出，将产品生产过程中的质量和外部成本进行同步把控。其中，外部成本主要是指未提供特殊附加的质量保证措施、程序、数据所支付的费用，产品的验证试验和评定的费用、质量体系认证发生的费用等。

质量管理履行的是控制这一管理职能。控制作为管理的五大职能之一，在生产环节作为耗损原料巨多、资金巨大的环节，在企业生产运营中具有举足轻重的作用。企业在生产之前，对产品的质量制定标准实现事前控制；在生产过程中，不断调整改善产品质量方向的偏离，实现了事中控制；在生产完成后，不断解决和完善上一轮生产活动中存在和短期间难以解决的质量问题，重新改善质量标准，使其更加符合顾客要求和期望，实现了事后控制。将组织活动中的事前控制、事中控制和事后控制有机结合在一起，系统地解决产品存在的相关质量问题和创新问题，为企业实现质量战略目标夯实基础。

质量管理的本质是一种监督机制。随着市场范围的扩大，买方和卖方陷入了严重的信息不对称的困境之中，买方追求的质量往往因为卖方的利益而被损害，对产品进行质量管理，监督其是否符合要求、监督其是否严格按着标准执行，这些都是企业进行生产经营迫在眉睫的任务。而质量管理作为一种有目的的管理机制，对企业生产活动中产品、过程、体系进行一贯和连续性地记录和分析，并不断将监督产品、过程和体系的结果进行反馈，为企业的生产活动提供一定的质量保证。一般意义上认为，监督是从消费者的角度对产品、过程和体系进行监督。

(6)"马歇尔冲突"理论。

①"马歇尔冲突"理论内容。19世纪著名的经济学家阿尔弗雷德·马歇尔（Alfred Marshall）发现：企业面临着一种棘手的矛盾——在追求规模经济的同时

面临着失去竞争活力。对于企业来说,究竟是该选择追求规模经济而放弃市场竞争给企业带来的活力呢?还是应该为保持企业市场竞争的活力而舍弃规模经济呢?他认为企业在自由竞争的环境下趋向于通过规模经济来追求效益,即规模效益是追求收益的必然选择。所以,几乎所有的企业最终都会走向扩大规模、增加产量的道路。

②传统"马歇尔冲突"理论解决思路。为了更好地解决"马歇尔冲突",经济学家们纷纷提出了相应的解决方案;其中,马歇尔提出了"三个渠道协调假说"来解决马歇尔冲突。规模经济归根结底是一种外在形式的存在;规模报酬的递增以动态为表象,且其结果反映的周期较长、运输成本的增长,大大限制了供应商可以活动的市场区域。1940年,经济学家克拉克(J. M. Clark)又提出有效竞争理论,他认为企业应当在有效调整的前提下,统一协调规模经济和市场竞争活力的关系,从而形成一种有利于企业可持续发展的均衡状态。即通过平衡规模和竞争之间存在的尺度,将适度规模和竞争相结合,实现马歇尔冲突的解决。爱德华·梅森(Edward Mason)在此基础上将有效竞争归为两种:一种是以市场结构作为基准来评断市场竞争是否真正的有效,另一种是以市场效果作为基准来判断市场竞争是否有效。

2.2.4.3 产业升级视角下价值链治理分析对本书研究的贡献

价值链升级视角下,运用上述理论有利于我国非再生性资源价值链上的企业充分利用企业内外部资源和能力,并充分结合现代信息技术,促进价值链上的相关企业对信息进行有效挖掘和利用,目的是寻找新的利润增长点以及成本优化空间,有利于提升组织和社会资源综合利用效率,从而帮助企业获取核心竞争优势,提高企业在市场上的核心竞争力。

2.2.5 四类视角下价值链相关理论的联系

上述相关理论的分析,基于四大视角,呈现出如下特征:(1)投入产出视角下投入产出理论更倾向于从宏观层面研究要素在部门间、生产活动各环节之间投入与产出的关系,侧重于对价值构成的分析;(2)地理范围视角下比较优势等理论从全局的角度研究绝对有利的生产条件如何进行分工和贸易,进而提高整体劳动生产率,侧重于分析对供给侧的价值生成;(3)制度分析视角下委托代理、市场导向等理论倾向于分析我国所有权与经营权的不同匹配带来的不同治理路径;(4)产业升级视角下组织再造等理论从局部层面研究各地区的其他经济利益相关者为维持或提升自身产业收益而采取的战略,即改进生产要素、改变结构、提升生产效率与提高产品质量等(见表2-2)。

表 2-2　　　　　　　　不同视角下价值链分析的特点

研究视角	研究对象	研究重点	研究特点
投入产出视角	要素在部门间、生产活动各环节之间投入与产出的关系	侧重于对价值构成的分析	与空间结构相关联
地理范围视角	比较优势下的分工和贸易	侧重于供给侧对价值生成的分析	与空间结构相关联
制度分析视角	所有权与经营权之间可能存在的不同匹配带来的不同治理路径	侧重于对租和效率的分析	与空间关系相关联
产业升级视角	经济利益相关者以提升自身产业收益为目标而采取的战略	对生产要素的改进、结构的改变	与空间关系相关联

从国家价值链层面看，上述理论都为价值链治理提供了方法，为降低成本、解决产能过剩、行业集中度低等问题提供了思路，但是，尚不能很好地集中体现国家意志以及国家战略之间的博弈。为此，在第 2 章及第 3 章数据分析的基础上，会进一步提出空间价值视角。这一视角强调了由地理因素衍生出的空间结构，以及由空间结构所衍生出的空间关系，这样一来，在空间结构层面，一定程度上涵盖了地理范围视角和投入产出视角；在空间关系层面，一定程度上涵盖了制度分析视角和产业升级视角，并且，进一步强调了国家意志和国家战略，体现了国家之间的战略博弈关系。

小　　结

不同视角的价值链理论，对我国非再生性资源价值链的构建具有不同的价值。本书将相关理论归纳为四大视角，即投入产出视角、地理范围视角、制度分析视角和产业升级视角。其中，投入产出视角下的相关理论主要是投入产出理论，基于"物"的层面，分析部门间的生产投入以及物、人、财的使用去向，侧重于对价值构成的分析；地理范围视角下的相关理论主要包括比较优势理论、资源禀赋理论、"资源诅咒"理论等，主要是基于资源禀赋和比较优势，分析资源禀赋战略重置带来的不同效果，侧重于供给侧对价值生成的分析；制度分析视角下的相关理论主要包括委托代理理论和市场导向理论，主要是基于所有权和经营权的匹配，分析不同匹配方式带来的不同的治理路径；产业升级视角下的相关理论主要包括战略联盟、组织再造、协同、标杆管理和质量管理等理论，主要是基于提高产品附加值的目标导向，分析生产要素改进、结构优化、生产效率提升与产品质量提高对整个产业收益的影响。

第 3 章

基于四大视角的非再生性 资源价值链分析

由于价值链是一个系统性问题的集合,在以往的研究中,涉及的研究角度和研究方法也各不相同,本书在前人研究的基础上,将他们的研究分为了四大视角,即投入产出视角、地理范围视角、制度分析视角和产业升级视角。上一章对这些视角的主要内容和对价值链研究的贡献做了梳理,这一章将进一步根据这些视角,运用相关的研究方法分别对价值构成、价值生成、所有权与经营权的不同匹配等问题进行分析。其中,制度分析视角下的模型是本书根据相关研究构建而来。在此基础上,又进一步对四类视角下研究结果的相似性和差异性进行分析,归旨国家价值链分析所要解决的问题。

3.1 投入产出视角下基于耗散系数和影响系数的价值链分析

投入产出分析是以投入产出表为基础,基于系统性的思想,认为国民经济是由许多部门构成的巨大经济系统。投入产出法是将各部门放在国民经济整体中,研究各部门的相互依存、相互制约的一种方法。

3.1.1 数据选取

本章选取国家统计局公布的 2012 年和 2015 年中国投入产出表数据,其中,横向包含该产业向其他产业中间投入的具体数值、对该产业的最终需求、进口以及其他数据。纵向包含某一产业对其他产业中间投入的需求,以及该产业对其他需求的增加值。根据投入产出的具体值,可以计算该产业的总产值。

为了研究非再生性资源上游、中游、下游产业之间的相互依存与制约关系、对其他产业之间的影响关系以及对国民经济的影响,需要将非再生性资源开发、生产及销售等相关产业进行合并。根据投入产出表中各产业的原料来源与经营方式，将煤炭采选产品、石油和天然气开采产品、金属矿采选产品合并为非再生性资源上游产业；将石油、炼焦产品和核燃料加工品、非金属矿物制品、金属冶炼和压延加工品、金属制品、机械和设备修理服务、电力、热力的生产和供应、燃气生产和供应合并为非再生性资源中游产业；将化学产品、通用设备、专用设备、交通运输设备、电气机械和器材、仪器仪表、其他制造产品合并为非再生下游产业。将投入产出表进行简化，根据简化的投入产出表，分析计算非再生性资源上游、中游、下游产业的投入、需求与总产值之间的关系。

3.1.2 直接耗散系数与完全耗散系数

根据投入产出表中的投入产出平衡关系，可以得到矩阵形式的关系：

$$\begin{pmatrix} x_{11} & x_{12} & \cdots & x_{1n} \\ x_{21} & x_{22} & \cdots & x_{2n} \\ \vdots & \vdots & & \vdots \\ x_{n1} & x_{n2} & \cdots & x_{nn} \end{pmatrix} + \begin{pmatrix} F_1 \\ F_2 \\ \vdots \\ F_n \end{pmatrix} = \begin{pmatrix} X_1 \\ X_2 \\ \vdots \\ X_n \end{pmatrix} \tag{3.1}$$

其中，x_{ij} 表示 j 产业生产中消耗的 i 产业的产品数量，F_j 表示 j 产业的最终需求，X_j 表示 j 产业的总产值。

直接耗散系数反映了某一产业的总产值增加一单位时，对其他产业产品的需求量，其中直接耗散系数越大，说明对该产业的需求越高。直接耗散系数可通过以下公式计算：

$$a_{ij} = \frac{x_{ij}}{X_j} \tag{3.2}$$

其中，a_{ij} 表示直接耗散系数，表示生产单位 j 产业的总产出对 i 产业产品的直接消耗量，由式（3.2）可得 $x_{ij} = a_{ij} X_j$，因此投入产出矩阵可表示为以下基本关系：

$$AX + F = X \tag{3.3}$$

其中，$A = \begin{pmatrix} a_{11} & a_{12} & \cdots & a_{1n} \\ a_{21} & a_{22} & \cdots & a_{2n} \\ \vdots & \vdots & & \vdots \\ a_{n1} & a_{n2} & \cdots & a_{nn} \end{pmatrix}$ 表示直接耗散矩阵，$F = \begin{pmatrix} F_1 \\ F_2 \\ \vdots \\ F_n \end{pmatrix}$ $X = \begin{pmatrix} X_1 \\ X_2 \\ \vdots \\ X_n \end{pmatrix}$。

完全耗散系数表示生产某种产品所需直接消耗的其他产品数量与间接消耗其

他产品的数量之和。使用 C 表示完全耗散矩阵，则 $C = \begin{pmatrix} c_{11} & c_{12} & \cdots & c_{1n} \\ c_{21} & c_{22} & \cdots & c_{2n} \\ \vdots & \vdots & & \vdots \\ c_{n1} & c_{n2} & \cdots & c_{nn} \end{pmatrix}$，其中，$c_{ij}$ 表示生产单位 j 产业的产品所需要直接和间接消耗的 i 产业的产品之和。根据上述定义可得到：$C = A + A^2 + A^3 + \cdots + A^n$，又因为 $0 \leq a_{ij} < 1$，所以当 $k \to \infty$ 时，$A^k \to 0$，则可得到：

$$C = (I - A)^{-1} - I \qquad (3.4)$$

其中，I 为单位矩阵。

根据上述分析计算得出直接耗散系数如表 3-1 所示。在 2012 年和 2015 年，非再生性资源中游产业和非再生性资源上游产业的直接耗散系数都相对较大。同时，2015 年相对于 2012 年，位于非再生性资源上一层级的产业对下一层级产业的产品直接需求增加，而位于下一层级产业对位于上一层级产业的直接需求减少。即上游产业对上中下游产业的直接需求增大，中游产业对自身产品和下游产业产品的消耗变大，但对上游产业的产品直接需求相对减少；下游产业对其他产业的直接需求均减少。具体而言，对于非再生性资源上游产业，2015 年相比于 2012 年，其每生产 1 个单位的产品，对非再生性中游产业产品的直接消耗增加 0.0091 个单位，同时，对非再生性资源下游产业的产品的直接消耗增加 0.0262 个单位，对于自身产业的消耗增加 0.0146 个单位。对于非再生性资源中游产业而言，2015 年相比于 2012 年，其每增加 1 个单位的产品时，对非再生性资源上游产业产品的直接需求减少 0.0562 个单位，同时对自身产业产品的直接需求增加 0.0191 个单位，而对于非再生性资源下游产业产品的直接需求增加 0.0191 个单位。对于非再生性资源下游产业而言，2015 年相比于 2012 年，其每增加 1 个单位的产品时，对非再生性资源上游产业产品的直接需求减少 0.0049 个单位，同时对非再生性资源中游产业产品的直接需求减少 0.0294 个单位，但是对自身产业产品的直接需求，几乎维持不变。

表 3-1　　　　　　　　非再生性资源产业链直接耗散系数

产业	2012 年			2015 年		
	上游	中游	下游	上游	中游	下游
非再生性资源上游	0.1336	0.2236	0.0173	0.1482	0.1674	0.0124
非再生性资源中游	0.1451	0.3817	0.1971	0.1542	0.4008	0.1677
非再生性资源下游	0.0946	0.0650	0.3967	0.1208	0.0841	0.3966

资料来源：国家统计局公布的 2012 年和 2015 年《中国投入产出表》。

根据上述分析计算得出完全耗散系数如表3-2所示。可以发现2012年和2015年，国民经济的发展主要还是依赖于非再生性资源的使用，主要集中在非再生性资源中游产业和下游产业的产品消耗。相比于2012年，2015年其他产业对非再生性资源的完全耗散系数基本下降，即对非再生性资源的依赖程度有所降低。着眼于非再生性资源产业链上的产品消耗，每一层级产业对自身的直接和间接需求都有所增加，且对自身以下层级产业产品的直接和间接需求有所增加，但是，对一上层级产业产品的直接和间接需求减少。具体而言，对于非再生性资源上游产业而言，2015年相比于2012年而言，其生产1个单位的产品，对非再生性资源上游、中游和下游产业产品的直接和间接的消耗分别增加0.0059个、0.0702个和0.1254个单位。对于非再生性资源中游产业而言，2015年相比于2012年，其每增加1个单位的产品时，对非再生性资源上游产业的产品直接和间接需求减少0.1044个单位，对于中游和下游产业的产品直接和间接的消耗分别增加0.0695个和0.1170个单位。对于非再生性资源下游产业而言，2015年相比于2012年，其每增加1个单位的产品时，对非再生性资源上游产业和中游产业的产品直接和间接需求分别减少0.0713个和0.0797个单位，对于下游产业的产品直接和间接的消耗增加0.0359个单位。

表3-2　　　　　　　非再生性资源产业链完全耗散系数

产业	2012年			2015年		
	上游	中游	下游	上游	中游	下游
非再生性资源上游	0.2779	0.5025	0.2307	0.2838	0.3981	0.1594
非再生性资源中游	0.4526	0.9155	0.7436	0.5228	0.9850	0.6639
非再生性资源下游	0.3100	0.3577	0.8847	0.4354	0.4747	0.9206

资料来源：国家统计局公布的2012年和2015年《中国投入产出表》。

综上所述，可以发现，非再生性资源产业的上中下游之间的联系十分紧密，各产业的投入首先来源于自身产业的投入，其次为各产业的上游产业的投入。相比于2012年，2015年产业链上各主体对于其自身的产品需求都有所增加，对其下游产品的需求都有所增加，而对其上游产品的需求都有所减少。即2015年相比于2012年，非再生性资源产业向下关联的强度变大，而向上关联的强度变小。同时中国国民经济的发展主要依赖于非再生性资源的利用，这一关系的证实，不仅依赖于其他产业对非再生资源产业的直接耗散系数值，还依赖于其他产业对非再生性资源的完全耗散系数值。

3.1.3 影响力系数与感应度系数

根据式（3.3）可得：

$$X = (I - A)^{-1} F \tag{3.5}$$

其中，$(I-A)$ 为"里昂惕夫矩阵"，$(I-A)^{-1}$ 为"里昂惕夫逆矩阵"记为 B，B 中的具体元素由 $B = \begin{pmatrix} b_{11} & b_{12} & \cdots & b_{1n} \\ b_{21} & b_{22} & \cdots & b_{2n} \\ \vdots & \vdots & & \vdots \\ b_{n1} & b_{n2} & \cdots & b_{nn} \end{pmatrix}$ 表示，其中，b_{ij} 表示对 j 产业的最终需求增加一个单位时，i 产业的产量间接地增加 b_{ij} 单位。

通过将 B 中每列元素相加，再除以所有列和的均值，可得到影响力系数 α_j，即：

$$\alpha_j = \frac{\sum_{i=1}^{n} b_{ij}}{\frac{1}{n} \sum_{j=1}^{n} \sum_{i=1}^{n} b_{ij}} \tag{3.6}$$

影响力系数反映了某个产业对全部产业的影响力大小，即当前产业的需求增加对全部产业总产值增加的影响。若影响力系数大于 1，说明当前产业的需求增加对全部产业总产值增加的影响相对较大。

根据上述分析计算各产业的影响力系数如表 3-3 所示。根据各产业影响力系数可以得到，2012 年和 2015 年，除通信设备、计算机和其他电子设备产业外，非再生性资源下游行业对所有产业的影响力均最大，次之为非再生性资源中游产业的影响力系数，但是 2012 年非再生性资源上游产业对各产业的影响相对较小，为 0.9236，而 2015 年非再生性资源上游产业对各产业的影响增大，为 1.0640。即 2012 年和 2015 年，我国非再生性资源价值链上产业的需求增加对全部产业总产值的增加影响都很大。相比于 2012 年，2015 年非再生性资源上游产业和中游产业的影响力系数均有所增加，增加幅度分别为 0.1404 和 0.0689，而非再生性资源下游产业的影响力系数有所下降，下降幅度为 0.0376。即 2015 年非再生性资源上游和下游产业的需求增加一个单位时，对全部产业总产值的影响变大，而下游产业的需求增加一个单位时，对全部产业的总产值的影响变小。

表3-3 影响力系数和感应度系数

产业	2012年 影响力	2012年 感应度	2015年 影响力	2015年 感应度
农林牧渔产品和服务	0.7859	1.5231	0.7540	1.6533
非再生性资源上游	0.9236	1.5329	1.0640	1.1716
非再生性资源中游	1.2332	3.8994	1.3021	3.5128
非再生性资源下游	1.3541	3.7033	1.3165	3.8525
食品和烟草	1.0628	1.2036	1.0258	1.3999
纺织品	1.2806	1.1134	1.2181	1.0682
纺织服装鞋帽皮革羽绒及其制品	1.2890	0.5392	1.1768	0.5515
木材加工品和家具	1.2478	0.6604	1.2154	0.6359
造纸印刷和文教体育用品	1.2451	0.9043	1.2649	0.8851
通信设备、计算机和其他电子设备	1.4686	1.2832	1.3812	1.3019
废品废料	0.6008	0.4826	1.2995	0.4582
水的生产和供应	0.9514	0.3961	1.0216	0.3799
建筑	1.2302	0.4729	1.2517	0.4493
批发和零售	0.6574	1.0952	0.6840	1.1703
交通运输、仓储和邮政	1.0453	1.1872	0.9954	1.2662
住宿和餐饮	0.9342	0.5951	0.8989	0.6244
信息传输、软件和信息技术服务	0.9442	0.5624	0.8800	0.5759
金融	0.7401	1.2262	0.6446	1.3159
房地产	0.5902	0.5922	0.5834	0.6255
租赁和商务服务	1.1133	0.9182	1.1088	1.0681
科学研究和技术服务	1.0860	0.6006	1.0495	0.5811
水利、环境和公共设施管理	0.9796	0.4211	0.9033	0.4090
居民服务、修理和其他服务	0.8940	0.5144	0.8318	0.5009
教育	0.6280	0.3874	0.5511	0.3698
卫生和社会工作	1.0601	0.3694	1.0157	0.3591
文化、体育和娱乐	0.8764	0.4305	0.8321	0.4244
公共管理、社会保障和社会组织	0.7781	0.3855	0.7297	0.3892

资料来源：国家统计局公布的2012年和2015年《中国投入产出表》。

通过将B中每行元素相加，再除以所有行和的均值，可得到影响力系数β_i，即：

$$\beta_i = \frac{\sum_{j=1}^{n} b_{ij}}{\frac{1}{n}\sum_{i=1}^{n}\sum_{j=1}^{n} b_{ij}} \qquad (3.7)$$

感应度系数反映了某个产业受全部产业的影响程度大小，即全部产业的需求增加对该产业总产值增加的影响度。若感应度系数大于1，说明当前产业的总产值受所有产业需求变化影响相对较大。根据各产业感应度系数的大小，非再生性资源中游产业受所有产业的影响最大，非再生性资源下游产业受其他产业的影响次之，但是2012年，非再生性资源上游产业受各其他产业的影响位列第3，而2015年，下游产业受其他产业的影响下降，位列第8。同时，2015年非再生性资源上游和中游产业受其他产业的影响均有所下降，但是下游产业受其他产业的影响上升。具体而言，相比于2012年，2015年非再生性资源上游产业和中游产业的感应度系数减小幅度分别为0.3613和0.3866，而非再生性资源下游产业的影响力系数的增加幅度为0.1492。即2015年，全部产业的总需求增加一个单位时，对非再生性资源上游和下游产业的总产值均有所减少，而对下游产业的需求增大。综上所述，虽然2015年相比于2012年全部产业与非再生性资源产业之间的联系度有所降低，但是，总体而言，我国国民经济的增长还是依赖于非再生性资源产业的发展。

综上所述，我国非再生性资源产业对国民经济的影响是显著的，且对我国经济的发展起到支撑作用。通过上中下游产业的投入产出分析，得到上中下游的产业之间联系十分紧密，上游产业对中游产业的发展起到支撑作用，非再生性资源中游产业对国民经济的发展具有重大的贡献，但是非再生性资源下游产业对国民经济的贡献作用相对于上游和中游产业而言，影响相对较小，但是相较于其他产业，影响还是显著的。非再生性资源价值链之间的关系十分紧密，其主要投入品都是来自其上游产业以及自身产业的投入。如中游产业的投入来自上游产业的投入与自身产业的投入，下游产业的投入主要来自中游产业的投入与上游产业的投入。

3.2 地理范围视角下基于资源禀赋战略重置的价值链分析：以稀土产业为例

在非再生性资源的价值链治理路径上，萨夫拉（Safra，1983）提出了资源禀赋的战略重置问题，并通过不同信息条件下的资源禀赋假定，数理分析得到了C—操纵、W—操纵、G—操纵和D—操纵四类策略。在此研究基础上，本书将进一步分析实现资源禀赋战略重置的四种方式，并结合稀土产业，分析相应的策略调整。在问题描述中，为了便于模型化分析，假设所有情况均在纯交换性经济下发生。所谓纯交换性经济，即没有生产者、只有交换者的经济。在这种经济模型中，每个参与者都在市场上相互交换他们初始持有的一部分或全部资源禀赋，以增加他们的效用。

3.2.1 进行资源禀赋重组的四种方式及方式对比

3.2.1.1 进行资源禀赋重组的四种方式

P：价格；

W：资源；

W′：假定在定义中 W′充分地接近于 W，以便能对 P 明确地定义；

X：所有的消费者均拥有相同的消费集合 X，消费者在 X 中的初始资源禀赋向量为 w_i，光滑效用函数为 u_i；

m：共有 m 个参与者（经济行为者）；

f(p, w)：初始均衡配置；

f′(p′, w′)：新的均衡配置。

(1) C—操纵，即联盟（coalition）。

定义1：消费者联盟 D 能够对（p, w）实施 C – 操纵的条件是：在 X^m 中存在 W′，且 P′ = P(w′; p, w)，因此，有 $w'_i = w_i$ 对于 $i \notin D$，$\sum_{i \in D} w'_i = \sum_{i \in D} w_i$ 和 $u_i[f_i(p', p'w'_i)] > u_i[f_i(p, pw_i)]$，对于所有的 $i \notin D$。

此操纵蕴涵资源禀赋战略重新配置的主要思想。该联盟对（p, w）实施 C—操纵的条件是，联盟的参与者都能够重新配置他们的资源（即从 W 改变到 W′），并由此达到某新的均衡配置 [f′(p′, w′)]，从而使他们当中的每一个人都获得比初始均衡配置 f(p, w) 更高的效用。通过这种做法，联盟者利用其能力影响均衡价格，并且从中使联盟获得好处。

C—操纵是参与者将自己的资源禀赋全部拿出来进行资源禀赋的重置，以求实现各个参与者效用的提高。这种操纵方式在我们的价值链治理中将会得到最多的应用，且此种操纵方式与帕累托改进相似。

(2) W—操纵，即预扣（withhold）。

定义2：消费者 i 能够对（p, w）实施 W – 操纵的条件是，在 X^m 中存在 W′，且 P′ = P(w′; p, w)，因此有 $w'_i < w_i$，$w'_j < w_j$，$j \neq i$ 和 $u_i[f_i(p', p'w'_i) + w_i - w'_i] > u_i[f_i(p, pw_i)]$。这也是一种资源禀赋的战略重新配置方式。此重新配置是由一个独立的参与者（i）做出的。此参与者将初始资源禀赋向量划分成两部分［宣布第一部分为其新的资源禀赋（w_i'）并投入到市场中去，把第二部分资源禀赋预扣，不投入市场］。在交易结束时，实施 W-操纵的参与者将把其预扣的那部分（$w_i - w_i'$）再加入他新的均衡向量 $f_i(p', p'w_i')$ 中去，因此他的效用是以这两个向量求和后的向量来计算。

在此操纵中参与者 i 通过改变其初始资源禀赋 w_i 的配置（从"投入市场 w_i'，预扣部分为 0"到"投入市场 w_i'，预扣部分为 $w_i - w_i'$"）的办法，参与者 i 最终的效用可以增加，如果是这样一种情况，则我们说参与者 i 能够对（p, w）实施 W—操纵。

W—操纵是价值链中某一个参与者想要实现其自身效用的提高时采用的操纵方式。

（3）G—操纵，即赠予（grant）。

定义 3：消费者 i 能够对（p, w）实施 G-操纵的条件是，存在 $j \neq i$，w' 在 X^m 中，且 $P' = P(w'; p, w)$，从而有（在 R^l 内 $t > 0$）$w_i' = w_i - t$，$w_j' = w_j + t$，$w_h' = w_h$。对于 $h \neq i, j$ 和 $u_i[f_i(p', p'w_i')] > u_i[f_i(p, pw_i)]$。

重新配置在两个参与者 i 和 j 之间进行。参与者 i 向消费者 j 提供一种赠予（向量 t），从而在由此而产生的均衡配置 $f(p', w')$ 中，参与者 i 的效用水平高于他初始均衡配置中的效用水平。

但此操纵存在一个缺陷，即参与者 j 必须同意接受这项赠予，但只有在他的效用将会提高的条件下他才会这样做。此种情况下，我们又回到了处于 C-操纵的局面。

（4）D—操纵，即破坏（destroy）。

定义 4：消费者 i 能够对（p, w）实施 D—操纵的条件是，在 X^m 中存在 w'，且 $P' = P(w'; p, w)$，从而有 $w_i' < w_i$，$w_j' = w_j$，对于 $j \neq i$ 和 $u_i[f_i(p', p'w_i')] > u_i[f_i(p, pw_i)]$。此操纵是参与者通过破坏其一部分资源禀赋的做法来实施操纵。

在此情况下，某一参与者可能发现简单地破坏他的部分资源禀赋是有利的，而且可以以此来达到一种更好的均衡配置。参与者 i 是这样实现其资源禀赋的重新配置的：他将部分资源禀赋从市场撤走，并转到"非现存"的状态。价值链中某个参与者破坏掉一部分自己的资源禀赋以实现自身效用水平的提高。

3.2.1.2 进行资源禀赋重组的四种方式的对比

若在价值链治理中实施 C—操纵进行资源禀赋的战略重置，则需满足此价值链中至少两个参与者改变自己的资源禀赋，并且在改变资源禀赋后，每个做出改变的参与者效用水平均提高。

若实施 W—操纵，则只需价值链中某个参与者独自决定即可。只要此参与者实施 W—操纵可实现其自身效用的提高,此参与者就可独自实施 W—操纵。

G—操纵是一个参与者向另一个参与者赠予的情况下发生的。在此种情况下,赠予者与被赠予者效用水平均提高时,G—操纵才会发生。但当这种情况发生时,现象与 C—操纵相同。

G—操纵也是只需价值链中某个参与者独自决定即可。价值链中某个参与者破坏掉一部分自己的资源禀赋以实现自身效用水平的提高。

3.2.2 以稀土产业为例说明资源禀赋重组的具体方式

对于稀土产品,中国出售了占有世界储量 80% 绝对优势的稀土,但却没有得到很好的经济效益。一定程度上说,稀土作为中国的相对垄断品,但是却在国际市场被低价出售。

3.2.2.1 稀土作为中国垄断产品却在世界范围内销售价格偏低的原因

总的来说,目前国内的稀土配额量远大于国际市场的实际需求,由于以下原因使我国稀土并没有获得很高的收益:一是我国稀土企业数量多、规模小,产业集中度偏低,业内无序竞争是导致定价缺失的最主要原因,而美国稀土行业只有两家企业,法国仅一家,这样一来,我们在产品定价的话语权上就相对较弱。二是我国稀土开采方式粗放、浪费严重,产品的纯度和精度不够。三是在外贸方式上,存在进口商"一单发百家"的情形。我国稀土供应商数量众多,大约有 100 多家,而国外进口仅有几家,进口商"一单发百家"的方式,往往会造成供应商的恶性竞争。同时,国际上稀土年需求不超过 8 万吨,而我国稀土的年生产能力在 16 万吨。这些都造成了国内稀土企业的恶性竞争。

3.2.2.2 资源禀赋重组是解决我国稀土产品在国际定价较低的重要方式

(1)实行 C—操纵(即联盟)。

我国稀土企业可借鉴澳大利亚铁矿石企业彼此重组整合,淘汰小而弱的企业,形成更加强大的统一体的做法,一方面提高产业集中度,避免恶性竞争;另一方面一致对外谈判,提高议价能力。具体做法是关闭我国稀土行业中某些开采方式效率低下或浪费污染严重的企业,将效率较高的企业进行联盟,以此提高整个行业的生产效率,而且要减少中国供应商的数量,即实行淘汰机制,进行供给侧改革。C 操纵的具体操作方式如下:

在实行 C 操纵时,为计算方便,我们简化模型,假设此价值链上只有两个企业(大企业和小企业)进行资源禀赋重组。在企业联盟前,即各自为营时,大小企业的效用不同。对小企业来说,小企业资金短缺,急需将手中的资源转化为资金,因此会降低资源的价格以求快速将资源转换为资金。此时小企业以 P_1 的价

格将资源 W_1 售出，小企业的均衡配置为 $f(p_1,w_1)$，小企业的效用为 $U_1[f(p_1,p_1w_1)]$；而对大企业来说，大企业资金充足，并不着急马上将手中的资源转化为资金，因此有足够的时间和耐心与买方进行价格谈判。当小企业与买方交易完毕后，大企业与买方继续进行交易，此时市场已经仅有大企业一家可与买方进行交易，因此大企业可以高于 P_1 的价格与买方进行交易。但因买方已获得 W_1 单位的资源，大企业要将自己的资源 W_2 全部售出，只能降低价格至 P_2 出售资源而不能以其期望价格 P_3 出售（$P_1<P_2<P_3$）。此时大企业的均衡配置为 $f(p_2,w_2)$，大企业的效用为 $U_2[f(p_2,p_2w_2)]$。

大企业和小企业进行联盟后，大小企业派出共同代表与买方进行价格谈判。对于大企业而言，大企业出让部分资金资源 P_2W_1'（$W_1'<W_1$），而小企业以 P_2 的价格出让部分资源 W_1'，得到资金资源 P_2W_1'。在此种情况下，小企业有充足的资金等待长时间的价格谈判。大小企业联盟后的最终谈判价格可达到 P_3。联盟后小企业的均衡配置为 $f(p_2,w_1')+f(p_3,w_1''')$（$W_1'+W_1''=W_1$），小企业的效用为 $U_1[f(p_2,p_2w_1')+f(p_3,p_3w_1''')]$。大企业的均衡配置为 $f(p_3,w_2+w_1')-f(p_2,w_1')$，大企业的效用为 $U_2[f(p_3,p_3(w_2+w_1'))-f(p_2,p_2w_1')]$。

对于小企业来说，未联盟时其效用为 $U_1[f(p_1,p_1w_1)]$，联盟后其效用为 $U_1[f(p_2,p_2w_1')+f(p_3,p_3w_1''')]$。因 $W_1'+W_1''=W_1$，而 $P_1<P_2<P_3$，故小企业联盟后的效用大于联盟前的效用。对大企业来说，未联盟时其效用为 $U_2[f(p_2,p_2w_2)]$，联盟后其效用为 $U_2[f(p_3,p_3(w_2+w_1'))-f(p_2,p_2w_1')]$。因 $P_1<P_2<P_3$，故大企业联盟后的效用大于联盟前的效用。

（2）实行 W—操纵（即预扣）。

中国稀土行业可建立稀土资源战略储备体系。我国对稀土行业进行管理的部门可学习美国对稀土行业的政策。美国从立法及本土资源开发两方面双管齐下，限制或停止开发本国的稀土开采，转而从中国进口，为稀土资源的储备打下基础。W 操纵的具体操作方式如下：

W 操纵是由一个独立的参与者（i）做出的（此操纵对于拥有资源量多至可影响资源市场价格的企业更为适用）。未实行操纵前，资源的价格为 P_1，企业 i 的资源量为 W_1。企业 i 的均衡配置为 $f(p_1,w_1)$，效用为 $U_1[f(p_1,p_1w_1)]$。当 i 决定实行 W 操纵时，可将其拥有的资源分成两部分 $W_1'+W_1''$，企业 i 将资源 W_1' 投入市场。根据供给决定价格，因市场中供给的资源减少，供给曲线左移，故资源的市场价格上升至 P_3，此时企业以 P_3 的价格售出 W_1' 的资源，当此交易即将结束之时，企业 i 再将之前预扣的资源 W_1'' 投入市场，此时市场均衡价格在资源 W_1'' 的冲击下降至 P_2，但仍会高于价格 P_1（$P_1<P_2<P_3$）。此时企业 i 的均衡配置为

$f(p_1,w_1') + f(p_2,w_1'')$，效用为 $U_2[f(p_2,p_3w_1') + f(p_2,p_2w_1'')]$。因企业 i 的资源总量未变，而 $P_1 < P_2 < P_3$，故操纵后的效用大于操纵前的效用。

（3）实行 G—操纵（即赠予）。

仍以大小企业为例进行赠予操纵的说明。G 操纵的具体操作方式如下：

在企业操纵前，大小企业的效用不同。对小企业来说，小企业资金短缺，急需将手中的资源转化为资金，因此会降低资源的价格以求快速将资源转换为资金。此时小企业以 P_1 的价格将资源 W_1 售出，小企业的均衡配置为 $f(p_1,w_1)$，小企业的效用为 $U_1[f(p_1,p_1w_1)]$；而对大企业来说，大企业资金充足，并不着急马上将手中的资源转化为资金，因此有足够的时间和耐心与买方进行价格谈判。当小企业与买方交易完毕后，大企业与买方继续进行交易，此时市场已经仅有大企业一家可与买方进行交易，因此大企业可以高于 P_1 的价格与买方进行交易。但因买方已获得 W_1 单位的资源，大企业要将自己的资源 W_2 全部售出，只能降低价格至 P_2 出售资源而不能以其期望价格 P_3 出售（$P_1 < P_2 < P_3$）。此时大企业的均衡配置为 $f(p_2,w_2)$，大企业的效用为 $U_2[f(p_2,p_2w_2)]$。

大企业对小企业进行赠予，即大企业直接出让部分资金资源给小企业后，大小企业派出共同代表与买方进行价格谈判。对于大企业而言，大企业出让部分资金资源 P_2W_1'（$W_1' < W_1$），而小企业获得资金资源 P_2W_1'。在此种情况下，小企业有充足的资金等待长时间的价格谈判。大小企业的最终谈判价格可达到使大企业效用增加的价格 P_3。操纵后小企业的均衡配置为 $f(p_2,w_1') + f(p_3,w_1''')$（$W_1' + W_1'' = W_1$），小企业的效用为 $U_1[f(p_2,p_2w_1') + f(p_3,p_3w_1''')]$。大企业的均衡配置为 $f(p_3,w_2) - f(p_2,w_1')$，大企业的效用为 $U_2[f(p_3,p_3w_2) - f(p_2,w_1')]$。

对于小企业来说，未操纵时其效用为 $U_1[f(p_1,p_1w_1)]$，操纵后其效用为 $U_1[f(p_2,p_2w_1') + f(p_3,p_3w_1''')]$。因 $W_1' + W_1'' = W_1$，而 $P_1 < P_2 < P_3$，故小企业联盟后的效用大于联盟前的效用。对大企业来说，未联盟时其效用为 $U_2[f(p_2,p_2w_2)]$，联盟后其效用为 $U_2[f(p_3,p_3w_2) - f(p_2,p_2w_1')]$。因最终谈判价格可达到使大企业效用增加的价格 P_3。故大企业联盟后的效用大于联盟前的效用。

（4）实行 D—操纵（即破坏）。

在出现经济危机时，一些产品如牛奶生产过剩后，奶农会将牛奶倒掉即破坏部分其拥有的资源使供给减少，从而使资源价格上升，这与牛奶不易储存或储存成本太高等原因有关。但由于我们讨论的是非再生性资源供给侧价值链治理，故不存在不易存储的问题，因而不采用破坏资源进行操纵的方式进行资源禀赋重组。

3.3 制度分析视角下基于控制权的价值链分析

非再生性资源的特殊性在于指明其在价值链中哪一主体掌握了对资源的控制权，则该主体享有更加优越的价值空间。但是究其根本，非再生性资源价值链强调各主体之间相互关联，从而达到社会财富最大化，并且在实现经济增长的同时，保证环境的最优利用。因此结合制度的角度，究竟保障哪一主体在价值链中保有控制权是本节讨论的重点，为了研究这一问题，本节通过构建数理模型，分别从上游产业主导和下游产业主导两种角度，对比分析价值创造中各主体的利润，以及最终创造的社会总价值。

3.3.1 基本假设

假设价值链中包含非再生性资源上游开采企业 S，中游生产企业 M，下游销售企业 R。假设市场价格 P_3 与资源供给量 Q 的均衡关系为 $P_3 = -\alpha_3 Q + \beta_3$，其中 β_3 为市场所能接受的最高价格。

对于非再生性资源上游开采企业 S，市场对最终资源开采量的需求为 Q，提供给中游生产企业 M 的单位采购价格为 P_1，平均单位价格由两部分组成，随着资源开采量的增多，平均销售价格逐渐下降，即 $P_{11} = -\alpha_1 Q + \beta_1$，同时上游开采企业观察到市场价格变动时，会根据市场价格调整供货价格，假设调整幅度为 γ，市场价格为 P_3，因此，上游开采企业给中游生产企业的单位供货价格为 $P_1 = P_{11} + \gamma P_3 = (-\alpha_1 - \gamma\alpha_3)Q + \beta_1 + \gamma\beta_3$。同时随着资源开采量的增多，用于维持环境现状的单位成本逐渐增加，因此假设 $c = k_1 Q + b_1$，其中 c_1 为单位环境维护成本，k_1 为边际成本，b_1 为维护环境的固定边际成本，固定开采成本为 C_1。基于上述分析，非再生性上游产业的利润函数为：

$$\pi_S = P_1 Q - c_1 Q - C_1 = (-\alpha_1 - \gamma\alpha_3 - k_1)Q^2 + (\beta_1 + \gamma\beta_3 - b_1)Q - C_1$$

令 $\varphi_1 = \beta_1 + \gamma\beta_3 - b_1$，则：

$$\pi_S = (-\alpha_1 - \gamma\alpha_3 - k_1)Q^2 + \varphi_1 Q - C_1 \tag{3.8}$$

对于非再生性中游生产企业 M，其批发给下游销售企业的批发单位价格为 P_2，同理，随着下游销售企业采购数量的增多，其采购单位成本下降，即 $P_2 = -\alpha_2 Q + \beta_2$。其成本主要包括两部分，一部分为支付给上游开采企业的采购成本 $P_1 Q$；另一部分是由于自身生产产品所产生的生产的边际成本，边际成本随生产量的增多而变大，因此假设生产成本为 $C_{21} = k_2 Q$，固定成本为 C_2。基于上述分析，非再生性中游产业的利润函数为：

$$\pi_M = (P_2 - P_1)Q - c_{21}Q - C_2 = (-\alpha_2 + \alpha_1)Q^2 + (\beta_2 - \beta_1 - k_2)Q - C_2$$

令 $\varphi_2 = \beta_2 - \beta_1 - k_2$，则：

$$\pi_M = (-\alpha_2 + \alpha_1)Q^2 + \varphi_2 Q - C_2 \quad (3.9)$$

对于非再生性下游销售企业 R，产品的销售价格为 P_3，销售成本为 C_3，因此，下游销售企业的利润函数为：

$$\pi_R = (P_3 - P_2)Q - C_3 = (-\alpha_3 + \alpha_2)Q^2 + (\beta_3 - \beta_2)Q - C_3$$

令 $\varphi_3 = \beta_3 - \beta_2$，则：

$$\pi_R = (-\alpha_3 + \alpha_2)Q^2 + \varphi_3 Q - C_3 \quad (3.10)$$

由于市场对价格的敏感性高于中游企业对价格的敏感性，同时也高于上游企业对价格的敏感性，因此 $\alpha_3 > \alpha_2 > \alpha_1$，又因为 $P_3 > P_2 > P_1$，所以，$\varphi_3 > \varphi_2 > \varphi_1$。

3.3.2 上游企业为主导

当上游开采企业 S 主导市场时，可以对 α_1 进行决策；对于中游生产企业 M，无法对 α_1 进行决策，但是可以对 α_2 进行决策；而对于下游销售企业 R，无法对 α_2 进行决策，只能对 Q 进行决策，因此对于下游销售企业，固定 α_2 对 Q 求一阶偏导并令其等于 0，可得：

$$\frac{\partial \pi_R}{\partial Q} = 2(-\alpha_3 + \alpha_2)Q + \varphi_3 \quad (3.11)$$

于是求得：

$$Q = \frac{\varphi_3}{2(\alpha_3 - \alpha_2)} \quad (3.12)$$

由于中游生产企业可以预测到下游企业的采购情况，并能判断其最优决策，因此将式（3.12）代入式（3.9）可得：

$$\pi_M = \frac{(-\alpha_3 + \alpha_2)\varphi_3^2}{4(-\alpha_3 + \alpha_2)^2} + \frac{\varphi_3 \varphi_2}{2(-\alpha_3 + \alpha_2)} - C_2 \quad (3.13)$$

因为中游生产企业无法对 α_1 进行决策，但是可以对 α_2 进行决策，因此固定 α_1 后对 α_2 求一阶偏导后令其等于 0，可得：

$$\frac{\partial \pi_M}{\partial \alpha_2} = \frac{\varphi_3^2(\alpha_3 + \alpha_2 - 2\alpha_1)}{4(-\alpha_3 + \alpha_2)^3} - \frac{\varphi_3 \varphi_2}{2(-\alpha_3 + \alpha_2)^2} \quad (3.14)$$

于是可以求得：

$$\alpha_2 = \frac{2\alpha_3 \varphi_2 - 2\alpha_1 \varphi_3 + \alpha_3 \varphi_3}{2\varphi_2 - \varphi_3} \quad (3.15)$$

由于上游开采企业可以观察到下游销售企业和中游生产企业的采购情况，并能判断中游生产企业的决策，因此将式（3.12）和式（3.15）代入式（3.8）可得：

$$\pi_S = \frac{(-\alpha_1 - \gamma\alpha_3 - k_1)(2\varphi_2 - \varphi_3)^2}{16(\alpha_1 - \alpha_3)^2} + \frac{\varphi_1(2\varphi_2 - \varphi_3)}{\alpha_1 - \alpha_3} - C_1 \quad (3.16)$$

上游开采企业可以对 α_1 进行决策，因此对 α_1 求一阶偏导并令其等于0，可得：

$$\frac{\partial \pi_S}{\alpha_1} = -\frac{(2\varphi_2 - \varphi_3)^2}{16(\alpha_1 - \alpha_3)^3}[\alpha_1 + (1+2\gamma)\alpha_3 + 2k_1] - \frac{\varphi_1(2\varphi_2 - \varphi_3)}{(\alpha_1 - \alpha_3)^2} \quad (3.17)$$

于是可以求得：

$$\alpha_1 = \frac{\alpha_3(16\varphi_1 + 2\varphi_2 - \varphi_3) + 2(\varphi_3 - 2\varphi_2)(k_1 + \gamma\alpha_3)}{4\varphi_1 + 2\varphi_2 - \varphi_3} \quad (3.18)$$

将式（3.12）、式（3.15）和式（3.18）分别代入式（3.8）、式（3.9）和式（3.10）中得到：

$$\pi_R = \frac{1}{16} \frac{3\varphi_3(4\varphi_1 + 2\varphi_2 - \varphi_3)}{(1+\gamma)\alpha_3 + k_1} - C_3 \quad (3.19)$$

$$\pi_M = \frac{1}{32} \frac{(2\varphi_2 - \varphi_3)(4\varphi_1 + 2\varphi_2 - \varphi_3)}{(1+\gamma)\alpha_3 + k_1} - C_2 \quad (3.20)$$

$$\pi_S = \frac{1}{64} \frac{(4\varphi_1 + 2\varphi_2 - \varphi_3)^2}{(1+\gamma)\alpha_3 + k_1} - C_1 \quad (3.21)$$

非再生性资源价值链中各企业的利润总和为：$\prod_{上游} = \pi_S + \pi_M + \pi_R$，即：

$$\prod_{上游} = \frac{1}{64} \frac{(4\varphi_1 + 6\varphi_2 + 9\varphi_3)(4\varphi_1 + 2\varphi_2 - \varphi_3)}{(1+\gamma)\alpha_3 + k_1} - (C_1 + C_2 + C_3) \quad (3.22)$$

3.3.3 下游企业为主导

当下游销售企业 R 主导市场时，可以通过决定市场数量来决定市场价格，因

而对 α_2 的决定权相对较大，因此认为下游销售企业可以决定 α_2；而中游生产企业 M 无法决定 α_2，但是可以通过谈判决定 α_1，对于上游开采企业，无法对 α_1 进行决策，只能对 Q 进行决策，因此对于上游开采企业，固定 α_1 对 Q 求一阶偏导并令其等于 0，可得：

$$\frac{\partial \pi_S}{\partial Q} = 2(-\alpha_1 - \gamma\alpha_3 - k_1)Q + \varphi_1 \quad (3.23)$$

于是求得：

$$Q = \frac{\varphi_1}{2(\alpha_1 + \gamma\alpha_3 + k_1)} \quad (3.24)$$

由于中游生产企业可以预测到上游开采企业的开采情况，并能判断其最优决策，因此将式（3.24）代入式（3.9）可得：

$$\pi_M = \frac{(-\alpha_2 + \alpha_1)\varphi_1^2}{4(\alpha_1 + \gamma\alpha_3 + k_1)^2} + \frac{\varphi_1\varphi_2}{2(\alpha_1 + \gamma\alpha_3 + k_1)} - C_2 \quad (3.25)$$

因为中游生产企业无法对 α_2 进行决策，但是可以对 α_1 进行决策，因此固定 α_2 后对 α_1 求一阶偏导后令其等于 0，可得：

$$\frac{\partial \pi_M}{\partial \alpha_1} = \frac{\varphi_3^2(\gamma\alpha_3 + 2\alpha_2 - \alpha_1 + k_1)}{4(\alpha_1 + \gamma\alpha_3 + k_1)^3} - \frac{\varphi_1\varphi_2}{2(\alpha_1 + \gamma\alpha_3 + k_1)^2} \quad (3.26)$$

于是可以求得：

$$\alpha_1 = \frac{2\alpha_2\varphi_1 + (\varphi_1 - 2\varphi_2)(\gamma\alpha_3 + k_1)}{\varphi_1 + 2\varphi_2} \quad (3.27)$$

由于下游销售企业可以预测到上游开采企业的开采情况和中游生产企业的采购情况，并能判断中游生产企业的决策，因此将式（3.24）和式（3.27）代入式（3.10）可得：

$$\pi_R = \frac{\varphi_1^2(\varphi_1 + 2\varphi_2)^2(-\alpha_3 + \alpha_2)}{16\varphi_1^2(\alpha_1 + \gamma\alpha_3 + k_1)^2} + \frac{(\varphi_1 + 2\varphi_2)\varphi_3\varphi_1}{4\varphi_1(\alpha_1 + \gamma\alpha_3 + k_1)} - C_1 \quad (3.28)$$

下游企业可以对 α_2 进行决策，因此对 α_2 求一阶偏导并令其等于 0，可得：

$$\frac{\partial \pi_R}{\alpha_2} = \frac{(1 - 4\varphi_3)(\varphi_1 + 2\varphi_2)}{4(\alpha_1 + \gamma\alpha_3 + k_1)^2} - \frac{(\varphi_2 - \varphi_3)(\varphi_1 + 2\varphi_2)^2}{8(\alpha_1 + \gamma\alpha_3 + k_1)^3} \quad (3.29)$$

于是可以求得：

$$\alpha_2 = \frac{2\alpha_3(\varphi_1 + 2\varphi_2) + (\varphi_1 + 2\varphi_2 - 4\varphi_3)(k_1 + \gamma\alpha_3)}{\varphi_1 + 2\varphi_2 + 4\varphi_3} \quad (3.30)$$

将式 (3.24)、式 (3.27) 和式 (3.30) 分别代入式 (3.8)、式 (3.9) 和式 (3.10) 中得到:

$$\pi_R = \frac{1}{64} \frac{(\varphi_1 + 2\varphi_2 + 4\varphi_3)^2}{(1+\gamma)\alpha_3 + k_1} - C_3 \quad (3.31)$$

$$\pi_M = \frac{1}{32} \frac{(\varphi_1 + 2\varphi_2)(\varphi_1 + 2\varphi_2 + 4\varphi_3)}{(1+\gamma)\alpha_3 + k_1} - C_2 \quad (3.32)$$

$$\pi_S = \frac{1}{16} \frac{\varphi_1(\varphi_1 + 2\varphi_2 + 4\varphi_3)}{(1+\gamma)\alpha_3 + k_1} - C_1 \quad (3.33)$$

非再生性资源价值链中各企业的利润总和为: $\prod_{下游} = \pi_S + \pi_M + \pi_R$, 即:

$$\prod_{下游} = \frac{1}{64} \frac{(7\varphi_1 + 6\varphi_2 + 4\varphi_3)(\varphi_1 + 2\varphi_2 + 4\varphi_3)}{(1+\gamma)\alpha_3 + k_1} - (C_1 + C_2 + C_3)$$

(3.34)

3.3.4 两种主导方式的对比

根据上述上游主导和下游主导的建模, 由式 (3.34) 减去式 (3.22) 可得:

$$\prod_{下游} - \prod_{上游} = \frac{1}{64} \frac{\varphi_3(25\varphi_3 + 20\varphi_2) - \varphi_1(25\varphi_2 + 9\varphi_1)}{(1+\gamma)\alpha_3 + k_1} \quad (3.35)$$

因为 $\varphi_3 > \varphi_2 > \varphi_1$, 所以 $25\varphi_3 > 25\varphi_2 > 12\varphi_2$, $20\varphi_2 > 20\varphi_1 > 9\varphi_1$, 因此可以得到式 (3.35) 大于 0, 即 $\prod_{下游} - \prod_{上游} > 0$。

因此, 下游销售主导与中游生产主导的非再生性资源价值量之间的利润总和之差为正。也就是说, 相比于非再生性上游开采企业主导, 当下游销售主导价值创造时, 非再生性资源价值链能创造更大的价值。

3.4 产业升级视角下基于随机前沿的价值链分析

国有企业的主导, 限制了非再生性资源价值链上其他企业的发展, 致使非再生性资源价值链水平偏低, 进而使得社会储蓄和投资倾向高而消费倾向低, 由此放大了生产规模, 却缩小了消费, 这种长时间积累的不对称致使产能过剩 (王建, 2005)。此外, 通过前述对国有企业特征的分析可知, 委托代理制度的存在有可能使得受托人为了政绩而产生短期性过度投资的行为，而忽略企业长期利益，致使我国整体产能过剩；价值链由上游国有企业主导，致使收入分配关系被扭曲。因此，我们对我国非再生性资源所在行业的产能进行测算，以明确价值链水平偏低的主要原因。

本书对产能过剩的重新定义不同于以往对于产能过剩的定义，主要体现在以下两点：（1）本书定义的非再生性资源产能过剩是从供给侧与需求侧两方面来定义，供给侧技术效率的损失与需求侧供大于求都代表产能过剩。（2）本书所指的产能过剩即总供给不正常地超过总需求的状态。"略大于"是指除满足有效需求外，还包括必要的库存和预防不测的需要，这种过剩本身是一种有效的过剩。

3.4.1 测算方法

选取中国工业36个行业的面板数据作为样本，在供给侧采用随机前沿分析（SFA）方法，用考虑资本、劳动和能源的生产函数，对工业行业产能供给侧利用率进行测算；用工业总产值作为市场供给、工业销售产值作为市场需求对需求侧产能利用率进行测算；在此基础上，根据关于产能过剩和产能利用率之间的关系算式，测算产能过剩指数。本书参考柯克利等（Kirkley et al., 2002）采用可以完全规避价格量纲的生产法来测算产能利用率，并用需求供给比率进行修正。具体计算方法为：企业生产的产品需经历生产与销售两个环节。第一步为生产环节，按照柯克利等（Kirkley et al., 2002）的方法计算供给侧产能利用率，即以潜在生产能力为参考标准的企业现有实际产出的生产能力利用率。第二步为销售环节，本节借鉴杨振兵和张诚（2015b）的方法采用"需求—供给比率"指标来对生产环节产能利用率进行修正，以此反映需求侧消费能力的变动对产能利用率的影响。

供给侧产能利用率的测算方法。本书参考柯克利等（Kirkley et al., 2002）计算产能利用率的方法，采用缪森和布洛克（Meeusen & Broeck, 1977）提出的SFA方法测算供给侧产能利用率（CUP），考虑到超越对数生产函数的要素产出弹性反映了投入要素之间的替代效应和交互作用，可以加入时间变化的影响以反映不同投入技术进步的差异，同时放宽技术中性的强假设，能够揭示经济系统内的更多特征，形式较为灵活且可以有效避免由于函数误设而带来的偏差。本书考察产能过剩与非再生性资源的关系，而能源投入与非再生性资源的联系密切。因此，本书将考虑资本、劳动、能源三种投入，借鉴杨振兵和张诚（2015b）的超越对数生产函数的具体形式，将其设定为：

$$\ln Y_{it} = \alpha_0 + \alpha_1 t + \frac{1}{2}\alpha_2 t^2 + \alpha_3 \ln K_{it} + \alpha_4 \ln L_{it} + \alpha_5 \ln E_{it} + \alpha_6 t \times \ln K_{it} + \alpha_7 t \times \ln L_{it}$$
$$+ \alpha_8 t \times \ln E_{it} + \frac{1}{2} \times \alpha_9 \times \ln K_{it} \times \ln L_{it} + \frac{1}{2} \times \alpha_{10} \times \ln K_{it} \times \ln E_{it}$$
$$+ \frac{1}{2} \times \alpha_{11} \times \ln L_{it} \times \ln E_{it} + \frac{1}{2} \times \alpha_{12} (\ln K_{it})^2 + \frac{1}{2} \times \alpha_{13} (\ln L_{it})^2$$
$$+ \frac{1}{2} \times \alpha_{14} (\ln E_{it})^2 + v_{it} - u_{it}$$
$$u_{it} = u_i \exp^{[-\eta(t-T)]}$$
$$\gamma = \frac{\sigma_{it}^2}{(\sigma_u^2 + \sigma_v^2)} (0 \leq \gamma \leq 1)$$
$$CUP_{it} = \frac{E[f(x_{it}, \beta)\exp(v_{it} - u_{it})]}{E[f(x_{it}, \beta)\exp(v_{it} - u_{it})]/u_{it} = 0} = \exp(-u_{it}) \qquad (3.36)$$

其中，Y 为行业产出，i 为行业，t 为时间，K 为资本投入，L 为劳动力投入，E 为能源投入。v 为随机误差项，为不可控的影响因素，作为具有随机性的系统非效率计算，且有 $V_i \sim iidN(0, \sigma_v^2)$。u 为技术损失误差项，用以计算技术非效率，且有 $U_i \sim N_+(u, \sigma_u^2)$。参数表示技术效率指数的变化率。由于上述随机前沿模型的设定违反了最小二乘法（ordinary least squares，OLS）的经典假设，因此不能采用 OLS 进行模型的参数估计，但根据巴蒂斯和科埃利（Battese & Coelli, 1995）的研究，可以令 γ 表示随机扰动项中技术无效所占的比重，利用极大似然法得到所有的估计量，同时还可以根据 γ 的值判断方差中生产无效率方差所占的比重。γ 接近于 1 时，则说明误差主要来源于 u，即生产单位的实际产出与前沿产出之间的差距主要由技术无效所引起。因此，γ 的估计值还可以作为检验模型设定是否合理的一项依据。这样，供给侧产能利用率就可以通过式（3.36）计算得出。

需求侧产能利用率的测算方法。由于现有资料没有提供准确及完整的市场供给与需求数据，我们可以将非再生性资源各行业的销售产值作为市场需求，将工业总产值作为市场供给，所以需求侧产能利用率（CUC）为：

$$CUC = Demand/Supply \qquad (3.37)$$

非再生性资源整体产能过剩指数（index of excess capacity，IEC）。考虑到供给侧与需求侧任何一侧的产能利用率较高都会导致非再生性资源整体的产能利用率较高，因此，我们参考杨振兵等（2015b）将非再生性资源整体产能利用率分解为需求侧与供给侧的产能利用率相乘：CU = CUP × CUC。参考柯克利等

（1995）关于产能过剩和产能利用率的关系算式：

$$IEC = 1/(CUP \times CUC) - 1 \tag{3.38}$$

3.4.2 数据来源

本书选取 2006~2015 年中国非再生性资源（工业 19 个行业）的面板数据作为研究样本，公式（3.36）中的投入产出数据来自《中国工业经济统计年鉴》[①]《中国劳动统计年鉴》等。含有价格因素的变量全部平减为 2005 年不变价格序列。具体投入产出数据指标说明如下：

总产出（Y）：采用工业总产值作为产出指标的衡量。数据主要来自 2006~2015 年各年的《中国工业经济统计年鉴》，其中，由于《中国工业经济统计年鉴》中 2012 年后不再提供工业总产值的行业数据，参考高越和李荣林（2011）现有研究的做法，根据中国统计局公布的历年年末工业分类行业增加值增长速度与前一年的增加值数据计算得出。将历年各行业名义工业总产值按 2006~2015 年《中国统计年鉴》公布的分行业工业生产者出厂价格指数进行平减，得到以 2005 年为基期的各行业实际工业总产值。

资本存量（K）：目前估算资本存量主要有两种方法，一是统计调查，二是成本加总。其中，成本加总法由于较为简便，逐渐成为主流方法，比如永续盘存法。国内很多学者运用该方法对我国资本存量进行了估算，但是由于该方法需要对基期资本存量、投资流量、价格指数、折旧率等因素进行假定和处理，不同的处理方法可能会导致结果大相径庭。事实上，受统计数据的约束限制以及转型期可能导致折旧或投资出现重大波动的政策性变化影响，在我国运用永续盘存法的标准做法是十分困难的。基于这样的认识，本节借鉴程俊杰（2015）的方法，选择 2006~2015 年各年的《中国工业经济统计年鉴》中各地区规模以上工业企业固定资产净值指标，根据分行业固定资产投资价格指数将历年各行业名义固定资产净值换算成以 2005 年为基期的各地区实际固定资产净值。

工业劳动力投入（L）：采用各工业行业年均从业人数予以度量。由于 2012 年以后不再提供各工业行业年均从业人数，本书对 2012 年及以后的各工业行业年均从业人数采用加权平均的方法计算。

工业能源消费（E）：采用以万吨标准煤为单位的各工业行业能源消费总量予以度量。

---

① 2012 年后改称《中国工业统计年鉴》。

3.4.3 产能过剩指数测算结果及分析

3.4.3.1 随机前沿分析分析模型超越对数生产函数的估计结果

利用 Frontier Version 4.1 对式（3.36）所构造的随机边界生产函数进行估计，实证研究结果表明：从模型参数来看，绝大部分参数都是在 1% 的水平上显著，对数似然函数值和单侧 LR 检验值也比较理想，从而表明模型的解释力很好。无效率项均值 $\mu = 0.185$，说明工业生产过程中存在技术上的效率损失，这也是导致供给侧产能利用率不高、产能过剩的主要原因。总体方差 $\sigma^2 = \sigma_v^2 + \sigma_u^2$，反映了生产波动情况受到随机因素和无效率因素的影响，其值为 0.9634，表明误差项和无效率项虽然具有一定的波动幅度，但是并不大。$\gamma = \sigma_u^2 / \sigma^2$ 值为 0.888，且在 1% 的水平上显著，说明组合误差项的变化主要来自技术非效率，达到 88.8%，随机误差项带来的影响偏小，占到 11.2%。因此，选取随机前沿模型较传统模型能够更好地描绘各非再生性资源生产中的技术效率及其变化。

3.4.3.2 产能过剩指数测算结果

通过式（3.36）、式（3.37）和式（3.38），我们计算得出了各非再生性资源的产能过剩指数，具体如表 3-4、图 3-1 和图 3-2 所示。

表 3-4　　非再生性资源各行业的产能过剩指数

行业	2006 年	2007 年	2008 年	2009 年	2010 年	2011 年	2012 年	2013 年	2014 年	2015 年	均值
煤炭采选业（S1）	8.97	8.67	8.22	7.86	7.47	7.04	6.72	6.38	6.01	5.43	7.28
石油和天然气开采业（S2）	5.26	4.94	5.26	4.32	4.05	3.76	5.03	3.41	2.95	2.81	4.18
黑色金属矿采选业（S3）	1.93	1.73	1.59	1.44	1.22	1.06	1.18	0.72	0.65	2.34	1.39
有色金属矿采选业（S4）	2.68	2.47	2.28	2.07	1.85	1.66	1.50	1.28	1.12	0.97	1.79
非金属矿采选业（S5）	2.44	2.22	2.03	1.84	1.65	1.44	1.47	1.29	1.25	0.83	1.65
石油加工及炼焦业（S6）	5.97	5.31	4.77	4.22	3.70	3.23	3.38	2.49	2.06	1.76	3.69
化学原料及化学制品制造业（S7）	1.46	1.29	1.14	0.98	0.83	0.70	0.73	0.69	0.32	0.81	0.90

续表

行业	2006年	2007年	2008年	2009年	2010年	2011年	2012年	2013年	2014年	2015年	均值
化学纤维制造业（S8）	1.34	1.20	1.03	0.87	0.74	0.62	0.51	0.36	0.34	0.17	0.72
非金属矿物制品业（S9）	2.07	1.87	1.68	1.49	1.32	1.15	1.17	1.04	0.73	0.68	1.32
黑色金属冶炼及压延加工业（S10）	0.32	0.21	0.12	0.03	8.35	7.55	7.74	7.95	8.72	4.82	4.58
有色金属冶炼及压延加工业（S11）	0.75	0.61	0.51	0.38	0.27	0.17	0.24	11.11	7.87	7.68	2.96
金属制品业（S12）	4.14	3.85	3.59	3.34	3.07	2.80	2.53	2.38	2.12	2.02	2.99
普通机械制造业（S13）	6.76	6.41	6.07	5.68	5.35	5.01	4.75	4.35	4.39	3.76	5.25
专用设备制造业（S14）	8.13	7.70	7.36	6.89	6.55	6.17	6.24	5.52	6.26	4.85	6.57
交通运输设备制造业（S15）	8.07	7.66	7.20	6.87	6.44	6.07	6.17	5.76	5.41	4.7	6.44
电气机械及器材制造业（S16）	8.21	7.84	7.43	7.11	6.67	6.26	6.35	6.29	5.31	6.62	6.81
电子及通信设备制造业（S17）	0.07	0.02	8.84	8.38	7.90	7.54	5.99	7.18	6.36	6.16	5.84
仪器仪表及文化、办公用机械制造业（S18）	7.89	7.32	7.06	6.59	6.21	5.88	5.92	5.15	4.82	4.48	6.13
电力、蒸汽、热水的生产和供应业（S19）	7.10	7.08	7.06	7.01	6.97	6.94	7.20	7.08	7.08	7.00	7.05
非再生资源上游	4.26	4.01	3.88	3.51	3.25	2.99	3.18	2.61	2.39	2.48	3.26
非再生资源中游	2.29	2.05	1.84	1.62	2.61	2.32	2.33	3.72	3.17	2.56	2.45
非再生资源下游	6.61	6.29	7.29	6.93	6.59	6.27	6.09	5.90	5.66	5.37	6.30
均值	4.38	4.12	4.33	4.02	4.15	3.86	3.87	4.08	3.74	3.47	4.00

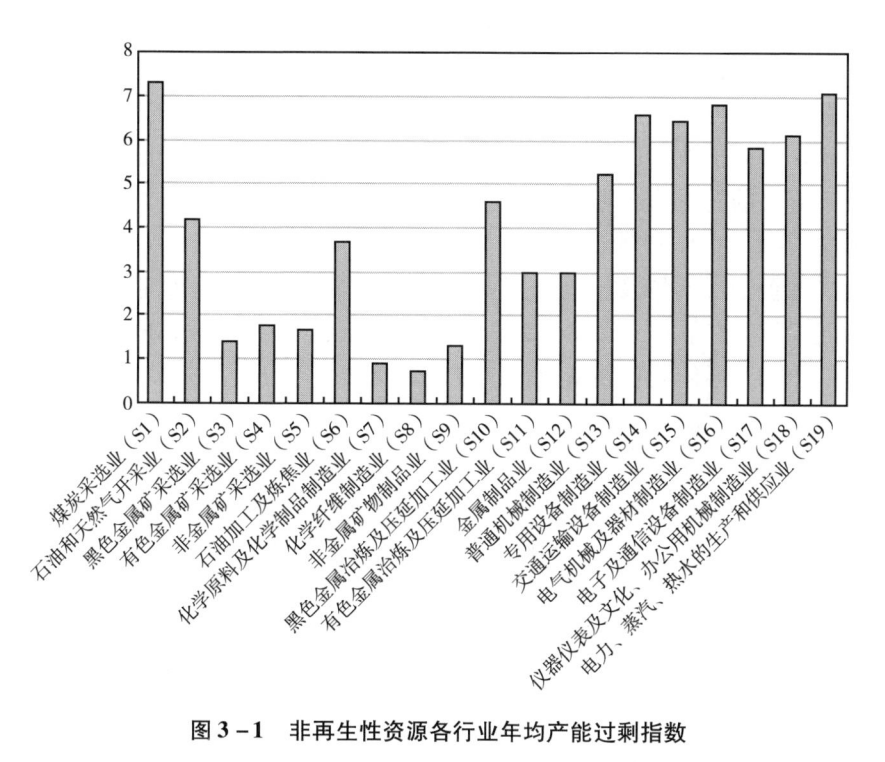

图 3-1 非再生性资源各行业年均产能过剩指数

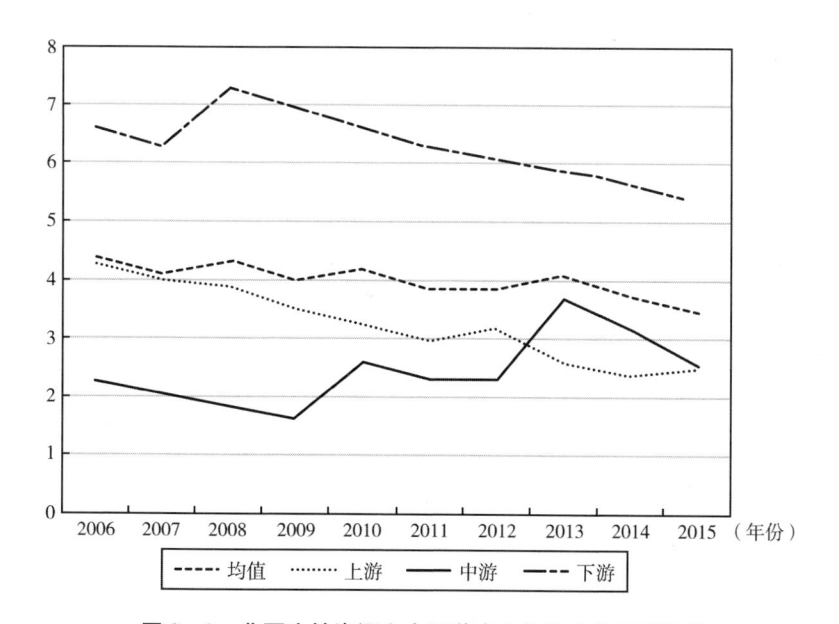

图 3-2 非再生性资源上中下游产业年均产能过剩指数

3.4.3.3 产能过剩指数测算结果分析

由上文分析,可以得出以下结论:

一是我国非再生性资源普遍存在产能过剩现象。本书基于产能过剩的重新定义,将产能过剩指数(IEC)数值略大于1的行业认定为有效产能过剩,其他视为本书所定义的真正的产能过剩。基于以上分析,本书认为的非再生性资源所涉及的产能过剩行业有13个,即煤炭采选业,石油和天然气开采业,石油加工及炼焦业,黑色金属冶炼及压延加工业,有色金属冶炼及压延加工业,金属制品业,普通机械制造业,专用设备制造业,交通运输设备制造业,电气机械及器材制造业,电子及通信设备制造业,仪器仪表及文化、办公用机械制造业,电力、蒸汽、热水的生产和供应业。

二是我国非再生性资源中、下游产业平均产能过剩指数程度最高。其下游产业平均产能过剩指数为6.3,几乎是上游产业产能过剩程度的3倍,是中游产业产能过剩程度的2倍,因此,我国在非再生性资源去产能方面应注重下游产业的转化升级。

三是我国非再生性资源的上游产业产能过剩程度呈螺旋式上升,虽然上升幅度缓慢,但随着时间的推移,其产能过剩程度很可能超越中、下游产业,政府应采取相应的措施从源头来进行供给侧改革,以防止去产能过程中的本末倒置。中游产业的产能过剩程度整体呈现下降趋势,且下降幅度较大。因此,在以后的供给侧改革过程中,政府应继续保持对中游产业的转型升级力度。而下游产业虽然整体产能过剩程度呈下降趋势,且下降幅度较大,但由于我国非再生性资源下游产业的整体产能过剩程度最为严重,今后在下游产业去产能方面责任仍然重大。

3.5 四类视角下价值链分析结果的相似性和差异性:国家空间价值的凸显

上文通过投入产出视角、地理范围视角、制度分析视角、产业升级视角分析非再生性资源发展的现状及非再生性资源价值链的价值实现路径及各主体的地位。分析结果存在异同,因此本节主要梳理上述分析结果之间的相似性与差异性。

3.5.1 分析结果的相似性

根据上文研究,将上述四个视角的主要研究结果做了梳理,具体如表3-5所示。

表3-5 四类分析视角下主要结论的相似性

主要结论	投入产出视角	地理范围视角	制度分析视角	产业升级视角
非再生性资源在我国发挥着重要作用	我国产业发展非常依赖非再生性资源	资源禀赋的战略重置方式可以成为改变非再生性资源价值收益的方式	下游处于支配权的产业更容易使产业链的价值最大化	—
我国有非再生性资源上游产业主导特征	非再生性资源的上游构成了产业发展的主要投入	—	—	上游产业产能过剩程度呈螺旋式上升状态
我国非再生性资源下游产业实力较弱	—	—	—	中、下游产业平均产能过剩指数程度最高

根据这一梳理，可以得到主要结论为：

一是非再生性资源相关产业在我国国民经济中具有举足轻重的地位。从投入产出视角、地理范围视角、制度分析视角总体可以看出：非再生性资源在我国经济中扮演着重要角色，就投入产出视角的分析而言，我国经济的发展主要依赖于非再生资源相关产业的发展，是在资源利用的基础上进行发展。同时从各产业之间与非再生性资源之间的影响关系上来看，非再生性资源深刻地影响其他产业之间的发展，同时各产业之间的发展对非再生性资源产业的影响十分敏感。因此，基于经济发展与其他产业发展的需要，非再生性资源的大量开采会造成整个产业的资源过剩与利用率低下。

二是非再生性资源作为中国经济发展的根基，上游产业的发展几乎主导经济的发展，但是，下游产业的发展才是价值链增值的实现方式。在我国，上游产业作为中游产业的原材料来源，制约着中游产业的发展，而中游产业的发展作为经济发展的主要力量，影响经济发展的质量，因此上游产业对经济发展具有指挥作用。通过地理视角下的资源禀赋的战略重置分析，C—操纵，即联盟；W—操纵，即预扣；G—操纵，即赠予；D—操纵，即破坏都可以成为改变非再生性资源价值收益的方式。一旦上游产业通过以上方式改变资源价值的收益方式，将会引起价值链创造中暴露出诸多问题。通过制度视角下的价值主导权的模型构建，可以得到，以非再生性资源下游产业主导的价值链创造，能够增加社会总体价值的累积。但是，通过对比世界500强企业的盈利能力，发达国家在价值链创造过程中，更加注重下游产业的主导地位，而我国侧重于上游和中游产业的发展，下游产业的发展受到挤压，利润总体偏低。这一现象也催生出非再生性资源产业的产能过剩问题，其中上游产能过剩程度呈螺旋式上升状态，中、下游产业平均产能过剩指数程度最高。

3.5.2 分析结果的差异性

通过对投入产出视角、地理范围视角、制度分析视角、产业升级视角的分析，大体看出了非再生性资源上游产业对产业链的主导地位，我们可以称之为"链主"，但是其研究结果还存在一定的差异性。同时，对比国家价值链的分析，还存在着一定的不足之处，具体如下：

一是上游控制的反映方式不同。上述四类视角中，涉及上游控制的视角有两类，其一，通过投入产出视角对比分析我国 2012 年和 2015 年非再生性资源价值链中各主体的发展变动情况，发现我国产业结构愈来愈向上游产业靠近，对上游产业产品的需求增大，而对中游产业的产品需求负向变动，因此上游产业对价值链的操纵程度更加突出。其二，通过随机前沿面发现我国非再生性资源存在产能过剩的问题，并且上游产业的产能过剩并没有下游产业的严重，从侧面验证了上游主导的特征。

二是上游主导的盈利能力并不高。上游产业处于主导地位，但是非再生性资源的价格偏低。地理视角下对稀土价格的分析显示，激烈的市场竞争迫使企业通过价格战来占有市场地位，从而获得利润，但是价格战是非再生性资源价格偏低的主要原因，也是引起产能过剩的主要原因。同时通过制度视角下的模型构建，发现当下游产业主导市场时，价值链创造的总体财富会增加，同时处于主导地位的产业能获取更高额的利润。因此当上游产业处于主导地位时，能够获得更大的利润空间，当竞争导致市场价格过低时，产能过剩成为其实现利润增值的手段。

三是尚不能完成国家价值链的分析：还没有完全凸显空间价值。上述差异阐述了非再生性资源产业的发展，主要强调非再生性资源本身的价值，而忽略了非再生性资源产品的特殊性以及非再生性资源与其地理位置、资源环境、市场需求、国家战略、国家意志之间的关系，即忽略了国家价值链分析中国家意志等主导因素的分析。在此情况下，需要看空间价值的重要性，进而去构建国家视阈下的非再生性资源价值链治理路径。结合第 2 章的分析结果，可以考虑从空间价值角度，将国家战略意志和国家力量相结合，将国家战略、国土安全、生态安全和可持续发展纳入空间结构、空间关系的范畴。

小　　结

通过上述研究，可以知道四类不同视角作为价值链治理的必要基础，各有侧重。进一步分析表明，四类视角下的价值链分析结果佐证了国家空间价值的重要性，在进行价值链治理路径重构时，我们应当充分考虑国家战略、国土安全、生态安全和可持续发展的重要性，将其纳入价值链治理路径。

第 4 章

国家层面非再生性资源价值链的价值比对

我国与西方国家的非再生性资源的治理方式存在着较大的不同。虽然四大视角下的非再生性资源价值链分析为我们提供了参考，但是，这一类视角分析往往是基于某一角度的。由于本书研究非再生性资源的价值链治理归属于国家价值链范畴，所以，为了更好地从国家视阈分析非再生性资源价值链治理问题，需要从国家层面，从整体比对的角度，对我国非再生性资源价值链进行国别对比。对此，本章基于国家层面，将非再生性资源价值链分解成上游、中游和下游，将国内国外非再生性资源价值链的盈利能力做一比对，进而发现它们之间的差别。

4.1 我国非再生性资源价值链的构成

我国非再生性资源价值链主要由企业的价值活动和利润构成。迈克尔·波特在《竞争优势》当中提出：价值链主要是由价值活动和利润构成。价值活动是企业在实际运营中开展的实体和技术独特性的活动，利润是总价值和开展创造价值活动总成本之间的差异。① 其中，企业价值活动分为主要活动和辅助活动。主要活动是指产品制造、销售、运输和售后服务等具体活动；辅助活动是指互相支持，共同辅助主要活动，包括提供所购买的投入要素、技术、人力资源管理和企业范围内实施的多种职能。同样，我国非再生性资源价值链主要是由企业的价值活动和利润构成。

4.1.1 非再生性资源上、中、下游产业链的划分思路

基于一定的技术经济关联性，并依据企业价值活动的逻辑关系和时空布局关系客观形成的链条式关联关系形态将非再生性资源产业划分成不同的上、中、下

---

① 迈克尔·波特著，李明轩、邱如美译：《竞争优势》，中信出版社2014年版，第31~32页。

游产业链。企业的价值活动是企业运营发展的根本，根据其活动的逻辑关系和时空布局关系划分产业链，有助于区分增值活动和非增值活动，有助于充分利用现有的空间布局关系形成并提升企业核心竞争优势。

4.1.2 基于我国统计数据的非再生性资源上、中、下游的划分

根据国家统计局发布的 2017 年国民经济行业分类（GB/T 4754—2017）作为非再生性资源的行业分类标准。对于分类标准行业，我们剔除了可再生性资源所在行业，按着经济活动同质性原则[1]和人类活动的逻辑性将非再生性资源储存和流通形态分为采矿业、资源加工业和制造业三个生产和供应业。其中，将开采资源作为非再生性资源价值链的上游，加工资源作为非再生性资源价值链的中游，制造和使用资源作为非再生性资源价值链的下游。

根据我国工业 39 个行业分类结合我国非再生性资源情况，本书将以下工业 19 个行业划分为非再生性资源，同时进一步根据非再生性资源的加工程度，将其划分为上游、中游及下游（见表 4-1）。

表 4-1　　　　　基于国家工业统计的上、中、下游分类

上游	煤炭采选业（S1） 石油和天然气开采业（S2） 黑色金属矿采选业（S3） 有色金属矿采选业（S4） 非金属矿采选业（S5）
中游	石油加工及炼焦业（S6） 化学原料及化学制品制造业（S7） 化学纤维制造业（S8） 非金属矿物制品业（S9） 黑色金属冶炼及压延加工业（S10） 有色金属冶炼及压延加工业（S11） 金属制品业（S12）
下游	普通机械制造业（S13） 专用设备制造业（S14） 交通运输设备制造业（S15） 电气机械及器材制造业（S16） 电子及通信设备制造业（S17） 仪器仪表及文化、办公用机械制造业（S18） 电力、蒸汽、热水的生产和供应业（S19）

---

[1] 根据国家统计局划分行业标准。

4.2 基于盈利能力的价值链总体分析

4.2.1 基于盈利能力的价值链分析思路和方法

传统分析的对象主要是对核心企业自身财务报表的分析，包括资产负债表、收益表、现金流量表及附注。而我国现有的财务报表存在以下局限性：（1）会计处理方法的选择和会计估计的存在使报告缺乏可比性；（2）忽略通货膨胀和物价变动因素的影响，报表可能不能真实反映资产负债的价值；（3）企业管理者存在粉饰报表的动机，这可能会扭曲报表信息；（4）资产负债主要基于历史成本计价，可能缺乏相关性；（5）报表本身反映的内容有限，存在表外因素。正是由于财务报表存在上述的局限性，所以基于财务报表的传统财务分析也很难满足管理者的决策要求。而价值链分析的范围已经从企业内部延伸到了企业外部，因此，在进行价值链分析时不仅要对核心企业自身的财务信息进行分析，还要对各利益相关者、上下游企业和竞争者的财务信息进行分析。最终通过分析和改善价值链上更广范围的联系来达到增强竞争优势的目的，使企业在激烈的市场竞争中立于不败之地。

现代价值链的财务分析重点是企业的成本和盈利能力。从企业内部来看，价值链分析的重点是成本（李百兴，2011）。迈克尔·波特（2014）引入成本行为分析框架——从竞争的角度来看，价值是买方愿意为产品或者服务支付的对价，当企业获取的价值大于生产该商品和从事该项服务产生的成本时，企业获得了利润。即企业的相对成本地位决定了企业能否获得市场的竞争地位。从企业外部价值链分析，价值链财务分析的重点是企业的成本和盈利能力（李百兴，2011）。成本是衡量企业在进行生产经营活动或达到一定的目的时所耗费的一定资源的多少，通过分析企业成本能够明确企业活动中的价值动因，有利于消除企业的不增值活动，提高企业核心竞争能力和整体价值链水平；盈利能力是衡量企业获取利润的能力，通过分析会引起企业利润发生变化的营业活动、对外的投资活动等来分析企业的可持续性盈利能力，有利于通过外部价值链上的盈利能力的分析明确产业价值链上的盈利环节所在，判断企业的核心竞争能力所在，更能促进各个环节的利益协调。

在进行价值链的财务分析中我们借鉴财务分析中的成本费用利润率进行价值链企业的盈利能力的衡量。由于价值链治理的目标是要达到价值链整体利益最大化，成本费用最小化，而成本费用净利润率既反映生产经营过程中的各项成本费用，又反映公司的盈利能力，所以我们认为通过成本费用利润率衡量价值链水平是较为合理的指标。

4.2.2 样本选取与数据来源

本书选取 2013~2017 年国内外非金融类上市公司为研究样本，书中使用的上市公司数据选取《南方财富网》公布的世界 500 强企业以及行业内具有代表性的企业，主要包括宝钢股份、首钢股份、鞍钢股份、冀东水泥、河钢股份、上汽集团、福田汽车、比亚迪、华中数控、重庆纳川股份、三一重工、大连重工、特变电工、超威动力、柳工、亨通光电、福耀玻璃、中煤能源、陕西煤业、中国神华、兖州煤业、北方稀土、紫金矿业、山东黄金、中国石化、中国石油、广汇能源、上海石化、浦项钢铁、（法国）Lafarge、南方铜业、（墨西哥）cemex、德国 heidelberg、壳牌石油、埃克斯美孚等 56 家国内外企业，具体见附表 1。数据均源自 Wind 数据库。由于价值链治理的目标是达到价值链利益最大化，成本费用最小化，而成本费用净利率既反映生产经营过程中的各项成本费用，又反映公司的盈利能力，因此，本书选用成本费用净利率指标评价公司盈利能力的高低。它是企业净利润与成本费用总额的比率，反映企业生产经营过程中发生的耗费与获得的报酬之间的关系。其计算公式为：

$$成本费用净利率 = \frac{净利润}{成本费用总额} \times 100\% \quad (4.1)$$

其中，成本费用是企业为了取得利润而付出的代价，本书将营业成本、营业税金及附加、销售费用、管理费用、财务费用、研发费用和所得税费用之和作为成本费用总和。为了避免异常数据的不利影响和增强样本间的可比性，剔除负债水平大于 1，即资不抵债的公司样本。另外，本书又对各个行业的成本费用利润率的五年数据进行了加权平均。

4.2.3 计算过程和结果

为了更好地测算盈利能力，本书经过以下几步计算得出结果。第一步，将上游分为煤炭采选业、石油和天然气开采业、金属矿采选业；中游分为金属冶炼和压延加工业、非金属矿物制品业；下游分为通用设备制造业、专用设备制造业、交通运输设备制造业、电气机械及器材制造业。第二步，计算 2013~2017 年各企业每年的成本费用净利率，如对于煤炭采选业，计算中煤能源、陕西煤业、中国神华、兖州煤业的成本费用净利率，具体计算过程见附表 1。第三步，计算 2013~2017 年各行业每年成本费用净利率的平均值，例如，对于煤炭采选业，计算 2013~2017 各年中煤能源、陕西煤业、中国神华、兖州煤业成本费用净利率的平均值，具体计算过程见附表 2。第四步，计算 2013~2017 年各行业 5 年成本费用净利率的平均值，例如，对于煤炭采选业，计算中煤能源、陕西煤业、中国神华、兖州煤业五年的行业平均值，具体计算过程见附表2。通过以上计算，可以得到价值链盈利能力分析的结果如图4-1所示。

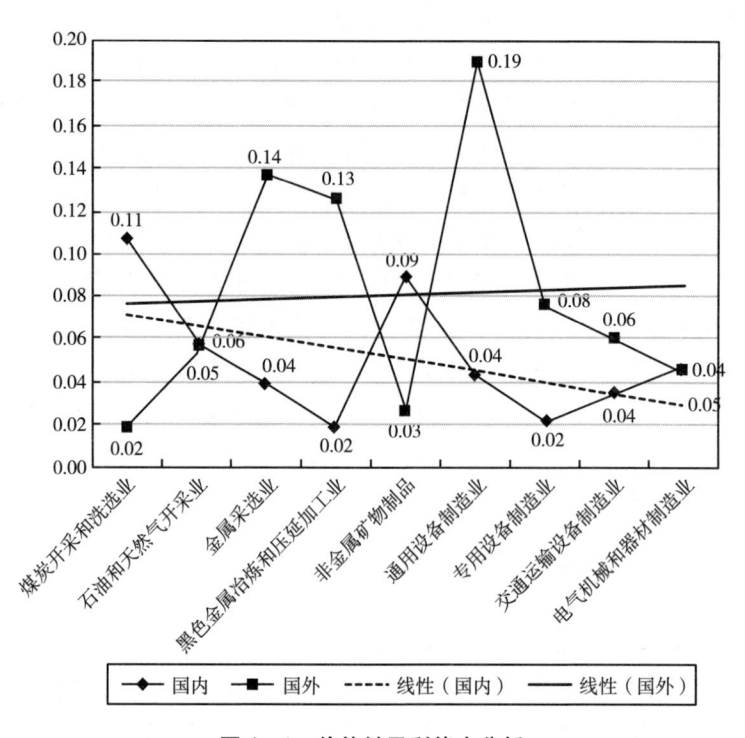

图4-1 价值链盈利能力分析

4.2.4 结果分析

通过上述成本费用利润率近5年的行业平均水平对比可知，在国外，下游的通用设备制造业的成本费用利润率较高，即其所属行业的公司为获取1单位的利润而花费的成本较少，故其盈利能力较强；上游的煤炭开采和洗选业、中游的非金属矿物质制品业和下游的成本费用利润率整体偏低，即其所属行业的公司为获取1单位的利润而花费的成本较多，故其盈利能力较弱。而在我国，上游的煤炭开采和洗选业、中游的非金属矿物制品的成本费用利润率较高，即其所属行业的公司为获取1单位的利润而花费的成本较多，故其盈利能力较强；中游的黑色金属冶炼和压延加工业、下游的专用设备制造业的成本费用利润率较低，即其所属行业的公司为获取1单位的利润而花费的成本相当，故其盈利能力较弱。因此可见，与发达经济体相比，我国的价值链上游和中游所处行业的盈利能力较强，而处在下游行业的盈利能力较弱。

为了更客观地探索价值链整体的盈利能力,我们在折线图的基础上又添加趋势线进行探讨。通过趋势线斜率我们可知国外的斜率明显小于国内,且处于上升的趋势,即上游、中游和下游的每个行业在一定的盈利基础上,价值链中各主体的盈利能力相对平均,但是下游产业的获利相对较大,在价值链中的地位相对较高。但在我国利益差额比较明显,中游和下游企业的获利能力明显小于上游企业,下游产业在竞争中处于劣势地位。通过趋势线的方向我们可知国外价值链上的上游、中游和下游的获利能力依次呈上升趋势,而在我国价值链上的上游、中游和下游的获利能力依次呈下降趋势。

4.3 我国非再生性资源价值链分析中存在的主要问题

基于以上分析,我们发现当前的价值链治理的效果仍不容乐观,价值链本质问题仍然存在,致使价值链整体水平低于国外。因此,我们进一步发现价值链治理水平仍然存在以下诸多的问题。

4.3.1 上游产业的国有企业占据"链主"位置

"链主"占据价值链的核心竞争优势,具有较强的盈利能力,获取大量利益。本文所说的"链主"是能够对价值链上其他企业进行约束和控制的行业和企业,在价值链的利益链条上具有较强的定价能力。我国作为社会主义国家,资源的所有者是全体人民,因此在我国非再生性资源供给侧价值链中,资源密集型的上游企业以国有企业居多,即通过国家委任相关人员参与国有资产的运营和周转。在市场经济的发展中,国有企业因其稳定性和国家政策的扶持帮助,即"政策经济租"[①],往往能够吸引大量高级人力资本要素的供给,在价值链中比中游和下游企业拥有更好技能的人力资源,即"人力资源租";高级人力资源往往拥有更高的智力和能力,使得上游国有企业通过拥有稀有技术而拥有"技术经济租"。国有企业通过对稀有资源的拥有或控制而占据价值链的"链主"地位,在市场经济中具有较强的核心竞争优势,拥有较强的盈利能力,因此在价值链中处于主导地位。与此同时,值得注意的是"经济租"的存在使得中游和下游相关企业处于相对的资源劣势地位,因此在一定程度上限制了中游、下游等相关企业获取利润的能力,使得价值链的整体水平低于国外的价值链整体水平。

---

① 涂颖清:《我国制造业升级的影响因素分析》,江西人民出版社2015年版,第103~105页。

4.3.2　下游产业的整体实力偏弱、创新能力不足

改革开放以后，我国利用人口优势而成为国际加工厂，促进了经济的高速发展，但同时也带来了问题——独立自主的创新较少以及创新成果转化率较低。从制度方面来看，政策经济租的存在致使中游和下游企业只能依赖自主研发创新，但自主研发创新的资金有限，且无法像国有企业那样容易获取更有利的融资渠道，因此，中游、下游企业缺乏创新动力。尽管随着创新驱动的提出，中游、下游企业为了响应政策而大量投入创新，但其创新投入方向不合理，主要表现为低端产品创新投入规模大，进而使得低端产品供给过多，形成结构性过剩。①

4.3.3　上游过强、下游过弱易引发产能过剩

创新投入较少和创新成果转化率较低引发了非再生性资源供给侧产能过剩，同时，政绩引导下的非再生性资源容易引起供给侧的产能过剩。淮阳婷和张倩肖（2018）通过实证分析得到，国有控股工业企业的资产运营能力较弱，产能过剩问题较为严重，化解我国工业企业严重产能过剩的矛盾主要集中在国有企业。究其本质，由于资源密集型企业多为国有企业，往往是通过政府委派的方式进行国有资产的运营和管理。这种缺乏对市场消费能力和环境纵容度进行考虑的短期行为，忽略了经济发展中存在的"蝴蝶效应"，致使非再生性资源供给侧的产能过剩现象和以牺牲环境为代价的投资现象此起彼伏。

因此，非再生性资源供给侧改革是目前我国政府的工作重点和难点，在解决非再生性资源产能过剩方面，政府应区分上游、中游和下游，针对不同的产业采取不同的政策，才能真正做到去产能，实现供给侧改革，达到产业的优化升级。

小　　结

通过上述研究可以发现：我国非再生性资源价值链的主要问题是上游产业的国有企业占据"链主"位置，下游产业的整体实力偏弱、创新能力不足；同时，上游主导能力过强，而下游价值链中的地位过弱引发了产能过剩。然而，如何从国家价值链角度分析和解决这些问题，促进我国非再生性资源价值链整体水平的提高，将是我们下面章节有待解决的问题。

---

① 沈蕾、李沐阳：《中国装备制造业产能利用率测度及影响因素分析》，载于《统计与决策》2018年第6期。

第 5 章

非再生性资源供给侧价值链治理的空间价值模型和建构思路

前面几章的研究，从投入产出视角、地理范围视角、制度分析视角和产业升级视角分析了我国非再生性资源价值链的基本特征。但是，对国家价值链的分析仍显不足，本章将在此基础上，从空间价值视角分析非再生性资源价值链治理的相关问题。其中，空间价值是以资源的区域黏联特性和空间结构为基础形成的价值判断，涉及国家意志、生态安全、核心技术等结构性要义。本章以资源的区域黏联特性和空间结构为基础的空间价值判断，从资源的本质特征出发，因地制宜地提出一种具有战略思想的前瞻性判断思维方式，有助于形成更适合国家价值链的分析和判断。

5.1 以空间价值为导向的非再生性资源价值链治理模型

资源型国家或地区在经济发展过程中，往往会遇到资源诅咒问题。奥蒂（Auty，1993）认为"资源诅咒"是指那些发展中的国家能够长期依据资源禀赋比较优势，提供能源、矿产等初级产品，但这同时将会导致经济增长减缓和生态环境恶化，其形成原因一般包括制度安排、区域效应、价格波动和地理气候等因素（Sachs & Warner，1995）。在我国，邵帅等（2008b，2009，2010，2013b）、夏飞等（2014）亦对中国经济中的"资源诅咒"现象进行过研究。在当前中美贸易摩擦中，芯片之争、市场之争，都必然涉及国家的战略调整问题。就发动机技术而言，叶片的结实程度，往往涉及金属铼的储量问题。就芯片制造而言，人类诞生的第一台计算机重达 30 吨，但只有在电子级高纯硅的技术推动下，才使芯片的使用大展宏图。这些核心技术说到底就是材料技术，也在一定程度上和非再生性资源有关。从国家长远发展角度看，本书所指非再生性资源供给侧价值链治理本质上是国家价值链的具体治理问题，是国家间的战略博弈，是国家意志的集中体现；同时，因为本书又涉及美国的守成和中国的崛起这一结构性矛盾，所以在一定程度上也体现了价值链中的技术创新问题，即上游主导的创新与下游主导的创新的不同。这些问题归根结底涉及对非再生性资源空间价值的认识，即基于资源的黏联特性①，考量区域资源禀赋结构特征所决定的附加价值。基于这样考量的原因有以下三点：

首先，新古典经济学理论忽视了资源供给的区域属性。为便于市场机制分析，他们将资源的独占和专有称为排他性，把因资源的有限性可能引起的竞争称为资源的竞争性。实际上，资源供给的区域属性要求我们考虑资源的非流动性，从系统角度考虑区域的发展问题。

其次，现有区域经济学陷入了既往分析思维的惯性，常将区域视为点、线、面来简化其研究，导致了重成本分析、轻收益分析的研究思路。这一研究惯例割裂了经济分析的"成本—收益"范式，成为长期横亘于理论与实践的藩篱。

最后，重"资源诅咒"问题而轻空间价值的研究，使资源禀赋战略重置等问题未得到充分的重视。比如，石油输出国组织（OPEC）通过对区域资源禀赋的认识，将资源—区域—空间价值有机结合起来，形成了石油价格联盟的统一认识，有力地控制了国际石油市场，保证了石油资源蕴含的空间价值。

为此，基于资源供给的区域属性去分析空间价值问题以及相应的价值链治理问题，将有助于我们认清国家价值链治理的核心问题。分析将从以下三个方面展开：第一，建构基于非再生性资源供给特性的发展模型，解释资源、区域和空间价值三者之间的关系。第二，通过实证分析方法，考察共建"丝绸之路经济带"背景下，我国西部地区、中亚各国及俄罗斯在"资源诅咒"方面的变化情况，以验证理论模型的正确性。第三，在梳理和实证分析基础上，提出非再生性资源供给侧价值链治理的建构思路。

5.1.1 模型假设

（1）分别考虑经济属性和空间价值两个角度，经济属性以资源来衡量，假设资源数量为 A，价格为 P_a。空间价值如生态属性等，假设数量为 E_0，未来能兑现的价格为 P_e，折现率为 β。并假设当期的资源开采会对未来的长远价值产生

---

① 这种黏联特性可以看成是资源供给的区域特性。它是指在资源形成中，资源对区域的依赖性。进而，可以将资源分为流动性资源（如人力资源、物质资本）、半流动性资源（非再生性资源）和不流动性资源（生态环境），后两种可以称为非流动性资源。需要说明的是，这种分类方式是与经济学中资源排他性和竞争性的分类相区别。黏联是笔者的一种定义，它和传统意义上的黏连不一样。笔者在正文中所讲的黏联是一种诠释"一方水土养一方人"的视角，不是直接的相连，而是间接的联系。

负向影响，其边际影响程度为 k。

（2）在需求方面，假设对资源 A 的需求函数为线性的，最大自主性需求为 b。同时考虑区域长远价值，资源的消耗会对区域的长远价值产生负面影响，其中，价格的边际需求参数为 a，长远价值的边际需求参数为 e。

5.1.2 仅考虑区域经济属性的均衡模型

从资源供给角度看，供给者的效用为：

$$U = P_a A \tag{5.1}$$

从需求角度看，需求函数为：

$$A = -aP_a + b \tag{5.2}$$

当供需双方均衡时，即供给者在消费需求市场上满足了最大效用，此时供给者的最大效用为：

$$U = AP_a = P_a(-aP_a + b) \tag{5.3}$$

求解最大化问题，式（5.3）的一阶条件满足：

$$\partial U / \partial P_a = -2aP_a + b = 0 \tag{5.4}$$

解得：

$$P_a = b/2a \tag{5.5}$$

此时，二阶条件小于零，社会最大效用为：

$$U_{max} = b^2/4a \tag{5.6}$$

5.1.3 兼顾区域长远价值的均衡模型

从供给者角度来看，供给者的效用由两部分构成。其一是供给者通过出售资源获得；其二是供给者在对资源进行开发的过程中，对空间的长远价值构成负面影响。那么，供给者的效用为：

$$U = P_a A + \beta P_e (E_0 - kA) \tag{5.7}$$

从需求角度看，商品的需求量不仅满足需求定理，并且由于区域空间价值的存在，资源的开采将与区域的长远价值成反比例关系。即：

$$A = -aP_a - eP_e + b \tag{5.8}$$

在供需双方均衡时，资源开采者得到的效用为：

$$U = P_a(-aP_a - eP_e + b) + \beta P_e \times [E_0 - k(-aP_a - eP_e + b)] \quad (5.9)$$

求解最大化问题，一阶条件满足：

$$\partial U / \partial P_a = \beta akP_e - 2aP_a - eP_e + b = 0 \quad (5.10)$$

解得：

$$P_a = [P_e(ak\beta - e) + b]/2a \quad (5.11)$$

此时，二阶条件小于零，社会最大效用为：

$$(a^2k^2\beta^2P_e^2 + 2aek\beta P_e^2 - 2abk\beta P_e + 4a\beta E_0 P_e + e^2P_e^2 - 2beP_e + b^2)/4a \quad (5.12)$$

5.1.4 模型分析和结论：空间经济价值的认知对主体行为方式的影响

5.1.4.1 区域经济价值、长远价值与空间价值的关系

通过式（5.5）与式（5.11）的对比可以看出，在兼顾区域长远价值的经济带均衡模型中，区域内资源的均衡价格高于只考虑经济属性的经济带。高出的部分主要反映在两个方面：

①区域经济属性的边际净增量。即区域内经济资源的折现值 $ak\beta$ 与长远价值的边际需求 e 之间的差值。

②区域长远价值的预期效应。即区域长远价值的未来价格 P_e 所带来的乘数效应 $1/a$。

这两部分均与区域的空间价值成正比。进一步分析，若要使区域的空间价值增大，需要增加区域的长远价值或减小当前的经济价值。区域经济价值、长远价值和空间价值可通过图 5-1 反映。P_a、P_e 和 U 分别反映区域经济价值、长远价值和空间价值。从图 5-1 中可以看出，在均衡状态时，当前对经济价值的比重越小，越有利于区域的长远价值和总体的空间价值。在图 5-1 中，参数选取为：$a=0.5$，$b=10$，$e=0.1$，$\beta=0.1$，$k=0.01$，$E_0=10$。

5.1.4.2 空间价值供给者的资源开采行为对空间价值的影响分析

通过式（5.12）对 k 求偏导，在自主性需求 $b=0$ 的情况下，可以得到 $\partial U/\partial k > 0$，且 $\partial^2 U/\partial k^2 > 0$。说明从区域空间价值的供给角度看，对区域资源的当前开采程度越小（因 b 为正值，而对区域长远价值的定义为负值），对区域长远价值的贡献就越大，区域的空间价值就越大。为对比说明，我们选取 $k=0.01$，$k=0.3$，$k=0.6$ 进行对比，具体见图 5-2。

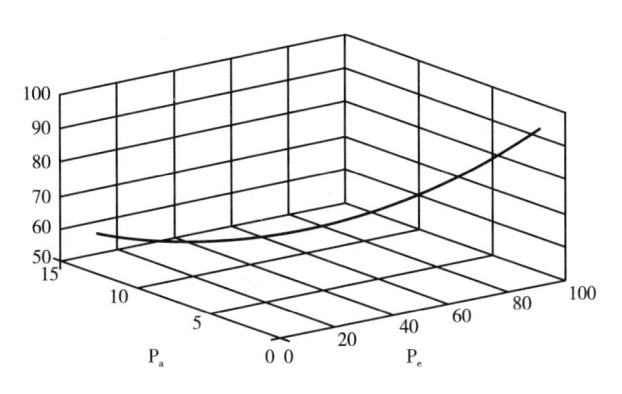

图 5-1 区域空间价值模拟

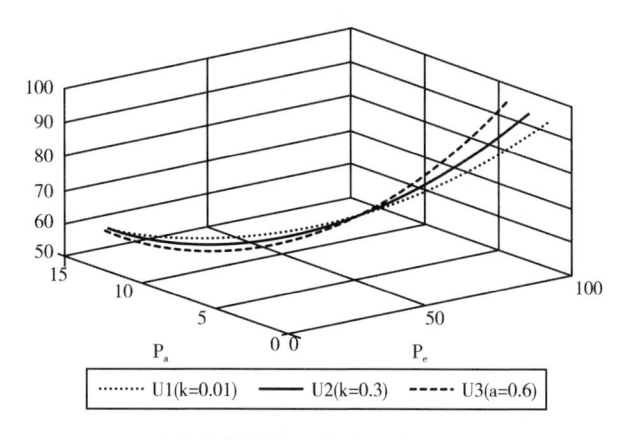

图 5-2 空间价值供给因素对区域空间价值的影响

5.1.4.3 从空间价值需求者对空间价值的影响分析

通过式（5.12），分别对 a 和 e 求偏导，在自主性需求 b=0 的情况下，可以得到 $\partial U/\partial e>0$，且 $\partial^2 U/\partial e^2>0$。但是对 a 的一阶和二阶导数不能确定正负。说明从区域空间价值的需求角度看，对区域长远价值的边际需求越大，区域的长远价值就越大，区域的空间价值也就越大。为对比说明，我们选取 e=0.1，e=0.15，e=0.2 进行对比，具体见图 5-3。

通过上述分析，可得到以下命题：

命题 1：在资源开发主导的区域，对资源的开采程度越小，就越有利于区域的长远价值。

命题 2：对区域长远价值的需求预期越大，越有利于区域的长远价值和空间价值。

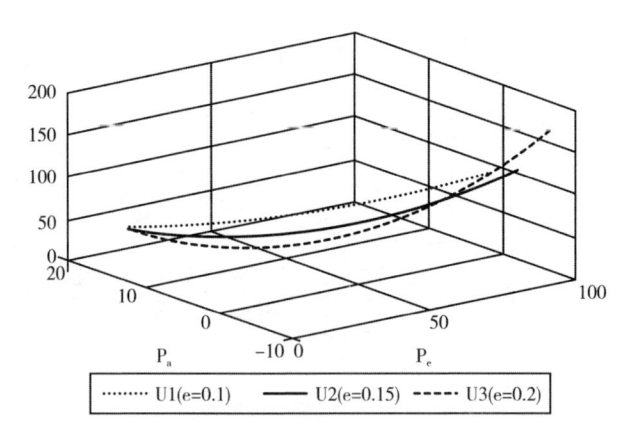

图 5－3　空间价值需求因素对区域空间价值的影响

这两个命题的启示在于，命题 1 告诉我们：在资源开发主导的区域，其开采方式是减量和再利用，要将资源开发与区域发展结合在一起，统筹发展。这一点在改革开放初期，在我国西部地区的发展中并未做好。下一步对于资源型产业的合作一是要以减量和再利用为主要的开采方式；二是要将资源开发与当地空间价值结合起来。命题 2 告诉我们：在资源开发主导的区域，在经营策略上，一方面要通过资源禀赋战略重置，给市场造成不同的预期；另一方面要通过产业合作，形成规模化生产，适度垄断经营的方式。这种策略的确定，有利于我国在国际贸易中，打破"生产什么，什么东西便宜"的陷阱。

5.2　以空间价值为导向的实证分析

空间价值是以资源的区域黏联特性和空间结构为基础形成的价值判断，涉及国家意志、生态安全、核心技术等结构性要义。其对国家和地区的发展是一种正向作用，以"丝绸之路经济带"为例，多边共建以来，我国西部地区与中亚各国、俄罗斯的经济合作日益密切，凸显出这些地区的空间价值。这部分，将以我国西部地区、中亚 5 国（吉尔吉斯斯坦、哈萨克斯坦、塔吉克斯坦、土库曼斯坦、乌兹别克斯坦）以及俄罗斯等以资源开发为典型代表的国家或地区为例，通过面板数据分析，解释"丝绸之路经济带"共建以来，这些地区空间价值和"资源诅咒"的变化情况，以对前述所提到的"资源诅咒"和空间价值观点进行验证。

5.2.1 模型设计和变量选择

相关实证分析模型有萨克斯和沃纳（Sachs & Warner，1995）、帕皮拉基斯和格拉夫（Papyrakis & Gerlagh，2004）、邵帅等（2008b，2009，2010，2013b）和万建香和梅国平（2016）的研究。本节主要借鉴邵帅等的研究模型，并在数据选取和选用上做了改进，具体如下：

$$LnGDP_t^i = \alpha_0 + \alpha_1 LnGP_{t-1}^i + \alpha_2 LnE_t^i + \alpha_3 LnInv_t^i + \alpha_4 LnOpe_t^i \\ + \alpha_5 LnRD_t^i + \alpha_6 LnEdu_t^i + \varepsilon_t^i \tag{5.13}$$

其中，Ln 表示对相关变量取对数；GDP 表示国内生产总值，反映当地的经济产出情况；GP_{t-1} 表示滞后一期的人均国内生产总值，作为"资源诅咒"效应的替代变量；E 为能源开发强度，作为因能源开发而赋予空间的价值，通过能源工业（包括煤炭采选业、石油和天然气开采业，石油加工、炼焦及核燃料加工业，电力热力生产和供应业，燃气生产和供应业五大能源工业）衡量。其他的变量为基本的控制变量，其中 Inv 表示物质资本的投资，通过每年固定资产投入衡量；Ope 表示对外开放程度指标，通过出口金额衡量，由于国内出口数据以美元表示，需要转换成人民币；RD 表示科技创新指标，通过科学技术支出衡量；Edu 表示人力资本的投入指标，通过教育支出衡量。i 为对应的各变量，t 代表年份，α_0 为常数项，α_1、α_2、α_3、α_4、α_5、α_6 为系数向量，ε 为随机扰动项。

5.2.2 数据选取

数据包括 2000~2013 年和 2000~2015 年两个时间段。其中，GDP 为各国（或地区）的国内生产总值，GP 为人均国内生产总值，E 为能源工业总产值，Inv 为各国固定资产总投资额，Ope 为进出口贸易总额，RD 为科技支出，Edu 为教育支出。

5.2.3 实证检验

本书采用 BP 拉格朗日乘数检验和 Hausman 检验来确定研究面板数据的估计方式为广义最小二乘法。用 Modified Wald 检验和 Wooldridge 检验分别对残差是否存在异方差性和自相关性进行了检验。

5.2.4 实证结果

在实证检验的基础上，研究的实证分析结果如表 5-1 所示。左侧为 2000~

2013年数据的分析结果，右侧为2000~2015年的分析结果。模型1为仅仅包含中亚5国的分析结果；模型2在模型1的基础上，增加了俄罗斯；模型3是我国西部5省份①的分析结果；模型4为我国西部12省份②的分析结果。

表5-1　　　　　相关国家或地区"资源诅咒"的实证分析结果

	2000~2013年				2000~2015年			
	模型1 中亚5国	模型2 含俄罗斯	模型3 我国西部 5省份	模型4 我国西部 12省份	模型1 中亚5国	模型2 含俄罗斯	模型3 我国西部 5省份	模型4 我国西部 12省份
C	-4.749*** (0.00)	-2.415*** (0.00)	4.848*** (0.00)	2.553*** (0.00)	-5.228*** (0.00)	-2.498*** (0.00)	4.993*** (0.00)	2.832*** (0.00)
LNGP (-1)	0.557*** (0.00)	0.004 (0.96)	-0.353*** (0.00)	-0.022 (0.662)	0.715*** (0.00)	0.001 (0.99)	-0.358*** (0.00)	-0.062 (0.18)
LNE	0.291*** (0.00)	0.217*** (0.00)	0.230*** (0.003)	0.085** (0.013)	0.315*** (0.00)	0.225*** (0.00)	0.139*** (0.00)	0.1392*** (0.00)
LNINV	0.273** (0.01)	0.24** (0.01)	0.578*** (0.00)	0.483*** (0.00)	0.261** (0.01)	0.249** (0.01)	0.650*** (0.00)	0.462*** (0.00)
LNEDU	0.296* (0.05)	0.517*** (0.00)	-0.045*** (0.00)	0.054*** (0.00)	0.169 (0.25)	0.391*** (0.00)	-0.055* (0.03)	0.063*** (0.00)
LNRD	-0.307*** (0.00)	-0.043 (0.61)	0.0765** (0.049)	0.007 (0.808)	-0.33*** (0.00)	-0.019 (0.85)	0.083* (0.02)	0.002 (0.94)
LNOPE	-0.01 (0.88)	0.036 (0.65)	0.1485*** (0.000)	0.270*** (0.00)	-0.001 (0.99)	0.112 (0.16)	0.150*** (0.00)	0.243*** (0.00)
Adj R^2	0.994540	0.996907	0.999	0.994	0.993307	0.438525	0.99	0.99
F	971.5551	2,417.578	29,292.81	992.03	939.9821	19.33082	2,791.53	1,120.01

注：*、**、***分别表示在0.10、0.05、0.01的水平上显著，括号中标注的是P值。

5.2.5　结果分析

从模型的整体检验结果看，能源开发强度等变量的拟合程度较好，并且可以

---

① 西部5省份指陕西省、甘肃省、青海省、宁夏回族自治区、新疆维吾尔自治区。
② 西部12省份指陕西省、四川省、云南省、贵州省、广西壮族自治区、甘肃省、青海省、宁夏回族自治区、西藏自治区、新疆维吾尔自治区、内蒙古自治区、重庆市。

进一步看出：(1) "丝绸之路经济带"共建以来，中亚 5 国、俄罗斯和我国西部地区空间价值都得到了很好的验证；(2) 中亚 5 国的资源福音效应现象更为明显，我国西部地区"资源诅咒"得到减缓；(3) 其他控制变量中教育和科研投入有所差异，但总体验证了空间价值有利于区域发展的观点。[①]

5.3 非再生性资源供给侧价值链治理的建构思路

缪尔达尔（1997）指出：清楚地阐明尚未认识而应该认识的事物，以便了解将要发生的事情，仍然是一个有价值的科学任务。然而，在以往众多的研究中，研究者都试图排除价值取向的干预来解决问题。在本书中，由于非再生性资源供给侧价值链治理问题是国家意志和区域战略相结合的产物。为此，需要基于价值判断，从理论和实践两个维度进行展开。

5.3.1 理论层面：空间价值的淡入

一是在实证研究的佐证方面。这部分主要是通过他人的研究，去解释空间价值存在的问题，即从资源禀赋的结构出发去解释区域的空间价值。虽然，这些研究者并未使用空间价值一词，但是从研究的结论中，能看出作者对空间附加价值持肯定态度。其一，从经验角度解释空间价值趋向一致后带来的绩效。比如，帕克（Park，2006）强调区域贸易协定和谈判带来了福利。其二，从人本主义角度，去解释双方的文化交流和达成的规则对空间价值的贡献。比如，胜田（Katsumata，2003）、卡皮和埃文斯（Capie & Evans，2002）、拉姆查兰（Ramcharan，2000）强调通过非正式和增量方法的结合来实现国家的合作。这两类实证研究，已经暗含了空间价值对国家的意味问题，国家作为一个政治概念，它通过地域将不同特征的群体（如宗教、信仰等）凝聚在一起，不能仅仅通过经济成本的最小化和利润的最大化来解决区域问题。

二是在资源诅咒解释的蹊跷中，也蕴含着空间价值的痕迹。首先，从微观理论和宏观解释的相互关系看。在微观领域，资源作为投入要素，尽管会产生边际效用递减的现象，但其对企业绩效的贡献是正向的。然而，在宏观层面，得到的结论是依据资源禀赋的比较优势，会导致经济增长减缓和生态环境恶化。从两者的逻辑关系看，并没有因资源而诅咒，而是因资源而发展减缓。其次，通过对既

---

① 闫磊：《伺服于丝绸之路经济带的西部：资源诅咒之惑与空间价值一解》，载于《兰州大学学报（社会科学版）》2017 年第 2 期。

往关于资源诅咒现象的解释，以及对部分研究的重复验证看，如徐康宁和王剑（2006）、胡援成和肖德勇（2007）、邵帅和齐中英（2008a）等的研究，解释存在寻租现象是导致"资源诅咒"的一个原因。那么，据此推演，一定存在着一个价值变量没有被发现，因而才会有寻租问题的产生。

5.3.2 实践层面：空间价值的先行

从实践层面看，对空间价值存在的佐证主要从两个方面体现，即通过历史的考察，以及当前我国的区域经济实践去分析。

一是从历史上看，中国与中亚等国进行贸易往来时，不是简单的丝绸对马匹的贸易往来，而是在各个时期，以空间价值为主导，进而在贸易的方法上有所差别。比如，在西汉时期，由于国家对西部的认识就是祖国边疆，体现出的空间价值就是国家安全。在张骞出使西域之后，西部才迎来了"丝绸之路"的一度繁华。可见，非再生性资源的价值链治理问题，仍要放置在空间价值的大战略下进行考量。

二是主体功能区的探索，使空间价值问题初现端倪。优化开发、重点开发、限制开发和禁止开发的不同要求，实际上也体现了不同的空间价值。从这个角度看，它是对空间生态价值重视的一个结果。2013年，在"丝绸之路经济带"共建框架下，国家对区域空间价值的认识，已从单纯的经济属性向经济增长、生态高地、国家安全、国际合作多重属性转变，进而决定了空间价值的优化不能以经济属性最大化为目标，而要以空间利益协调为目标，以利益协调引致的空间结构转变过程为研究对象。

5.3.3 建构的要点

上述关于理论和实践的反思，可以看出基于空间价值的非再生性资源供给侧价值链治理思路：

一是以"空间价值—链主主导权—核心能力—治理环节"作为非再生性资源治理路径的基本建构框架。

二是厘清如何认识空间价值。以一个不太严谨的比喻为例，一个人饮食是否合适，是从生理特征来理解，还是从个人嗜好方面去理解。如果两者是一致的，那是最好的。如果从成长的直观感受来讲，应该是后者去适应前者。反映在现实中，往往是前者去适应后者。这启发我们，在解决非再生性资源的价值链问题和解决当前资源型国有企业发展困境时，需要从治理角度去认识、去解决。

三是确定链主主导权。这有助于理顺认识"资源诅咒"的逻辑脉络，为发现价值链竞争优势提供合理解释。

　　四是培育价值链核心竞争优势。即以核心竞争优势为自己的比较优势，通过联合、预扣、赠予等方式可以培育价值链联盟。

　　五是确定治理的主要问题和关键环节，确定治理路径。

　　六是建立一个统筹差异化政策的议事机构，明确发展的具体目标、策略和方法，以空间价值的重估来决定区域的长远发展。

小　　结

　　本章从理论和实践层面，分析非再生性资源国家价值链构建的数理基础，并进一步通过实证分析验证了以空间价值分析非再生性资源供给侧价值链治理的合理性。在此基础上，提出以"空间价值—链主主导权—核心能力—治理环节"作为非再生性资源治理路径的基本建构框架。

第 6 章

上游产业供给侧价值链治理路径

本书第 5 章的分析表明,"空间价值—链主主导权—核心能力—治理环节"可以作为非再生性资源供给侧治理路径的基本建构框架。就前述第 4 章和第 5 章的研究,我们知道以下游作为主导比上游作为主导更能使价值链获得收益。但是,作为非再生性资源其稀缺性和不可再生性又决定了不能将上游放在从属位置上。为此,基于这一建构思路,对于非再生性资源的上游产业,在价值链治理中应强调其空间价值,主要应突出其生态价值和不可再生特点。国家在对上游产业的治理中,应突出整合,减少恶性竞争。其中,所谓的非再生性资源上游产业是指处在整个产业链的开端,包括重要资源的开采和供应的行业,其发展规模具有基础性、原料性、联系性强的特点。在现代产业链理论中,当资源禀赋结构赋予不同的制度设计后,资源的价格或需求量将会发生变化。对此,我们将基于非再生性资源的空间价值,利用《中国工业统计年鉴》中所提供的产业数据,以及上市公司的年报,具体分析当前非再生性资源上游产业中出现的产能过剩、定价偏低、生态成本过小等一系列结构性矛盾问题,并从资源禀赋结构和国家意志层面的制度设计,分析产生这一问题的原因。据此,把环境约束和资源供给能力相结合,从期权定价思路出发,将企业管理者业绩与区域的空间价值挂钩,对上游企业所在区域的空间价值进行评估,激励企业管理者在生产中强调当前收益,从而构建相应的价值链治理路径。

6.1 非再生性资源上游产业的供给特性

非再生性资源上游产业的供给特征由资源禀赋特性、资源供给的制度以及资源供给的价值特征所决定。资源禀赋提供了资源开发的可能性。资源供给的制度设计决定了资源使用的可能方向,比如,以市场为导向,还是以国家资源储备为导向。而资源供给的价值,则由价值链定位和供需匹配来决定。

6.1.1 资源禀赋的区域黏联特性是非再生性资源禀赋的特征

6.1.1.1 非再生性资源上游产业与区域的共生关系

本章主要研究的是我国非再生性资源上游企业的资源禀赋的区域供给特性，区域供给特性即生态价值。以往对空间价值的研究主要集中在国家安全价值、运输价值等方面。由于我国上游企业中企业经营者对企业的经营业绩并不是很关心，在资源开采前没有做出科学合理的规划，同时未将资源的开采与区域的发展联系起来。因此企业经营者对资源的大量开采，以及长期以来对资源的不合理使用，造成了资源浪费和资源所在地的环境污染和生态破坏。维尔默和贝克尔（Wellmer & Becker，2002）指出，不可再生矿产资源的过度开发利用将破坏植被，严重污染环境。贾若祥（2005）、张秀生和盛见（2009）等的研究也支持了这一观点。

我国非再生性上游企业开发成本之中未将生态成本考虑在内，企业在开发中并未与区域的发展联系在一起。大量资源的开采造成产能过剩，在一定程度上影响了我国资源的价格，即价格一直处于偏低的状态。在对我国资源价格进行分解时，发现我国资源的定价中只包含资源的生产成本，这种定价没有反映资源的真实价值，忽略了内生的生态成本。这种价格机制严重割裂了资源与区域的供给特性，它只是以市场需求来决定资源的市场价格。企业在发展中仅仅注重资源的经济成本而忽略了生态成本、代际成本和健康成本，那么当这个区域的资源被开采完之后，当地的经济支柱就没有了，留下的只有因开采资源而造成的一片狼藉，废矿和废弃物随处可见，当地居民可能因生态破坏而被迫迁移，当地的经济出现倒退。由此，我们可以看出生态价值、代际价值和健康价值对于区域是十分重要的，因此企业在开采中应注重与区域的同步发展，不能忽略生态价值、代际价值和健康价值在经济发展中的作用。

6.1.1.2 资源禀赋的战略重组解决非再生性资源的黏联特征引发的问题

由于资源禀赋结构赋予不同的信息，资源的价格或需求量也发生了变化。为此，经济主体可依据定价策略，对产品的价值创造和成本约束进行治理，以此来提高资源的价格。如，在经济萧条时期，美国农场主宁愿将牛奶倒掉，也不分给穷人，这样做是因为农场主想自毁部分牛奶以提高剩余牛奶的价格。萨夫拉（Safra，1983）提出了资源禀赋的战略重置问题，并通过不同信息条件下的资源禀赋假定，数理分析得到了 C—操纵、W—操纵、G—操纵和 D—操纵四类策略。针对我国非再生性资源上游企业由于长时间的大量且不合理地开采资源，造成产能过剩和资源价格偏低的现象，我们可以采用资源禀赋的战略重组对我国非再生性资源价值链进行治理，以期解决我国产能过剩和资源价格偏低的问题。我们在此采用C—操纵策略以及以采购商需求主张为导向开采资源。

（1）C—操纵策略。

实施C—操纵的条件是：联盟的参与者都能够重新配置他们的资源，并由此达到某种新的均衡配置，从而使他们当中的每一个人都获得最大的效用。联盟的方式主要有两类：一类是横向联盟，另一类是纵向联盟。横向联盟是指企业由于互相之间的资源互补而建立起来的联盟。每一个企业都拥有企业发展所需的必要资源，同时也拥有能使企业获得额外收益的独特资源，但又不可能拥有所有的独特资源。因此各资源企业为了获取其他企业独特的资源，使自己的企业有更好的发展，就形成了横向合作，这种联盟使企业在价值链上更具竞争力。纵向联盟上下游企业间的联盟可利用专业化优势，达到 $1+1>2$ 的效果。

"一带一路"加强了我国与沿线国家的交流。对于我国而言，可以通过与这些国家的联盟提高竞争力。我国非再生性资源上游企业出现产能过剩和生态破坏，面对这种情况，不得不采取一些措施保护当地的生态，而通过与周边国家的联盟可以缓解这一问题。从别国进口资源，一定程度上缓解了我国资源所在地的压力，给我国资源所在地进行生态治理争取了一些时间，使区域的生态进行恢复，同时使区域内居民的生活环境得到改善，也可以使大量开采资源的现象得到一定的缓解，将当地的生态环境恢复好，从而实现我国非再生性资源上游企业的可持续发展。

（2）采购商需求主张为导向。

通过采购商对需求的主张，向价值链上游企业进行反馈、传递压力，减少上游企业产品积压，从而缓解产能过剩和资源价格偏低的现象，从根本上解决我国非再生性资源供给侧存在的结构性矛盾。采购商的需求主张是采购商企业携手营销商通过市场调查等形式，得到终端消费者的价值需求的一种需求主张。采购商企业通过坚持其对需求价值的主张，使得价值链上游企业得到反馈，并根据这些信息进行相应的资源开采。以用户价值主张为导向开采资源，加强了资源开采的目的性，有效地减少了非必要资源的开采和浪费。

6.1.1.3 生态成本的计算解决非再生性资源的黏联特征引发的问题

我国非再生性资源企业在发展中大量开采资源，拿煤炭行业来说，煤炭在一个区域的储存量是有限的，企业在一个地区的煤矿里面无法开采到煤，就会去探测别的地区的煤炭，在大量开采资源中出现的固体废弃物、废矿、废水，以及对当地造成的危害似乎没有在企业的发展中得到考量。在非再生性资源开采阶段应加强生态监管，努力做到从源头上防治环境污染和生态破坏。对区域内已经形成的废气、废水、废渣进行治理，对已经造成的生态破坏尽早进行修复；对开采完毕的废矿进行测试，可以利用的继续利用，不能利用的做好后期的关闭管理。同时，我国非再生性资源上游企业应真正做到在企业开采资源时，就将生态成本、代际成本和健康成本考虑其中，做到企业与区域的协调发展。区域承载着对当地居民的责任，区域实现可持续发展，才能真正实现"一方水土养一方人"。

6.1.2 双重委托代理是我国非再生性资源供给的制度特征

6.1.2.1 我国非再生性资源供给侧委托代理会带来的可能结果

委托代理关系可能会导致资源的过度开采、产能过剩和资源价格偏低。"内部人"一般是指国资委、董事会、经理层，"内部人控制"就是在双重委托代理的第二层代理关系中代理人权力过大，形成对企业的实际控制。这种控制使我国上游企业中委托人和代理人的目标不完全一致。即企业代理人可能只顾眼前利益和任期内的政绩，过度开采资源，造成产量过剩和资源的过度使用，同时也危害所有者的利益。而委托人希望实现利益最大化的目标，但是更加注重长远利益，实现资源的可持续发展。也正是由于代理人大量开采资源，大部分资源并非能够全部销售出去造成了产能过剩，进一步造成了我国非再生性资源价格一直偏低的现象。

国有企业的委托代理链冗长，如果企业代理人对资源开采量的多少进行隐瞒和虚报，政府为获取真实的信息将会付出巨大的信息成本，难以实施有效的监督。企业经营者窥见这种漏洞，就会继续进行大量开采，这样一来就造成我国非再生性资源产能过剩。

6.1.2.2 关于解决委托代理冲突引发上游企业的问题的措施

面对委托代理可能带来的结果，本书拟采用期权激励的措施来解决相应问题。霍姆斯特罗姆（Holmstrom, 1982）认为，国有企业只要对经营者的激励和监督是合适的，就会有利于企业发展。对于物质奖励，可以采取股票期权的奖励方式。期权制度是一种将自己对企业的贡献和企业的利益联系在一起的制度设计。制度视角下经营权和所有权的匹配，会提高我国上游产业价值链治理效果。其主要体现是我国上游企业代理人为了获取更长远的收益，会努力提高公司的业绩，与此同时也会注重企业的长远利益，而不是过度不合理开采。

6.1.3 基于非再生性资源供给特征提供治理思路

6.1.3.1 我国非再生性资源上游企业价值链及治理路径

张智勇（2009）、咸玉娟（2010）、罗瑞荣（2012）等学者关于能源治理的研究启发我们：经营权和所有权不同的匹配方式可以带来不同的治理路径。因此，基于治理路径的不同，我们提出关于我国非再生性资源上游产业价值链分析主要从上游企业个体进行。

一是企业内部价值链。将企业内部成本与生产经营活动相关的各部门所消耗的成本进行研究，根据其对产品价值的贡献大小，确定成本发生的大小，找出企业内部不增值作业。在企业内部，对不增值作业进行改进和剔除，充分发挥增值作业在产品生产过程中的作用，科学地降低产品成本。

二是企业的外部价值链。分析企业、采购商、零售商以及终端客户之间的关系，依据上述关联者在企业外部价值链中寻求降低成本的方法。首先，通过采购商早期参与，降低产能过剩。采购商早期参与是指采购商及早参与确定终端消费者需求主张，确定其所需资源种类及其数量以及制定资源开采计划。采购商通过早期参与，在了解客户需求之后，及早与上游企业确定资源开采数量和种类，有效地缓解了产能过剩的问题。其次，深入分析这些优势和不足是由哪些价值活动或成本因素引起的。目的是帮助企业建立属于本企业的竞争优势，形成核心竞争力，从而确定企业日后的发展战略，提高企业的整体水平，以获取更高的回报（韩沚清，2005）。

通过对我国非再生性资源上游企业的内外部价值链分析，发现非再生性资源开采过程中存在的环境污染严重、资源的利用率差、产品的附加值不高、回报率不高等问题。因此，我国上游企业需要依托现有的价值链进行重构，即依托原有的资源优势，对非再生性资源进行深入加工而不仅仅是开采，从而提高产品附加值，培育核心竞争力。我国非再生性资源企业可以通过加大科技创新力度，降低企业的开采、加工成本；在生产过程中采用减量化、再利用的方式进行生产。

6.1.3.2 减量化、再利用为我国非再生性资源上游产业的生产提供一种新方式

我国非再生性资源企业的生产，传统的模式是"资源—产品—废弃物和污染排放"的单向流动过程，而新型的模式则是"资源—产品—资源"的流程，即对资源的低开采、高利用、低排放。针对上述两种经济模式的不同特征，可以分析出我国非再生性资源上游企业的模式明显是传统模式。我们可以采取减量化、再利用的方式对我国非再生性资源的这种传统模式进行改变，从空间价值的角度出发，从根本上解决上游产业存在的高开采、低利用等现象。我国非再生性资源上游企业对资源的开采量大，且对资源的利用效率不高，因此应该坚持减量化、再利用的原则，具体包括：

其一，对废矿、尾矿以及废弃物进行再利用。我国企业大量开采资源的同时，也产生了很多的尾矿、废矿，不仅侵占了大量的土地，而且对资源所在地的居民生活造成影响，也对当地的生态环境造成破坏。根据我国尾矿处理行业领先

者隆中重工提供的数据，截至 2016 年，国外尾矿的利用率可达 60% 以上。根据 2018 年 2 月，国土资源部矿产资源储量司、中国地质调查局资源评价部的我国《重要矿产资源开发利用水平通报》，我国平均尾矿循环利用率从"十二五"初期的 11.18% 提高到 18.97%，但仍处较低水平。对尾矿、废矿的处理已刻不容缓。对资源开采过程中产生的很多废弃物和副产品，我国一些企业已将其利用起来。如，利用煤矸石、煤泥和瓦斯发电的电厂等。这些资源由于是废弃物，所以企业的原材料成本降低，增加了企业利润。

其二，上游产业在对非再生性资源减量生产的同时，促进清洁生产的推进和清洁能源的推广。采用非再生性资源的替代产品，如以铝合金材料代替钢铁材料、以风力发电代替火力发电，以此更好地保护生态环境。

我们以中国神华为例，说明我国非再生性资源企业在生产中实行减量、再利用对企业的影响。2014 年，该公司提出了清洁能源发展战略。2015 年，该公司煤炭采区回采率达 86.82%，露天矿采区回采率达 97.54%。同时，采取措施对废水（矿井水、工业废水、生活污水）进行深度治理和回收利用，具体如表 6-1 所示。

表 6-1　　　　2014~2016 年神华集团废水产生量及利用量　　　（单位：百万吨）

项目	产生量			利用量		
	2014 年	2015 年	2016 年	2014 年	2015 年	2016 年
矿井水	104.60	225.90	105.66	63.10	71.10	72.53
工业废水	48.40	136.30	47.74	40.30	41.15	38.59
生活污水	14.70	27.00	15.28	4.20	4.45	4.06

资料来源：以上数据均来自 2016 年中国神华社会责任公告。

中国神华面对全行业产能过剩的局面，积极实施清洁能源发展战略，努力降低对公司的不利影响。这对于我国非再生性资源上游企业来说是值得借鉴的，应基于产业链升级的视角，改变以往单一的资源型产业结构，在企业内部努力推进业务结构的调整和转型，积极开展减量、再利用的生产方式，缓解上游企业存在的产能过剩问题，在获得经济效益的同时获得社会效益。

6.1.3.3　期权定价方法为我国非再生性资源上游产业的管理提供了一种新思路

期权属于契约的一种，是权利并非义务，本书所研究的期权定价方法是针对我国上游企业特殊的委托代理关系，将企业管理者业绩与区域的空间价值相结合已刻不容缓。企业在管理者的任职期间内，对资源进行大量开采，造成产能过剩，对当地生态环境造成严重破坏，但是企业管理者只是代理人，而且有一定的任期，任期一到就会离开这个企业。这个企业的好与坏，从本质上来说与代理人本身没有直接的关系。

怎样将其结合在一起呢？我们可以采用期权定价的方法。根据微观经济学的假设，企业的代理人是"理性人"，对代理人给予期权，可以将企业管理者收益与企业经营状况联系到一起，弥补了年薪制带来的弊端。采取期权激励方式，使企业委托人和代理人的目标达到最大程度的一致。企业代理人若在未来想获得更好的收益，就需要想办法改变以往只大量开采资源而对资源所在地的生态环境不进行治理或治理不善的情况。企业代理人在任期内，便会提高对资源的利用和对当地生态环境的保护与治理，实现企业健康可持续的发展。为了说明期权在企业中的积极作用，我们可以借鉴微软公司的期权方案。通过内部实行"低工资、高股份"的模式，将员工个人利益同企业的效益等因素结合起来，在公司收益上升的同时，自己也将获得长期的收益。我国企业可以参考微软的做法，运用期权激励的方法，将代理人的收益与企业的收益相结合，从而达到真正激励的效果。

6.2 上游产业供给侧价值链治理中存在的问题

一直以来普遍存在一种现象——"中国卖什么，什么东西便宜"，如衣服、茶叶、家电、原材料等。那么针对本书主要研究的我国非再生性资源上游企业中资源的价格，是不是也同样存在上述现象呢？为了对此进行深入的研究，我们主要截取了2016年11月和12月的数据进行说明。国内外煤炭、铁矿石价格如表6-2所示，国内外氧化铝的价格如表6-3所示。

表6-2　　　　　　　国内外煤炭、铁矿石价格对比　　　　　　（单位：元/吨）

时间	煤炭		铁矿石	
	国内	国外	国内	国外
2016-11-09	606	776	555	584
2016-11-16	604	902	570	605
2016-11-23	601	636	579	651
2016-11-30	599	616	590	643
2016-12-02	599	614	594	675
2016-12-07	598	578	595	694
2016-12-14	596	578	603	694
2016-12-21	594	610	610	685
2016-12-28	593	639	609	680

资料来源：Wind数据库、中国航运数据库。

表6-3　　　　　　　　　国内外氧化铝价格对比　　　　　（单位：元/吨）

时间	氧化铝	
	国内	国外
2016-01-04	1,750	1,830
2016-01-11	1,560	1,750
2016-01-18	1,560	1,750
2016-01-25	1,560	1,750
2016-02-01	1,560	1,750
2016-02-15	1,560	1,750
2016-02-22	1,630	1,780
2016-02-29	1,740	1,850
2016-03-07	1,780	1,920
2016-03-14	1,820	1,970

资料来源：Wind数据库。

通过对煤炭、铁矿石、氧化铝的国内外价格进行对比，根据表6-2和表6-3数据计算得到我国煤炭平均价格为539元、铁矿石平均价格为530.5元、氧化铝平均价格为1,652元；国外煤炭平均价格为594.9元、铁矿石平均价格为591.1元、氧化铝平均价格为1,810元。通过这三种资源价格的国内外比较，很清楚地看到我国非再生性资源的价格普遍低于国外的价格。为什么会出现上述情况呢？经过分析我们认为出现这种情况的原因可能有以下四个方面：其一，可能是在我国特殊的治理结构下因盲目投资引起的；其二，可能是由于行业集中度低、企业间的无效竞争造成的；其三，可能是生态成本未计入资源的价格之中；其四，可能是随着技术的进步可替代的资源逐渐增多。接下来，我们对这四个可能的原因进行分析。

6.2.1　双重委托代理导致盲目投资，造成产能过剩和资源价格偏低

非再生性资源的国有企业在双重委托代理关系下，委托人和代理人的目标不完全一致。委托人希望在实现利益最大化目标的同时更加注重长远利益，实现资源的可持续发展。而国有企业经营者则可能更看重眼前利益和任期内的政绩，即其目标是实现其个人在当前阶段及可预见的未来达到收益最大化，过度开采资源、过度使用和投资新设备来谋求短期内的经济增长。在面对资源价格低，企业利润减少的情况下，企业代理人进行大量招商引资。投资具有乘数作用，对于刺激企业经济增长有立竿见影的作用，所以会出现大量投资的现象（戴家权等，

2013)。我们主要分析 2012~2015 年我国对非再生性资源上游采选业固定资产的投入，具体情况如表 6-4 所示。

表 6-4　　2012~2015 年我国非再生性资源上游采选业固定资产投资　（单位：亿元）

固定资产投资额	2012 年	2013 年	2014 年	2015 年
煤炭开采和洗选业	5,370.24	5,212.57	4,684.47	4,006.66
石油和天然气开采业	3,076.51	3,820.61	3,947.87	3,424.93
黑色金属采选业	1,509.28	1,648.41	1,661.28	1,365.72
有色金属采选业	1,385.47	1,593.49	1,625.78	1,588.18
非金属矿采选业	1,602.23	1,800.39	2,049.09	2,092.10

资料来源：《中国工业统计年鉴》（2012~2015 年）。

现阶段我国部分行业的产能过剩已超出正常的市场范围，在我国非再生性资源中以煤炭、铝、稀土、铁矿石等尤为明显。表 6-5 为 2012~2015 年我国非再生性资源上游采选业产能过剩指数（指数大于 1 即为过剩）。

表 6-5　　2012~2015 年我国非再生性资源上游采选业产能过剩指数

产能过剩指数	2012 年	2013 年	2014 年	2015 年
煤炭开采和洗选业	6.72	6.38	6.01	5.43
石油和天然气开采业	5.03	3.41	2.95	2.81
黑色金属采选业	1.18	0.72	0.65	2.34
有色金属采选业	1.50	1.28	1.12	0.97
非金属矿采选业	1.47	1.29	1.25	0.83

资料来源：笔者根据《中国工业统计年鉴》（2012~2015 年）计算所得。

如表 6-4 所示，我国煤炭开采和洗选业的固定资产投资额由 2012 年的 5,370.24 亿元下降到 2015 年的 4,006.66 亿元，投资额呈逐年下降的态势，2015 年同比下降 14.45%，相比 2013 年 2.94% 的降幅，2015 年煤炭行业投资降幅进一步扩大，这可能是由于固定资产的大量投资造成我国产能过剩的情况越来越严重，企业代理人发现大量投资并不能获取可观的收益，因此逐渐减少投资。如表 6-5 所示，我们可以清楚地看到我国非再生性资源上游采选业产能过剩的情况还是比较严重的，尤其是煤炭开采和洗选业产能过剩指数在 2012~2014 年间都在 6 以上，2015 年产能过剩情况有所缓解但还是十分严峻，同时从表 6-4 所列示的数据可以看出，虽然我国煤炭开采和洗选业相比其他采选业来说，其投资额最多，但是由于产能过剩情况越来越严重，企业经营者发现对固定资产的投资并不能带来预期的效果，反而会占用企业大量资金，影响企业的资金周转，所以对其的投资额逐年下降。

如表 6-5 所示，我国黑色金属采选业和非金属矿采选业对固定资产的投资也基本呈现出逐年递减的趋势，其他采选业的产能指数也呈现出下降趋势。综合表 6-4 和表 6-5 可以看出，产能过剩指数与固定资产投资额基本呈同步变化，也就是说企业经营者对固定资产的投资加剧了产能过剩的情况。我国的产能过剩已经超出了正常的市场承受范围——产能过剩指数基本都在 1 以上，这对我国经济增长和平稳运行造成了严重的影响。国家为了化解这些问题出台了一系列的刺激政策，比如说，加大对固定资产的投资，但是这种刺激政策从长远来看是解决不了实际问题的，还可能使我国产能过剩的情况更加严重。国有企业经营者为了获取政策支持以及对自身前途考虑，作出相应的投资，对上游采选业来说，可以使企业有更加完备的设备对资源进行开采。大量投资后生产能力得到快速上升，但是我国的消费能力并没有得到相应的增长，资源供应量增多，产能过剩情况更加严重，进一步使得我国资源的价格持续偏低。

结合表 6-4 和表 6-5 可知，石油和天然气开采业的固定资产投资在经过一段时间的上升后出现了下降，即由 2012 年的 3,076.51 亿元上升到了 2014 年的 3,947.87 亿元，同比上升了 28.32%，但在 2015 年下降到了 3,424.93 亿元，同比下降了 13.25%。虽然产能过剩的情况有所缓解，但还是大于 1。我国石油行业虽然出现了产能过剩的情况，但是油田往往和化工联系在一起，所以具有一定的内部调节作用，当油田有所亏损时，化工行业可以给予一定的补偿，所以石油行业整体没有过多地引起外界的注意，但是产能过剩这个问题却是客观存在的。我国石油行业一直以来都是走粗放型发展之路，短期内出现了很多新企业，但是其质量普遍不高。近几年，随着我国经济增长方式的转变，人们的环境保护意识和能源利用效率不断提升，降低了对石油的需求。同时随着新产能的投产，产能过剩的局面可能会进一步加剧，石油的价格也会受到影响。由于特殊的双重委托代理，政府不能及时对企业的产能利用情况进行有效了解和作出准确决策，即政府对企业的投资没有作出清晰的指引，加大了石油行业产能过剩，同时使其价格持续走低。

而本书基于财务分析的角度，用一个新视角对我国国有企业在双重委托代理体制下出现的产能过剩和价格偏低问题进行阐述。就煤炭开采和洗选业而言，我们选取中国神华做一说明，中国神华是由神华集团有限责任公司控股的一家国有大型中央企业，该公司的双重委托代理体制，如图 6-1 所示。煤炭生产布局为神东矿区、准格尔矿区、胜利矿区、宝日希勒矿区以及包头矿区五大矿区。2016 年公司自产煤开采成本仅为 108.90 元/吨，显著低于同行业平均水平，资源禀赋和规模优势十分明显。

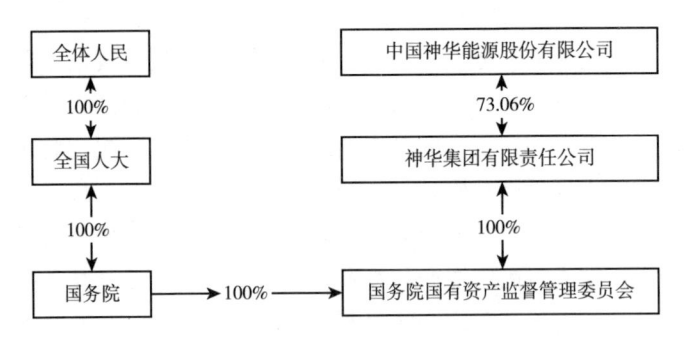

图6-1　神华集团双重委托代理体制

如表6-6所示，将中国神华与康索尔2014~2017年的销售及管理费用占主营业务收入的比率进行比较，中国神华一直高于康索尔公司。

表6-6　　　　　　　　　康索尔能源公司与中国神华比较

年份	康索尔能源公司			中国神华		
	销售及管理费用（百万元）	主营业务收入（百万元）	比率（%）	销售及管理费用（百万元）	主营业务收入（百万元）	比率（%）
2014	1,446.61	20,124.41	7.19	19,523	248,360	7.86
2015	1,085.08	14,298.28	7.59	19,501	177,069	11.01
2016	1,049.22	13,602.69	7.71	19,152	183,127	10.46
2017	643.15	11,336.70	5.67	20,006	248,746	8.04

资料来源：笔者根据康索尔能源公司财务报表、中国神华财务报表计算所得。

究其原因应该有以下两点：

（1）销售过程中过高的运输费压低我国资源原有的价格。

近年来，我国交通运输能力不断增强，但仍存在着基础设施建设不足，布局结构不合理，各种运输方式的衔接性差等方面的问题。运输费的上升会使煤炭资源的价格相应提高，但这部分收入属于国家并不归企业支配，所以运输费用的高低不会从根本上影响煤炭固有的价格。但铁路运输能力对煤炭的价格有举足轻重的影响，运输费用高，煤炭的价格在一定程度上就会减少一部分，原本煤炭价格就不高，这样一来更会对煤炭的价格产生明显的影响。表6-7~表6-10为我国近几年来各种运输方式不同方面的变化。

表6-7　　　　　　　　中国各运输方式运输长度变化　　　　　（单位：万公里）

指标	2012年	2013年	2014年	2015年	2016年
公路	423.75	435.62	446.39	457.73	496.60
高速公路	9.62	10.44	11.19	12.35	—
铁路	9.76	10.31	11.18	12.10	12.40
内河航道	12.50	12.59	12.63	12.70	12.70
管道	9.16	9.85	10.57	10.87	—

资料来源：《中国统计年鉴2016》——交通运输业基本情况。

表6-8　　　　　　　　中国各运输方式货物周转量变化　　　　　（单位：亿吨公里）

指标	2012年	2013年	2014年	2015年	2016年
铁路	29,187	29,174	27,530	23,755	23,792
公路	59,535	55,738	56,847	57,956	61,080
水运	81,708	79,436	92,775	91,773	97,339
民航	164	170	188	208	—
管道	3,211	3,496	4,328	4,665	—
货物周转量总计	173,804	168,014	181,668	178,354	186,629

资料来源：《中国统计年鉴2016》——交通运输业基本情况。

表6-9　　　　　　　　中国各运输方式货运量变化　　　　　（单位：万吨）

指标	2012年	2013年	2014年	2015年	2016年
铁路	390,438	396,697	381,334	335,801	333,786
公路	3,188,475	3,076,648	3,113,334	3,150,019	3,341,259
水运	458,705	559,785	598,283	613,567	638,238
民航	545	56	594	629	—
管道	62,274	65,209	73,752	75,870	—
货运量总计	4,100,436	4,198,900	4,167,296	4,175,886	4,386,762

资料来源：《中国统计年鉴2016》——交通运输业基本情况。

表6-10　　　　　　　　中国货运周转率的变化　　　　　（单位：%）

指标	2012年	2013年	2014年	2015年	2016年
铁路	16.79	17.36	15.15	13.32	12.75
公路	34.25	33.17	31.29	32.49	32.73
水运	47.01	47.28	51.07	51.46	52.16
民航	0.94	1.01	1.03	1.17	—
管道	1.85	2.08	2.38	2.62	—

资料来源：《中国统计年鉴2016》——交通运输业基本情况。

美国拥有的发达的交通运输系统为其提供了港口、飞机场、火车站、货运站等运输方式，形成相辅相成的统一运输体系，企业能够根据实际情况选择最有效的方式来运输货物和提供服务。其中公路运输是美国货物运输的主力。铁路运输因其运输成本低、很少出现拥堵、一次性运送量大等优势，在美国的经济发展中也占有重要的地位。神华集团所拥有的五大矿区均在我国西北地区，在这种格局下，西北地区的煤炭向东南沿海地区输送会产生一定的运输成本，而运输成本的高低在一定程度上影响了我国西北地区煤炭资源的价格。铁路作为最主要的运输方式仍存在运输能力不足等问题，使得西北地区大量资源不能及时的输送。根据 Wind 数据库，2018 年我国国家铁路营业里程为 13.16 万公里，美国一级铁路的营业里程为 14.94 万公里。铁路的修建与煤炭资源运输配置不同步，导致煤炭的运输成本加大，间接使得煤炭价格有所上升。由于我国铁路运输存在发车频率较低等问题，导致公路运输发展起来，但是由于地理空间的限制，公路网的建设受到限制，出现不得不绕开河流、大山行驶的现象。该现象加长了运送的距离，运输途中所需燃料费、维修保养费和人工费就会增加，进而增加了运输成本，提高了资源的价格（任艳，2016），所以公路运输只适合近距离。我国西北地区煤炭通过公路输送到东部地区，这个距离是较长的，采用公路运输方式欠妥。我国水路运输受自然条件的制约，通过水路运输首先要通过铁路或公路运输到港口，但是各运输方式衔接性较差，导致我国运送货物效率不高，进而加大了企业运输的成本。

简而言之，我国资源在销售过程中产生了较高的运输费，这使得我国企业的销售费用较美国来说是高的，同时在利润中的占比也会相应的增加。运输费的上升会使煤炭资源的销售价格相应提高，这样，铁路运输能力对煤炭的销售价格有着明显的影响。增强铁路的运输能力，降低运输成本，从而降低销售费用，达到稳定煤炭价格的目的。

（2）设备的维修保养费对上游企业利润的影响。

我国非再生性资源上游企业对固定资产的大量投资，使得企业的压力也随之增加。大量的固定资产需要较多的日常维护，进而产生过高的维修保养费，从而影响到企业的利润。在这一过程中，企业并未因扩大投资而获得其目标利润，反而加重了企业的负担。以中国神华为例，中国神华这几年对固定资产的大量投资，产生了一系列的新增固定资产，使产出增加，但面临国际经济疲软、国内经济增速减缓、煤炭价格持续低迷等外部环境，进而导致全社会煤炭库存量加大，产能过剩情况未得到有效缓解。从财务角度来说，固定资产会产生一系列的设备维护保养费，这部分开支在企业管理费用中占据一部分。同时，在日常的使用中设备的维修费是在所难免的。而美国煤炭企业对固定资产的投资主要是对现有煤矿的改扩建，煤矿改扩建决策并非简单地考虑增产，而是考虑全面改扩建后产值或效率是否会提高，或者企业产品的市场占有率是否会提高。与美国相比我国因为对固定资产的投资造成了大量的管理费用，使得我国企业销售及管理费用在收入中的占比一直高于美国企业管理及销售费用在收入中的占比。

在双重委托代理下，经营者近几年对企业的固定资产投资逐步上升，是因为在整个行业不景气的情况下，企业的利润逐渐减少，这种投资于固定资产的方式可以使企业在短期内获取可观的收益，这种短期收益获得的同时使得煤炭行业产能过剩的情况越来越严重。但与此同时，煤炭的价格也一直处于低位。如表6-11和表6-12所示，固定资产的投资由2013年的240,148百万元增加到2017年的309,218百万元，而同时煤炭的单位价格由2013年390.70元/吨下降到2016年317.00元/吨，由此可以看出固定资产投资额的增多反而对煤炭价格产生了消极的影响，产能的增多并未改变煤炭价格偏低的现象，反而使得其持续走低。企业想要通过此途径获取利润，但没想到会使企业利润因此下降。如表6-13所示，固定资产的大量投资在一定程度上降低了自产煤的单位生产成本，由2013年124.50元/吨下降到2017年108.50元/吨，同比下降了12.6%，先进机械设备的使用降低了生产成本，但是企业并没有因生产成本的降低而获取更多的利润。价格是影响利润的一个因素，但是为了获取利润，经营者选择投资固定资产，在这样一个宏观经济背景下，不但不能获取利润，反而会造成产能过剩和资源价格偏低。

表6-11　　　　2013~2017年中国神华固定资产的增加情况

指标	2013年	2014年	2015年	2016年	2017年
固定资产投资额（百万元）	240,148	259,909	318,953	316,489	309,218
年均递增速率（%）	11.80	8.23	22.72	-0.77	-2.30

资料来源：笔者根据神华集团2013~2017年财务报告整理和计算所得。

表6-12　　　　2013~2017年神华集团煤炭平均价格

指标	2013年	2014年	2015年	2016年	2017年
神华集团煤炭平均价格（元/吨）	390.70	351.40	292.60	317.00	425.00
年均递增速率（%）		-8.03	-10.06	-16.73	8.34	34.10

资料来源：笔者根据神华集团2013~2017年财务报告整理和计算所得。

表 6 – 13　　　　2013~2017 年神华集团自产煤单位生产成本

指标	2013 年	2014 年	2015 年	2016 年	2017 年
自产煤单位生产成本（元/吨）	124.50	127.60	119.5	108.90	108.50
年均递增速率（%）	-0.10	2.50	-6.30	-8.90	-0.40
原材料、燃料及动力成本（元/吨）	26.60	24.60	20.60	24.60	17.90
人工成本（元/吨）	15.20	15.40	17.70	15.40	18.80
折旧及摊销（元/吨）	23.90	24.50	24.40	24.50	17.50
其他成本（元/吨）	58.80	63.10	56.80	53.30	54.30
与生产直接相关的支出（元/吨）	34.10	35.34	35.22	30.91	36.92
生产辅助费用（元/吨）	5.88	5.68	6.25	5.86	8.85
征地及塌陷补偿、环保支出、地方性收费（元/吨）	18.82	22.09	15.34	11.19	8.85

资料来源：笔者根据神华集团 2013~2016 年财务报告整理和计算所得。

神华集团 2013~2015 年在固定资产上的投资是逐年递增的，而在 2016 年固定资产的投资出现了下降，这是由于对固定资产的大量投资使得产能过剩的情况越来越严重，企业代理人发现在企业盈利能力下降的时候，对固定资产大量投资并不能获取可观的收益、使企业的盈利水平上升，因此逐渐减少了投资。表 6 – 14 中我们分析了神华集团 2013~2016 年的盈利能力，可以清楚地看到销售净利率由 19.63% 下降到 16.13%、成本费用利润率由 33.39% 下降到 28.95%、总资产报酬率由 14.73% 下降到 0.78%、净资产收益率由 17.44% 下降到 0.80%，下降主要是由于销售净利率的变化引起的，即净利润的剧烈变动引起的（2012 年净利润为 55,707 百万元，2016 年净利润为 9,360 百万元，下降幅度为 83.20%）。利润下降是因为全国性煤炭产能过剩严重，企业不能通过大量销售煤炭来获取利润。因此，国家实行供给侧改革，从而改善企业原来不能为其提供应有利益的经营模式。

表 6 – 14　　　　2013~2016 年神华集团财务分析　　　　（单位：%）

年份	销售净利率	成本费用利润率	总资产报酬率	净资产收益率	固定资产周转率
2013	19.63	33.39	14.73	17.44	58.18
2014	18.59	31.94	12.05	13.53	47.75
2015	13.14	24.69	0.67	0.65	32.24
2016	16.13	28.95	0.78	0.80	32.54

资料来源：笔者根据神华集团 2013~2016 年财务报告整理和计算所得。

就有色金属采选业而言，我们选取北方稀土来说明。该公司是由包头钢铁有限责任公司控股的一家国有企业，是中国乃至全球最大的稀土产品供应商。该公司的双重委托代理体制，如图6-2所示。

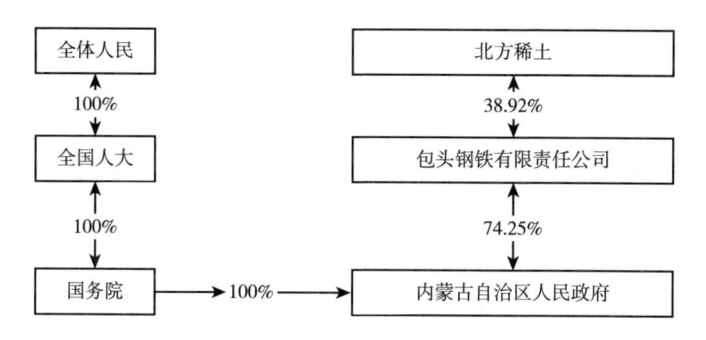

图6-2　包头钢铁有限责任公司双重委托代理体制

企业拥有固定资产的数量以及可使用的年限可反映出该企业的经营水平及生存发展的状况。对固定资产的大量投入会占用企业大量资金，影响企业的资金周转。具体到我国北方稀土企业来说，在整体经济环境低迷，稀土行业面临严峻困难的情况下，我国稀土资源虽然优势明显，但是近几年也出现了一系列的问题，比如资源价格持续低迷，对生产厂家产生了负面的影响。企业面对这种情况采取增加固定资产的方式，来达到短期获利的目的。但殊不知这种方式加剧了稀土行业的产能过剩情况，且资源的价格依然偏低。如表6-15所示，北方稀土对固定资产的投资额由2013年的2,159.85百万元上升到2017年的2,734.77百万元，而固定资产周转率却从2013年的3.96%下降到2017年的3.77%（见表6-16），这一数据说明企业固定资产的利用效率不高，即企业不能通过开采资源获取更多的收益，经营者就会选择通过投资新的固定资产来获取更多的资源。这样的做法，虽然降低了利用率，但是越来越多的固定资产将被投产，企业开采的资源会增多，产能过剩情况会更加严重。稀土市场需求放缓，下游增长乏力，这将使得我国资源的价格持续偏低。近几年我国产能过剩情况越来越严重，资源的价格一直偏低。对此，企业管理者想要获取更多的利润，就会选择快捷的方法获取利益——大量开采资源。

表6-15　2013~2017年北方稀土固定资产的增加情况

指标	2013年	2014年	2015年	2016年	2017年
固定资产投资额（百万元）	2,159.85	2,143.52	2,268.23	2,684.09	2,734.77
年均递增速率（%）	1.98	-0.76	5.82	18.33	1.89

资料来源：笔者根据北方稀土2013~2013年财务报告计算所得。

表 6-16　　　　　　　2013~2017 年北方稀土资产质量分析

指标	2013 年	2014 年	2015 年	2016 年	2017 年
销售收入（百万元）	8,471.93	5,837.83	6,548.81	5,113.16	10,203.98
平均固定资产（百万元）	2,138.92	2,151.69	2,205.88	2,476.16	2,709.45
固定资产周转率（%）	3.96	2.71	2.96	2.06	3.77

资料来源：笔者根据北方稀土 2013~2017 年财务报告整理和计算所得。

就煤炭开采和洗选业而言，市场对煤炭需求开始减少，造成这一现象的原因可能是由于宏观经济低迷，GDP 增速放缓，上游企业加大对煤炭的不合理开采，造成了产能过剩。从表 6-17 中可以看出我国煤炭的可供量呈现出下降趋势，同时消费量也在下降，2013 年煤炭可供量下降 0.657%，而消费量下降 3.1%，煤炭消费量的降幅要快于煤炭可供量的降幅，因此出现产能过剩，进而使得煤炭的价格持续走低。从表 6-17 中可以看出我国石油行业也出现了一定程度的产能过剩，但程度没有煤炭行业那样严重。从需求角度来看，中国石油消费增速十几年来呈台阶式加速下降趋势，预计产能过剩局面可能会进一步加剧，石油价格持续偏低。

表 6-17　　　　　我国非再生性上游资源的可供量和消费量　　　　（单位：万吨）

指标		2013 年	2014 年	2015 年
石油	可供量	49,993.90	51,861.80	55,188.00
	消费量	49,970.60	51,814.40	55,160.20
	差额	23.30	47.40	28.00
煤炭	可供量	425,014.80	411,833.50	397,073.80
	消费量	424,425.90	411,613.50	397,014.07
	差额	588.90	220.00	59.73

资料来源：国家统计局，https://data.stats.gov.cn/。

有色金属矿采选业。在长期以来供过于求局面的影响下，我国有色冶炼、加工制造领域产能过剩的问题越来越严重，企业的成本不断上升，利润不断减少，甚至出现长期的亏损。2013 年，国家开始控制产量，使生产总体保持低位增速。但是从表 6-18 可以看出，即使国家提倡去产能，但是企业为了获取利润和维持企业的经营，每年的产量还是在上升——从 2013 年 4,120.3 万吨上升到 2016 年 5,283.0 万吨，同比上升 28.22%。企业在生产中忽略了市场消费能力，这将使得产能过剩进一步加剧。

表 6-18　　　　　　　　　　我国十种有色金属产品产量

年份	全年总产量（万吨）	年均递增速率（%）
2013	4,120.3	—
2014	4,417.0	7.2
2015	5,090.0	15.2
2016	5,283.0	3.8

资料来源：中国有色金属工业协会。

就黑色金属矿采选业而言，作为大宗商品代表的铁矿石也表现出产能持续过剩的现状，这是因为世界范围内资源主要消费地区需求疲软，铁矿石价格也因此而不断下跌。对此，铁矿石公司并没有减产，而是为了维持市场份额疯狂增产。全球几大主要铁矿石开采商的逆市增产，进一步加剧了市场上铁矿石资源的供过于求。立足国内，由于中游钢铁产能过剩情况极为严重，钢铁价格下降，很多钢铁厂纷纷采用低成本策略，因此采购铁矿石的积极性不强。

面对严重的产能过剩，国家提倡供给侧改革，但企业经营者为了维持市场份额大量开采资源，却不考虑市场需求已出现疲软的事实，进一步造成我国资源价格偏低。近几年我国经济增速呈现出放缓的趋势，再加上国家提出调整能源结构，控制非再生性资源的产量和消费量，大量推广使用绿色清洁能源，实现绿色可持续发展，对非可再生性资源上游采选业的需求进一步下降，其价格也随之下降。

6.2.2　上游企业行业集中度低，企业间恶性竞争使得资源价格偏低

行业集中度是市场势力的重要量化指标。通常采用行业中排名前几家企业某些经济指标的总计数占整个行业相应经济指标的比重来体现，具体指标可以选择投入或产出方面的经济指标，例如产值、产量、销售额、销售量等；"行业中前 n 家企业"一般选择 4 家或者 8 家。行业中前 4 家企业的市场占有额标记为 CR4；行业中前 8 家企业的市场占有额标记为 CR8。

行业集中率（CRn 指数）的计算公式为：

$$CRn = \sum x_i / X \qquad (6.1)$$

其中，CRn 表示产业中规模最大的前 n 家企业的生产量，该数值越大，表示行业集中度越高，x_i 表示排名第 i 家企业的生产量；X 表示产业中所有企业的生产总量。

对行业集中度的划分类型主要采用美国经济学家贝恩的方法，具体划分标准见表 6-19。

表 6-19　　　　　　　　　　贝恩市场结构分类法　　　　　　　　　（单位：%）

市场结构	行业集中度	
	CR4	CR8
寡占 I 型	CR4≥85	—
寡占 II 型	75≤CR4＞85	CR8≥85
寡占 III 型	50≤CR4＞75	75≤CR8＞85
寡占 IV 型	35≤CR4＞50	45≤CR8＞75
寡占 V 型	30≤CR4＞35	40≤CR8＞45
竞争型	CR4＜30	CR8＜40

我国煤炭开采和洗选业、有色金属矿采选业、黑色金属矿采选业等行业集中度一直都比较低，大量企业进行无效的竞争，这是造成我国资源价格偏低的一个重要原因。针对这些情况，国家加大了对这些行业节能减排和淘汰落后产能的力度，虽在一定程度上提高了行业集中度，但各个企业都在谋求去产能的出路，忽略了行业集中度可以带来"团结起来办大事"的效应，所以从根本上未改变行业集中度低的格局，本章研究主要针对我国非再生性资源上游企业，那么我们将以上游行业为例加以说明。

（1）从煤炭开采和洗选业行业集中度看价格偏低，以煤炭为例。

20 世纪 80 年代，由于我国经济发展的需要，煤炭出现了供不应求的局面。为了解决这个问题，国家放低了煤炭行业的进入壁垒，使得很多民营煤矿和小煤矿大量出现，开始大量开采资源，由此导致我国煤炭行业集中度不断下降。这也进而使得我国煤炭行业长期存在过度竞争和煤炭价格持续走低的现象。在本书中，我们采用煤炭产量来测算 CR4 和 CR8。这是因为一方面产量与企业的生产规模紧密相关；另一方面产量较其他指标更容易获得，使计算能够更加方便准确。

结合表 6-19 和表 6-20 可以看到，我国煤炭行业以 CR4 和 CR8 衡量的行业集中度一直都是偏低的。即 CR4 指数未超过 30%，同样 CR8 指数也未超过 40%。根据贝恩市场结构分类，属于竞争型的市场结构。一方面不能形成行业的规模经济，另一方面在开采中还出现了吃"菜心"的情况。非再生性资源上游企业在开采中对资源采富弃贫，采易弃难，因此造成了严重的生态环境问题。为了改变这种情况，政府加快推进煤炭企业的兼并与重组，减少小煤矿的数量，形成规模化煤炭行业。近几年我国煤炭行业集中度显著提高，从 2013 年 CR4 指数为 22.34% 上升到 2017 年的 27.23%，同比增长了 21.89%。这说明我国煤炭产业正逐步向寡头 V 型市场趋近，过度竞争将得到一定程度的缓解。

表 6~20　　　　　2013~2017 年中国煤炭产业 CR4 和 CR8 指数统计

年份	前四家企业产量（万吨）	前八家企业产量（万吨）	全国总产量（万吨）	CR4（%）	CR8（%）
2013	88,776	41,790	397,400	22.34	32.86
2014	96,335	43,824	387,400	24.86	36.18
2015	90,713	44,323	366,300	24.76	36.86
2016	82,115	122,476	336,000	24.43	36.45
2017	95,857	139,878	352,000	27.23	39.74

资料来源：笔者根据中国煤炭工业协会数据整理并计算得出。

我国煤炭市场已出现长时间的供过于求现象，煤炭价格受此影响一直在下降。我国煤炭行业一直都是竞争型的市场结构，大型煤炭企业不足以对市场产生影响力。如果提高行业集中度，则前几家大型公司就会在供过于求、价格下降的时候控制产量，提高煤炭价格。但是由于我国煤炭行业集中度低，市场出现供过于求时，各煤炭企业纷纷通过扩大产能，增加产量，竞价销售的方式来维持自己的市场份额。由于企业间形成了过度竞争，煤炭价格也随之下降。

（2）从有色金属矿采选业行业集中度看，资源价格偏低。

在 20 世纪 80 年代，由于经济发展的需要，我国降低了有色金属行业的进入壁垒，使得有色金属行业缺乏规模经济，从而产生了很多小企业。但是由于我国有色金属行业的退出壁垒高，很多小企业很难退出，由此导致我国有色金属行业集中度一直不高。在本书中我们采用有色金属销售收入来测算 CR4 和 CR8。

结合表 6-19 和表 6-21 可以看出，我国有色金属行业以 CR4 和 CR8 衡量的行业集中度一直都是偏低的，其中 CR4 指数一直未超过 30%，同时 CR8 指数也未超过 40%。根据贝恩市场结构分类，属于竞争型的市场结构。即我国前四家大型有色金属企业对我国有色金属整个行业的市场影响力和支配力不足。有色金属行业产品差别化程度较低，深加工的技术还不成熟，因此企业很少对产品进行继续加工，企业间产品的差异很小。当市场出现供过于求时，各有色金属企业面对这种情况，纷纷通过竞价销售维持自己的市场份额，进而导致企业间形成无序竞争，有色金属的价格也随之下降。

（3）黑色金属矿采选业的行业集中度低，且资源价格偏低。

由于我国黑色金属行业集中度低，因此黑色金属行业中存在小型企业居多且分散的特征。但是小企业的生产能力小，同时因小型企业占领市场，使得企业之间的竞争越来越激烈，在钢铁行业普遍产能过剩的情况下，黑色金属的资源价格随之下降。各黑色金属企业面对这种情况，纷纷通过低价销售维持自己的市场份额，因此造成无序竞争，进一步加剧了黑色金属价格偏低的情况。

表 6-21　　2013~2017 年中国有色金属行业 CR4 和 CR8 指数统计

年份	前四家企业销售收入（亿元）	前八家企业销售收入（亿元）	有色金属行业总销售收入（亿元）	CR4（%）	CR8（%）
2013	5,346.9	7,514.3	48,092.3	11.1	15.6
2014	10,957.8	15,092.8	52,420.6	20.9	28.8
2015	11,035.1	16,543.0	52,473.1	21.0	31.5
2016	10,903.3	14,733.4	53,911.1	20.0	27.0
2017	13,350.0	20,336.5	57,051.1	23.0	36.0

资料来源：笔者根据国泰安数据库、Wind 数据库和中国企业 500 强排名整理并计算得出。

6.2.3　未将生态成本完全计入，使得我国资源价格偏低

我国资源价格偏低的实质是资源价格没有反映出资源的稀缺性和生态成本。这种偏低的价格缺乏对经营者、投资者和消费者的激励和约束，在一定程度上加剧了对资源的过度开发和过度浪费。我国对资源进行定价时几乎只考虑了资源的生产成本，忽略了在资源开采和生产过程中不可避免地会对生态环境造成破坏所支付的费用，即未考虑生态成本；同时我国相关资源生产企业所需缴纳的资源税费很低，且企业用于生态恢复或环境污染治理的费用不能完全计入资源价格，因此这种定价没有反映出资源的真实价值，致使资源价格偏低。

企业在发展中忽略了生态成本是不是致使我国资源价格偏低的主要原因？针对这一问题，在生态投入方面，将我国相关企业与美国康索尔能源公司进行对比分析，如表 6-22 所示，通过分析生态投入在企业总收入和总成本中所占的比重，以此来推测出我国资源价格偏低的原因。

在本部分的研究中，我们选取并分析了我国非再生性资源上游五个行业中的企业，发现能够详尽披露生态成本的上市公司较少，同时披露的信息大多都在企业年度财务报告和社会责任报告中，而且大多数企业只是披露非货币性信息。此外，上市公司对有关生态成本信息的披露大多流于形式，不够完整，这对于信息使用者来说，缺乏实质的研究意义。而造成这一现象的主要原因是因为我国对关于生态成本披露的法规体系不健全，另外，企业对于采用货币形式还是非货币形式具有较强的随意性，不同的披露形式使得各企业披露的生态成本信息缺乏可比性。

表6-22　　　　　　　　　　　环保投入占总收入的比重

公司	财务项	2014年	2015年	2016年
中国神华能源股份有限公司（中国神华）	环保资金投入（万元）	725,700	579,000	260,500
	总收入（万元）	24,836,000	11,706,900	18,312,700
	占公司总收入的比重（%）	2.92	4.95	1.42
	总成本（万元）	16,323,300	11,042,700	11,076,900
	占公司总成本的比重（%）	4.45	5.24	2.35
美国康索尔能源公司	环保资金投入（万元）	104,789	115,130	157,821
	总收入（万元）	2,377,051	1,706,265	1,534,198
	占公司总收入的比重（%）	4.40	6.75	10.29
	总成本（万元）	1,293,314	930,001	857,821
	占公司总成本的比重	8.10	12.38	18.40
中国石油化工股份有限公司（中国石化）	环保资金投入（万元）	115,700	188,700	248,000
	总收入（万元）	282,591,400	201,888,300	29,477
	占公司总收入的比重（%）	0.04	0.09	0.13
	总成本（万元）	242,901,700	159,277,100	1,492,165
	占公司总成本的比重（%）	0.05	0.12	0.17
山西兰花科技创业股份有限公司（兰花科创）	环保资金投入（万元）	3,448	3,866	3,893
	总收入（万元）	521,590	456,452	435,761
	占公司总收入的比重（%）	0.66	0.85	0.89
	总成本（万元）	363,544	333,862	527,190
	占公司总成本的比重（%）	0.95	1.15	0.74
河南豫光金铅股份有限公司（豫光金铅）	环保资金投入（万元）	1,300	1,800	748
	总收入（万元）	887,917	1,097,522	1,356,550
	占公司总收入的比重（%）	0.15	0.16	0.06
	总成本（万元）	850,250	1,076,180	1,272,035
	占公司总成本的比重（%）	0.15	0.17	0.06
云南锡业股份有限公司（锡业股份）	环保资金投入（万元）	33,623	23,740	19,952
	总收入（万元）	2,613,364	3,107,920	3,342,905
	占公司总收入的比重（%）	1.29	0.76	0.60
	总成本（万元）	2,453,564	3,001,696	3,291,850
	占公司总成本的比重（%）	1.37	0.79	0.61

资料来源：各公司财务报告、社会责任公告、环境报告书、可持续发展报告、www.consol energy.com。

单看我国企业在生态治理方面的投入，可以观察到中国神华作为我国最大的煤炭生产商，环保资金的投入从 2014~2016 年呈下降态势。其主要原因可能是近几年我国煤炭行业普遍产能过剩，而且煤炭的价格一直偏低，因此企业在生态方面的投入就会相应的减少。由于生态投入本身在总收入中占很小的比例，所以，虽然中国神华在 2014 年投入的环保资金相对较多，约为 725,700 万元，但是仅占总收入的 2.92%。兰花科创是我国的煤炭企业中披露环保治理信息比较好的企业，但是从表中数据可以看出其治理情况并不是很乐观。兰花科创环保资金从 2014 年的 3,448 万元上升到 2016 年的 3,893 万元，占总收入的比例不超过 1%，可见兰花科创在生态方面的投入微乎其微。这种现象不仅存在于煤炭企业，我国上游产业中的有色金属企业同样存在这种现象。豫光金铅的环保资金投入，由 2014 年的 1,300 万元下降到 2016 年的 748 万元，仅占总收入的 0.6% 左右。中国石化作为我国特大型石油石化企业集团，2016 年在生态方面投入仅占收入的 0.13%。通过对上游产业中的几家公司进行分析，可以得出一个共同的结论：我国上游产业中，不论是大型企业还是中小型企业，在生态方面投入的资金都十分有限。这是因为由于恢复生态以及治理生态需要大量和长时间的资金投入，而企业是以营利为目的的，因此并不是每个企业都愿意在生态方面花费时间和金钱。

但是，近几年我国产能过剩和资源价格一直偏低的事实告诉我们，不注重生态的企业在未来是不可能发展下去的。我国资源价格低，因此企业经营者多秉承"薄利多销"的经营理念，殊不知此种经营理念对于今天的中国来说已然是不适用。我们可以通过提高资源的价格来实现资源的真正价值，这需要将企业治理时所付出的生态成本含入价格之中，做到从根本上提高资源的价格。这种做法，不仅对资源所在地的生态进行了治理，同时也改变了区域内居民的生活状况，使"资源诅咒"变为"资源福音"。

我国与发达国家生态成本产生差别的后果与原因，从表 6-22 中可以窥探一二。神华集团在生态治理方面的投入比例远低于康索尔能源公司，其他企业的环保投入比例与美国康索尔能源公司相差也较大。在前文我们提到国外资源价格高是因为在定价时考虑了生态成本，但从康索尔能源公司的数据看，该公司的生态投入比重也不是很大，那是不是我们之前的观点是错误的呢？答案当然是否定的。这是因为美国证监会早在 1993 年发布的《92 财务告示》（SAB92）就要求上市公司对现存或潜在的环境责任进行充分及时的披露。长期以来对生态环境的治理，使得美国生态环境破坏情况逐渐好转，因此减少了之后再在保护生态环境上的投入。由此，国外资源价格较我国来说高是因为在资源定价时，很早加入生态成本。近些年我国企业也逐渐加大对保护生态环境的投入，为什么我国资源价格还是偏低呢？一方面是由于虽然我国企业投入一部分的资金去治理生态环境，但是企业投入的生态资金带给公司的收益是微乎其微的，因此，企业将不会在之后的经营生产中增加对环保资金的投入，而是转而投向更快获得收益的其他方面；另一方面是由于生态成本在总成本所占的比例很小，不足以对企业的总成本造成很大的影响，所以对资源进行定价时就会忽略这部分成本。

基于以上论述，得到我国非再生性资源价格偏低的主要原因是由于上游开采企业未能将生态成本合理内部化。为了进一步分析，我们以西北地区非再生性资源的定价偏低为例。

我国西北地区煤炭储量大、种类齐全，煤炭资源埋藏较浅，煤田地质条件好，开采难度小，而且西北地区资源价格普遍来说是比较高的，但是拥有丰富资源的我国西北地区为什么还是改变不了落后穷困的面貌？其主要原因是我国西北地区为了改变这种面貌大量开采资源以求获得较高的收益，但是生态环境也在超负荷运转中产生了严重的问题。资源价格高的一部分原因是运输成本高，企业将这部分成本加入其中，但是这部分收入不属于企业，而是要上缴国家，所以对企业和区域没有产生实际的收益。虽然资源价格高，但是市场需求依旧很大，那我们可以认为，企业和个人因为资源价格高望而却步，而品质变为其主要的考虑因素。因此当完善交通运输网络后，企业负担的运输成本会大大降低，运输成本下降的同时，可以将生态成本加入价格之中，而加入的这部分生态成本产生的收益是真正属于企业的。一方面加入生态成本可以从根本上提高资源的价格，另一方面由于加入生态成本可以督促企业对西北严重的生态问题进行治理。因此，应该在保证质量的前提下，将生态成本嵌入资源价格之中，真正提高我国资源的价格。

我国非再生性上游企业长期以来在资源的定价过程中没有考虑到生态成本，只注重生产成本。这种价格机制严重割裂了资源与区域的供给特性，它只是以市场需求来决定资源的市场价格，忽略了企业在开采资源时造成的生态破坏，及其治理所要付出的生态成本。为了改变这种定价机制，可以通过资源税费改革来实现。完善资源的定价机制，要求企业在资源价格中考虑到生态成本，同时通过税费改革使更多的资金用于对资源所在地的生态环境进行治理，实现企业与区域的协调发展。

我国资源税改革时细化了资源税的税目（见表6-23），将煤炭分为焦煤和其他煤炭，虽然资源税率进行了调整，但是税率相较美国（平均资源税率为12.5%），加拿大（18%~20%）还是比较低的。其中征收最高税额的是固体盐：10~60元/吨，征收最低税额的是煤炭中的其他煤炭：0.3~5元/吨。但是从我国国内来说，从价计征（数量×单价×税率）在一定程度上已经取得了一些效果。从价计征指按照征税对象的销售金额来计征，资源税以产品的销售金额为纳税依据，单位产品负担的税额随着应税资源价格上升或下降而做出相应的改变，可以及时地反映资源的市场供需关系。同时，此次改革对资源税的调整很明显提高了税率水平，增强了资源税对非再生性资源上游企业的影响力，同时也为生态成本计入资源价格提供了更有利的条件。

表6-23　　　　　　　　　　　新旧资源税目

新税目		旧税目	
税目	税率	税目	税率
一、原油	销售额的5%~10%	一、原油	8~30元/吨
二、天然气	销售额的5%~10%	二、天然气	2~15元/千立方米
三、煤炭 焦煤	8~20元/吨	三、煤炭	0.3~5元/吨
三、煤炭 其他煤炭	0.3~5元/吨		
四、其他非金属矿原矿 普通非金属矿原矿	0.5~20元/吨或者立方米	四、其他非金属矿原矿	0.5~20元/吨或者立方米
四、其他非金属矿原矿 贵重非金属矿原矿	0.5~20元/每千克或者每克拉		
五、黑色金属矿原矿	2~30元/吨	五、黑色金属矿原矿	2~30元/吨
六、有色金属矿原矿 稀土矿	0.4~60元/吨	六、有色金属矿原矿	0.4~30元/吨
六、有色金属矿原矿 其他有色金属矿原矿	0.4~30元/吨		
七、盐 固体盐	10~60元/吨	七、盐 固体盐	10~60元/吨
七、盐 液体盐	2~10元/吨	七、盐 液体盐	2~10元/吨

目前，我国资源行业处于低迷时期，资源行业出现了产能过剩进而导致资源价格偏低，部分企业亏损甚至破产。而实行从价计征，增加了企业的税负（王新红、聂亚倩，2017）。首先，在一定程度上降低了资源开发强度，缓解了结构性产能过剩的局面。其次，税负的增加有利于大企业的生存，从而实现资源禀赋战略重置下的大企业收购兼并小企业，让资源行业走上规模化道路。最后，使得"资源稀缺"理念深入人心，减少人们对非再生性资源的依赖，真正意义上实现节能。在实行从价计征的宏观背景下，企业充分考虑空间价值，将生态成本计入资源价格中，提高资源价格，国家会获得更高的税收收入，因此也有了充裕的资

金对当地的生态进行治理。此外，国家因资源税费的改革获得了更多的税收收入，应该将其中的一部分用于资源区域的治理，做到政府与企业治理相结合，实现企业与区域的同步发展，坚持与区域内的人民共享企业发展的成果，实现企业与区域的和谐发展。

6.2.4 可替代资源的增多对非再生性资源价格造成冲击

我国资源价格偏低的第四个原因就是可替代资源多，市场对非再生性资源的需求减少，进而对可再生性资源价格造成冲击，这对于我国非再生性资源来说是把双刃剑。其中好的影响是减缓了资源的耗竭速度，而不好的影响是我国资源的价格会因此而偏低。

一是从煤炭开采和洗选业角度看可替代资源增多对价格的影响。煤炭资源的价格持续走低，这是由于国家对非再生性资源消费量控制和对消费结构的调整。同时，绿色发展、可持续发展的理念逐渐被越来越多的企业所接受，因此使得我国对煤炭资源的需求大幅度减少。为了改变煤炭作为我国发展的主要能源这种能源结构，加快清洁能源替代利用不失为一种好的解决办法，主要替代资源有太阳能、水能、生物能等。煤炭作为发电的主要能源，被广泛用于发电企业，但是近些年出现了发电企业不购买煤炭的现象。出现这种现象主要是由于水电和太阳能已发展为成熟产业，风力发电发展条件也已具备。发电企业采用替代能源发电，不仅能够降低对生态环境的污染，还可以延缓非再生性资源枯竭的时间。除此之外，生物能发电也得到了应用，如利用日常生活中的垃圾或沼气的燃烧来发电。例如，德国和美国最早使用生活垃圾进行发电；在深圳，垃圾发电厂已运行了几年。在我国，生物能发电尚处于起步阶段，但沼气发电等技术已得到应用。生物能发电，不仅成为一种新的发电方式，还为城市垃圾处理，减少环境污染带来新的解决方式，这对于我国来说是一项重要的发现，值得关注并发展。以上分析都表明，新资源、新技术的出现给我国传统资源价格带来了巨大的冲击。

二是从石油和天然气开采业角度看可替代资源增多对价格的影响。以石油为例，能源消费结构使得我国对石油的依赖程度增强，但是由于油价的滞后性，使得我国在国际市场上处于被动地位。为改变这种状况，必须尽快改变这种能源结构，由此出现了很多的替代资源和替代技术。

三是从有色金属矿采选业角度看可替代资源增多对价格的影响。以稀土为例，近年来我国稀土价格持续低迷，这是因为以前高昂的稀土价格迫使稀土使用者寻找替代资源和替代技术，从而降低了对稀土产品的需求，同时也降低了对稀土产量的依赖，影响了稀土资源的价格。稀土主要用于高精尖技术行业，如电子、军事、石油化工领域，稀土对一个国家的发展是非常重要的，因此各个国家积极探索稀土资源的替代资源。日本在电子材料方面以锌替代钢，用来生产透明电极。日本除了探索替代资源外还研究出很多的替代技术，如稀土永磁体技术。日本丰田公司开发出无稀土电动机马达、LED照明显示技术，抑制了对传统稀土发光材料的需求，影响了稀土的价格。

我国非再生性资源上游产业供给侧价值链治理中存在的主要问题是资源价格偏低。本书从四方面对其进行了阐述：其一，是我国特殊的国家治理结构；其二，是行业集中度低，企业间无效的竞争；其三，是生态成本未计入资源的价格之中；其四，是随着技术的进步，可替代的资源逐渐增多。通过这四方面的分析，可以全面了解我国资源价格偏低的原因，为我国从根本上提高资源价格做好准备。

6.3　我国非再生性资源上游产业供给侧价值链治理路径的建构

6.3.1　将生态成本介入价格中，重塑利益协调机制

在前面的研究中，通过对煤炭、铁矿石、铝的国内外价格进行对比，可以很清楚地看到我国非再生性资源的价格低于国外资源的价格。我国资源价格偏低的实质是对非再生性资源进行定价时，未将生态成本考虑其中。基于我国非再生性资源价格低的事实，我们拟将生态成本介入价格标签，即我国企业应该将用于生态恢复或环境污染治理的费用完全计入资源价格，也就是将生态成本合理内部化，重塑资源开采中各利益主体的利益协调机制。

资源富集地区的居民并未因资源开发而富裕起来，"繁荣"中的贫穷成为当地一大特征。资源所在地居民在企业中所从事的基本都是简单工作，薪酬水平普遍偏低。当地居民不仅没有因企业在当地开采资源而获得更多的收益，还要承受资源开发过程中对生存环境造成的危害。当地居民希望企业在发展的同时能对他们生活的生态环境进行修复。这是因为企业如果不注重保护当地生态环境，大量开采资源，当一个地区的资源开采完之后，企业搬离，留给当地居民只是一片狼藉，他们的生活将变得更加困难。居民渴望在利益分配中取得属于自己的利益，但在利益分配中往往处于被动地位，无法通过有效途径获取应有利益。

开采资源所获得的收益，除了上缴国家的资源税费外，在进行利益分配时企业占有绝大部分的收益，很少考虑到资源所在地的居民，只有很少一部分企业进

行了分配且其中大部分是国有企业。企业对当地居民的利益分配主要体现在实物补偿方面，即在资源所在地修建公路等基础设施，以及通过低于市场的价格向居民销售资源等。企业通过在资源所在地修建公路等基础设施来实现企业与当地居民的利益协调，不单单是针对居民的实物补偿，也有利于资源企业将资源运送出去获取收益。企业以低于市场的价格向居民销售资源，是因为资源所在地居民购买资源，不需要企业承担过高的运费，因此价格低于市价；其余与当地居民有关的利益分配则体现在出现一些特殊事件时的救助上。除此之外，我国还未有明确的法律法规规定资源型企业必须对资源所在地居民进行利益的分配。因此，在资源开采后当地居民获得的收益微乎其微。因此，我们认为应该采取一些措施来重塑各利益主体的利益协调范围。本书将从以下几个方面分别论述纳入生态成本以后如何重塑利益协调机制。

一是完善资源产品价格形成机制。我国的资源价格长期以来都是只反映资源的生产成本，国家应改变这种定价格局，将资源的生态成本包含在定价当中，从根本上提高我国资源的价格。一旦提高资源价格，企业获得的利润也随之增多，也就有了充裕的资金对当地的生态环境进行治理，从而改变当地居民的生活环境。因此，企业的发展应与当地的发展相结合，积极关注区域因资源开采出现的问题，并及时解决。将企业在资源开采之后，对问题恢复所发生的费用以合理的方式计入资源产品的价格当中，让企业真真切切的将生态成本合理内部化。坚持与区域内的人民共享企业发展的成果，实现企业与区域的协调发展，使得当地居民收益和企业效益同步增长。例如，中国神华一方面在资源开采地为当地居民提供更多的就业岗位和良好的生存环境，另一方面积极投入沉陷和棚户区的改造和矿区居民安置工程，使居民得到妥善安置和合理补偿，同时在欠发达地区，积极扶持地区特色优势产业的发展。居民依靠着区域，区域依靠着企业，企业依靠着资源，而居民也依靠着资源，这是一个相辅相成、不可分割的循环模式。资源对企业和居民都是十分重要的，因此企业在开采资源过程中需要从源头上注重生态资本的投入，及时治理生态环境，为区域的长久发展提供保障。

二是进一步充分落实资源税制改革。我国资源企业产能过剩、资源价格偏低的现象与发达国家相比，仍不容乐观。充分落实资源税制改革，可在更大程度上缓解资源企业的产能过剩和资源价格偏低的现象，提高公众的节能意识。在对资源开发利益进行分配时，国家收益的实现主要是通过企业向国家缴纳资源税。由于资源价格低导致国家对矿产资源的合法收益未能充分实现，因此国家没有对资源所在地的生态环境投入更多的财力去治理。但是，随着我国资源税修改为以价计征后，在一定程度上已经取得了一些效果，单位产品税额随着应税资源价格上升或下降而作出相应的变化，此次改革增强了资源税对非再生性资源上游企业的影响力，同时也为生态成本计入资源价格提供了更有利的条件。此外，国家因资源税费的改革获得了更多的税收收入，因此应该将一部分用于资源区域的治理。进一步充分落实资源税制改革，发挥税制改革的优势，改善我国资源企业的产能过剩和资源价格偏低的现象，实现真正意义上的非再生性资源上游企业供给侧价值链重构效果。

利益协调就是要对利益分配制度进行改革，保证资源地政府财政和当地居民的利益。因此，在完善资源产品价格形成机制、建立资源生态环境补偿机制以及进一步充分落实资源税制改革的层面上，协调好各方利益。同时要求当地居民、企业以及政府都要参与到资源地的生态环境治理中。其中上游企业不能仅仅依靠国家，应在企业内部树立起保护生态环境的意识。自觉在每一次资源开采时，提前拿出一定比例的资金用于治理生态环境；自觉在每年年初做好生态治理的资金预算数；另外从企业的利润中划出一部分作为公益及发展基金，用于当地的基础设施和公益建设，让当地居民共享资源开发的成果。政府在利益协调过程中发挥主导作用，完善资源所在地的公共基础设施建设，为当地居民和企业提供便利的条件。

6.3.2 提高我国上游产业的行业集中度，同步提升效率

基于上述研究可知，目前我国非再生性资源上游企业为竞争型的产业结构，行业集中度低，形成了企业间的无序竞争，使得非再生性资源的价格持续偏低。提高行业集中度，是提高我国资源价格的重要一步。

减少政策壁垒，推动企业间并购与重组。这有利于提高行业集中度，减少无效竞争，进而有利于缓解我国资源价格偏低的现象。我国中小企业因其特定的优势——对优质资源获取较为容易，但由于中小企业不像国有企业拥有雄厚的资金优势，对生产技术的更新和对产品的研发存在滞后性。国有企业拥有先进生产技术，想要通过市场将其兼并，但由于中小企业本身拥有的资源优势，存在一定的难度。针对这一情况，政府应制定相应的政策来鼓励中小企业与大型企业进行合并，并且为合并后的重组提供支持。这样一来，可以减少合并重组过程中的障碍，同时兼顾合并双方的利益，使合并后获取的优质资源发挥充分效用。

跨地区、跨行业以资源、市场需求为导向的联盟。跨地区、跨行业以资源、市场需求为导向的联盟有利于提高行业集中度，有利于将不同优势整合在

一起共同实现降低资源价格、缓解产能过剩的战略目标。其中联盟的方式包括纵向联盟、横向联盟和混合联盟。首先，联盟的目的应该明确。资源企业在联盟时必须明确自己想从联盟中获得什么样的利益——或以缓解产能过剩为目的，或以通过联盟提高资源价格为目的。其次，联盟应该选择恰当的战略伙伴。战略伙伴的选择并不是以对方资源企业规模，资源多寡作为联盟的主要方面，而是以是否能实现联盟目的为主。伙伴企业的战略和文化无法一致的时候，可能会造成开采出来的资源不合格、利益分配不均衡以及团队无法合作等问题。最后，提高对战略联盟的风险管控。企业在寻找联盟伙伴企业时应该加强事前的调研和分析，强化预防性的事前控制，减少联盟中可能出现的商业欺诈和盗取资源开采等相关技术机密等事件的发生。大型资源企业之间通过跨地区、跨行业的联盟，将价值链上的上游企业和中下游企业进行联盟，将企业的优势整合成价值链企业的核心竞争优势，实现价值链上企业的运转高效化、经营优质化和市场中的不可替代化，进而为缓解资源企业的产能过剩问题提供综合能力，提高在资源市场上对资源定价的话语权。例如，采用纵向联盟。通过和纵向价值链的资源企业联盟，控制销售过程和渠道，有利于快速地了解市场，增强资源企业对消费者需求变化的敏感性，提高企业产品的市场适应性和竞争力，有利于我国上游企业及时根据市场需求对资源的供给提出适时的改变，能有效地减少产能过剩。

政策导向控制资源产量，提升上游企业平均规模。我国非再生性资源上游企业在国家宏观政策的指导下，行业集中度有所上升，企业的平均规模也逐渐增大。但是上游产业中仍存在着大量中小企业，企业规模小，资源产量大。因规模的扩大，企业对资源的开采量上升，产量大幅度增加导致产能过剩变得日益严重，随之而来的就是面临资源价格下降的消极影响，而非规模经济带来的积极影响。要解决这一问题，重点就是确保企业规模扩大的同时产量不出现大面积的增加。一方面落实监管措施，对现有行业中没有达到国家规定规格的进行取其精华——合并，弃其糟粕——彻底清理，做到控制产量的同时提升企业的质量；另一方面对新矿的开采建设进行严格把关，对后续开采进行监督，防止产能扩大。

宏观限制投资规模的扩大，为大企业兼并小企业提供财务便利，进而提高行业集中度。上游企业输出过剩产能，用另一种方式提高我国资源的价格。"一带一路"倡议实施后，中国加强了与沿线国家的交流，可以将一些产能过剩企业转移到一些产能不足的国家和地区，积极开拓国际市场，利用国际市场消化一部分过剩产能，提高我国非再生性资源的价格。在我国，因为产能过剩而使一些产业的产品失去了价格竞争力，也许在一些产能不足的国家会使这些产业的产品价格回归到真实的价值。由于产业转移引致的产业转型升级更是机遇无限，比如技术改造、研发投入等都会给提高我国资源价格打下坚实的基础。

我国非再生性资源上游中小企业应合理控制投资规模，减少对固定资产的盲目投资，限制投资规模的扩大，有利于为非再生性资源上游大型企业兼并重组小企业提供财务便利，有利于提高行业集中度。首先，企业在投资前应做好评估。企业应对企业资源产品的现有市场进行专业分析，考察新增资产的必要性，预测投入新增资产的投资回报率。其次，加大有关部门参与投资的力度，提高投资的透明度、科学性和合理性。再其次，合理估计企业承担新增资产的能力。上游开采资源的企业应合理估计新增资产是否会给企业带来规模经济的效应。过高的估计企业承担风险的能力，会导致企业资产闲置或者产能过剩。最后，从财务角度估计新增资产的后果。

6.3.3 空间价值期权评估为生态治理提供了一种新方式

长期以来都存在一种现象，那就是"中国卖什么，什么便宜"。在前面的研究中我们可以看到在我国非再生性资源上游企业中同样出现了这个问题，其最主要原因就是我国在对非再生性资源定价时忽略了生态成本，也就是企业管理者未将环境约束和资源供给能力相结合，同时未对上游企业所在区域的空间价值，即生态价值进行考虑。在企业管理者任职和离任之际进行评估，出现了企业管理者在生产中只注重当前收益，未考虑企业的未来价值等情况。企业经营者在任职过程中认为他们没有必要为提高公司股价而冒险，股价上涨带来的收益是归于股东，如若失败，则在他们的任期内会对声誉有所影响。

为解决这个问题，我们基于空间价值视角，拟采用期权激励的管理方式，目的是通过将经营权和所有权进行匹配，改变以往国有企业经营者的薪酬机制，将经营者的长远收益和公司所有者关于实现利润最大化的同时实现企业可持续发展的目标联系在一起。也就是企业管理者将环境约束和资源供给能力相结合，激励企业管理者在生产中既强调当前收益，又考虑未来价值。将代理人的自身收益与企业经营状况联系到一起，有利于激励代理人积极努力工作，对企业的经营活动作出及时有效的决策，减少机会主义行为；有利于促使经营者关心未来企业的切身利益，认识到个人效用最大化的前提是企业效益最大化，从而使两者目标一致性达到最大化。期权是一种双赢的结果，既能有效的保障企业考虑生态环境实现企业的长久发展，又对个人的努力进行了肯定和回报。

这种方式对于非再生性资源上游企业来说，避免了上游企业经营者因利润减少而过度开采资源和过度使用或投资新设备来谋求短期内的经济增长来粉饰自己任职期间的政绩。

对于上游企业来说，加入期权的真正意义是将生态成本加入期权之中。所以，企业代理人未来想获得更好的收益，就会想办法改变以往只大量开采资源而不对资源所在地生态进行治理的情况，进而在日后的任期内，提高对资源的利用和对当地生态环境的保护与治理，实现企业健康可持续的发展。下面，我们着重介绍一下实行股权激励应注意的问题。

应该建立并完善职业经理人市场。一是选拔职业经理人。这个经营者不能是直接任命的官员，应该是经过选拔的职业经理人。经过选拔上来的人才往往是一批人当中较为优秀的人才。他们或多或少具有一些管理实践能力，能为企业经营进行相应的指导。二是完善选拔流程和方式。企业应该通过智力测验、水平和悟性测验以及业务考核和个性测试等方式综合考察职业经理人。通过人才市场的竞争机制为国有上市公司选拔优秀的职业经理人，使经营者的能力能够得到提升，进而促使公司长期健康发展，改变产能过剩和价格偏低的局面。实行期权激励，有利于企业经营者关注企业长期的经营效益、区域的空间价值和提升企业的内在价值。

应该综合使用股价和综合财务指标体系作为行权的标准。用来考核代理人的财务指标分为市场化财务指标（股票价格增长率等）和非市场化财务指标（包括平均净资产收益率、净利润增长率等）（袁振兴，2016）。市场化财务指标因为受到会计行为的影响，容易被会计人员和代理人合谋对其进行操控，所以采用市场化财务指标应该谨慎；非市场化财务指标与代理人的行为绩效息息相关，不易受到市场和隐藏行为的操控，更能体现代理人的绩效。我国上游企业的经营者实行期权制度，可以使经营者更多的关注当地的生态环境治理。如果对生态环境不进行治理，企业的存续时间会变短，企业的业绩因资源的减少和资源品质的下降而逐年减少，则企业经营者购买的期权也就不会有更好更长久的收益。所以，企业经营者在经营期间注重对生态的保护与治理，有利于实现个人长远的收益。同时，实行期权激励可以使企业经营者在考虑目前业绩的情况下，考虑企业长远的发展。即使经营者离任，企业的好业绩仍会通过其在任期间购买的企业期权，在未来期间内给代理人带来更好的收益。总的来说，在我国上游企业实行期权制度就是为了实现把企业管理者业绩与区域的空间价值挂钩——要求企业在发展的同时注重生态环境的保护，降低对资源所在地的环境破坏，同时在对资源进行定价时考虑到生态成本，从根本上解决我国资源价格偏低的问题。我国企业在实行股权激励时，激励的标的物主要有股票期权、限制性股票激励、股票增值权。

我国非再生性资源上游国有企业实行股权激励的很少，在此以焦作万方铝业有限公司股权激励为例做一阐述。焦作万方铝业有限公司（属于有色金属行业，以下简称"焦作万方"）已经形成了较为完善的煤电铝加工一体化的运营模式，在行业内有较强的竞争力。近年来，国际经济形势不容乐观，我国同样也面临着经济下滑的压力，经济发展进入了新的阶段，结构调整和增长动力已经发生了变化。焦作万方所处的有色金属行业进入了产能过剩的困难时期，其产品的需求大幅下降、行业间竞争加剧，致使我国铝市场价格同比下降，铝价将在一段时间内在低位运行。在铝行业产能过剩矛盾日益突出、市场竞争日益激烈的情况下，铝行业产业结构的升级势在必行。在实行期权激励时公司制订了限制性股票激励方案。从表6-24中可以看出，本次股票期权激励总数为1,948万股，其中首次激励授予1,789万股，有159万股为预留股权，限制性股票激励对象人数共计254人。

表6-24　　　　　　　　2013~2015年焦作万方股票期权激励计划

激励模式	限制性股票激励			
股票来源	焦作万方向激励对象定向发行的焦作万方A股普通股股票			
授权数量	授予的限制性股票数量不超过1,948万股			
行权价格	4.695元/股			
激励对象	公司的董事、中高层管理人员以及公司认为应当激励的核心技术人员			
行权条件	净资产收益率指标：自2013~2015年，考核期内，公司每个考核年度的净利润和净资产收益率不能低于行业平均水平			
	考核结果（S）	S≥90	90＞S≥80	80＞S≥60	S＜60
	评价标准	优秀（A）	良好（B）	合格（C）	不合格（D）
	解锁系数	1.0	1.0	0.8	0

资料来源：焦作万方2014年股权激励计划。

基于表6-24的计划，表6-25全面分析和制定了适用于该公司的限制性股票激励计划，表6-26反映了焦作万方的限制性股票激励行权情况。

在业绩考核方面，焦作万方在股权授予与股权行权方面主要选取的是净资产收益率。焦作万方2013~2016年的净资产收益率，与几家同行业上市公司2013~2016年的净资产收益率如表6-27所示。

表 6-25　　　　　　　　　　限制性股票激励授予明细

公告日期	激励标的物	激励股票种类	标的物来源	本次激励对象人数（人）	本次授予激励数量（股）	本次激励数量占总股本比例（%）	本次授予高管权益（股）	本次授予核心技术业务人员权益（股）	行权价格（元）
2017年3月14日	限制性股票	A	定向发行	246	22,289,400	1.87	5,796,000	16,493,400	2.47
2016年5月26日	限制性股票	A	定向发行	246	22,289,400	1.87	5,796,000	16,493,400	2.47
2016年5月26日	限制性股票	A	定向发行	21	912,600	0.08	486,000	426,600	4.46
2016年3月8日	限制性股票	A	定向发行	246	31,842,000	2.65	8,280,000	23,562,000	2.47
2014年9月18日	限制性股票	A	定向发行	21	1,825,200	0.15	972,000	853,200	4.46
2014年8月22日	限制性股票	A	定向发行	22	1,836,000	0.15	972,000	864,000	4.46
2014年3月6日	限制性股票	A	定向发行	247	32,022,000	2.74	11,700,000	20,322,000	2.47
2014年2月8日	限制性股票	A	定向发行	251	32,130,000	2.75	11,700,000	20,430,000	2.47

资料来源：国泰安数据库。

表 6-26　　　　　　　　　　限制性股票激励行权明细

公告日期	激励标的物	激励股票种类	标的物来源	实施阶段	占公司总股本的比例（%）	行权价格/授予价格（元）
2017年3月14日	限制性股票	A	定向发行	第一次授予，第二次解锁	0.8013	2.47
2016年9月30日	限制性股票	A	定向发行	第一次授予，第二次解锁	0.0765	4.46
2016年5月26日	限制性股票	A	定向发行	第一次授予，第二次解锁	0.8011	2.47
2016年5月26日	限制性股票	A	定向发行	第一次授予，第二次解锁	0.0765	4.46
2016年3月11日	限制性股票	A	定向发行	第一次授予，第二次解锁	1.0589	2.47

资料来源：国泰安数据库。

表 6-27　　　　净资产收益率和扣除非经常性损益后的净利润

名称	净资产收益率（%）				扣除非经常性损益后的净利润（万元）		
	2013 年	2014 年	2015 年	2016 年	2011 年	2012 年	2013 年
焦作万方	7.76	7.87	-1.32	2.14	37,707.20	-6,931.54	8,352.86
中国铝业	1.35	-36.50	0.94	2.33	-32,943.60	-867,985.50	-338,152.70
云铝股份	2.12	14.26	-6.97	2.50	6,392.59	-12,286.94	-17,728.86
中孚实业	-13.09	-2.89	-18.86	2.78	4,645.76	-11,261.26	-24,548.26
平均水平	-3.24	-15.40	—	—	—	—	—

资料来源：笔者根据焦作万方 2014 年股权激励计划、各公司各年度财务报告及计算所得。

铝行业的快速扩张，使铝产能增速超过需求的增速，呈现出整个铝行业产能过剩的局面，进而使得我国铝产品价格持续偏低。2011~2013 年，与整个有色金属行业走势基本同步，铝行业经历了一个净利润每年减少的过程，2012 年全行业处于亏损状态，2013 年亏损还在继续，除焦作万方外其他三个企业的亏损额都超过了 2012 年，铝行业发展形势非常严峻。在此形势下，焦作万方全面深化公司转型，从而实现 2013 年的扭亏为盈。但在整体市场不景气，行业产能过剩严重，产品价格逐步下滑的情况下，要实现公司的持续盈利仍是困难的。面对此种情况，焦作万方要求净资产收益率（return on equity，ROE）不低于平均水平，2013 年焦作万方 ROE 为 7.76%，市场平均水平 -3.24%；2014 年 ROE 为 7.87%，市场平均水平 -15.40%。实行股权激励制度不仅增强了公司的竞争力，而且对核心队伍的不断壮大起到推动作用，为公司持续发展奠定基础。

我国国有上游企业应尽早建立期权激励制度，一方面有利于企业经营者在任期内考虑企业日后的可持续发展，另一方面可以帮助企业留住核心技术人才，提高企业的核心竞争力。

6.3.4　与可再生资源相关产业协调发展

在前面的研究中，提到我国资源价格偏低的一个原因就是可替代资源的增多。可替代资源的增多在一定程度上减轻了对生态环境的破坏，延缓了非再生性资源的耗竭速度。由此可见，可替代资源的出现对我国以后的发展产生至关重要的作用。虽然，我国在很长一段时期内仍然还是以非再生资源为主，但是对于资源相对短缺且资源分布不均的我国来说，发展可再生资源是十分重要的。我国可再生资源产业起步较早但仍未得到突破性发展。但由于我国长期以来以非再生性资源为主，因此资源企业一直对可再生性资源不太重视。我国可再生性资源企业一直并未有突破性发展的原因是：原有的粗放的生产模式向可持续发展模式的转变不仅需要时间，更需要人们意识形态上的转变，并且可再生资源企业的技术水平还不够成熟。我国可再生资源行业的发展成长空间还很大，根据中国报告大厅网（www.chinabgao.com）提供的《再生资源行业市场规模分析》，可得到2014年我国可再生资源行业市场规模在3,675.23亿元左右，2015年市场规模达到3,967.93亿元。可再生性资源行业规模不断扩大，应当充分调动发展可再生性资源企业。具体怎样进行发展可以从以下几个方面入手：

一是可再生性资源企业的发展壮大是以强大的技术与创新作为支撑的，以技术的不断成熟和创新来降低可再生性资源的开发与利用成本。我国可再生性资源企业对资源的开发利用成本高是由于我国的技术还不成熟，很大一部分是依靠先进国家的技术，这样一来，阻碍了我国可再生性资源的快速发展。为此，企业不仅应在内部加强技术的研究而且还应与高校和科研机构建立长期合作的关系，与高校和科研机构联系可以为技术的创新提供坚实的理论基础。有理论的支撑，技术的改进将更加顺利。企业与高校和科研机构的合作可以达到双赢的局面，高校和科研机构帮企业克服关键技术上的难点，企业又为高校和科研机构提供了实践的机会，真正做到科研攻关与生产需求相结合。

二是建立健全可再生性资源市场。近年来，我国可再生性资源企业发展速度很快，但由于缺乏可再生性资源市场保障制度，没有形成稳定的市场需求。另外，国家应整合现有的可再生能源的技术和资源，加快发展企业集中优势特色，为发展可再生性资源企业提供充分的技术和创新优势。

三是完善与可再生性资源企业有关的政策。面对非再生性资源短期内不可再生的特点，认识到资源减少，会在一定程度上影响经济的发展，因此应加大对可再生资源的重视程度。法律法规的出台推动了可再生资源的开发和利用，但由于可再生资源发展的时间短，对其广泛应用的时间不长，关于可再生资源的相关政策是不完善的，缺乏一定的指导性。随着我国可再生资源的广泛应用，完善与可再生性资源相关的政策，可以为可再生资源企业发展提供有理有据的政策背景，实现更好更快的发展。如，政策应适当偏向于可再生资源企业，对其给予财政和税收上的优惠政策；简化贷款手续以保证可再生资源企业可以更加快捷的获得企业发展所需要的贷款，使企业有比较充裕的资金来实现企业的长远发展；政府应出台一些政策支持高等院校增设相关的专业，为培养创新性技术人才创造条件。

小　　结

本章研究表明，非再生资源上游产业存在着资源价格偏低和产能过剩问题。为解决此问题，本章力图从四个方面进行上游产业供给侧价值链的建构：（1）从资源禀赋和国家意志的层面出发，提高资源的价格对于上游企业来说就是在资源原本的价格中考虑资源的空间价值，以生态成本的方式计入资源价格，从根本上提高价格，减少对非再生性资源的浪费；（2）通过减少政策壁垒，推动企业间并购重组，提高上游产业行业集中度，促进治理效率和企业竞争力的同步提高；（3）完善职业经理人市场，建立以股价和综合财务指标体系为指标的空间价值期权评估体系，约束职业经理人，减少对生态环境的破坏；（4）通过技术创新，建立健全可再生资源市场，适当收缩非再生性资源企业的业务。

第7章

中游产业供给侧价值链治理路径

本书第5章的分析表明,在"空间价值—链主主导权—核心能力—治理环节"这一治理框架下,对于上游产业既要突出其空间价值,又不能使其处于"链主"主导权,其可行的思路是通过重组,提高其生态治理的能力,同时防止资源定价过低。就中游产业而言,其主要功能是对初级产品加工,形成上游产业和下游产业的对接。在非再生性资源供给侧中,无论是国内,还是国外,一般都不占据"链主"地位。所以,从治理角度看,防止其产生"马歇尔冲突"、避免产业低效率是较为理想的治理思路。在本章中,非再生性资源供给侧的中游产业主要涉及石油加工、炼焦和核燃料加工业,化学原料和化学制品制造业,化学纤维制造业,非金属矿物制品业,黑色金属冶炼和压延加工业,有色金属冶炼和压延加工业,金属制品业。处于中游产业的企业,其资源禀赋优势不再是自己业绩的护城河,而规模和创新充当了主要的利润增长点。放眼于我国非再生性资源供给侧,从资源禀赋战略重置的角度我们看到,与国际上相似的行业相比,它们规模偏小,产量过剩,造成其对内呈现出无效竞争,对外过度竞争的特征,进而造成整体利润率偏低的现象。为此,从现有经验看,资源禀赋战略中的战略联盟策略,有助于我们提升这类产业的规模,缓解产能过剩形成的结构性矛盾。同时,通过战略标杆管理有助于它们通过标杆,挂钩业绩和营造出的竞争环境,提升自身的业务能力和创新力,推动核心技术的研发,并在一定程度上减少在国内产业竞争中的寻租现象。

7.1 非再生性资源中游产业供给侧价值链治理特征

从资源供给角度来看,非再生性资源中游产业整体的竞争力是由企业本身所拥有的核心竞争优势决定的。而企业本身所拥有的核心竞争优势取决于企业内部优势和企业外部优势,从企业内部来看,企业最终产品的创新度和质量、制造工艺的细致复杂程度、销售渠道的畅通度和产成品价格的竞争性等几方面共同决定了企业内部的核心竞争优势；从企业外部来看，企业生产的核心产品在市场上是否存在替代品，是否存在新的市场、新的需求，国内外政策环境和竞争对手的失误等几个方面决定了企业外部的核心竞争优势。创新是保持产品新颖、品质佳、制造工艺简单且难以复制、销售渠道畅通、产品需求和新市场拓展的必要途径。通过在企业内部引入、强化标杆管理的方法，并结合创建学习型组织的方式，可从根本上有效提高企业的创新意识和创新力度。规模化的实现使企业的产品价格在市场上拥有更多的谈判能力和话语权，使得企业有效实现规模经济，产品价格更具有竞争性，而战略联盟的形式可有效实现企业的规模化，进而实现企业的规模经济。

7.1.1 规模、成本和创新是非再生性资源供给侧的企业特征

7.1.1.1 从供给侧改革看中游企业价值链的构建

供给侧结构性改革的目标在于调节好政府和市场的关系，不能使任何一方独占鳌头，既要注重发挥市场合理配置资源的效果，也要注重发挥政府在关键时刻的把控作用。在改革开放之前，我国非再生性资源中游企业在供给侧上大多处于高度管理的环境下，即处于计划经济体制环境中，而供给侧结构性改革就是针对计划经济体制的一次改革，目的是要走一条社会主义市场经济体制道路。我国目前供给需求的不对等以及严重的产能过剩实质上就是我国市场机制存在缺陷的表现，而我国政府具有主导型的特点，因此需要由政府来引导市场进行调节。由于我国收入两极分化严重，导致目前的产能过剩，中低端产品较多，高端产品供给不足。

从供给侧改革的角度来看，中游企业价值链构建的重点落在质和量的把控上。其中，对于质的改革主要是技术创新，中游企业通过提升产品质量形成自身的核心竞争力从而实现产业升级，对于量的改革落在扩大规模上。在 2015 年 12 月中央经济工作会议上，习近平用"加减乘除"四则运算法则对供给侧结构性改革这一举措做了细致详细的说明，所谓"加法"是指在补齐短板的同时扩大有效供给，增加经济发展新动力、新能量，确保经济持续增长，重点强调提升创新能力，发展新兴产业以及增加公共产品的供给；所谓"减法"是指政府简政放权，企业清除过剩产能，社会为企业降低成本，重点强调去产能、降成本；所谓"乘法"是指以创新发展理念培育创新发展因子，挖掘经济发展新动力，开拓新空间，创造新产业，重点强调释放新兴产业的活力；所谓"除法"是指清除过剩产能，扫清前行路上的"拦路虎"，重点强调淘汰过剩产能。对于中游企

业可以尝试"加法"和"乘法"的结合，使企业可以通过提高创新能力，来释放新兴产业的活力；同时，也要使"减法"和"除法"相结合，通过增加中游企业的规模化来淘汰过剩产能和降低成本。

7.1.1.2 基于价值链角度的中游企业竞争特征：规模、成本和创新

从价值链的角度来看，中游企业的各项生产经营管理活动构成企业价值链上的环节，使得产品增值，企业的竞争优势便体现在与行业内其他企业相异的价值链上。所以，价值链的成功与否直接关系到企业生存发展的命脉。通过对价值链上的一系列生产经营管理活动进行分解和整合，企业可以对价值链上有价值的活动进行优化，对价值链上低价值乃至无价值的活动进行整合，从而达到形成和加强企业核心竞争力的效果。

如何形成有效的价值链？上游、中游和下游企业被看作是一个行业的价值链。产业链体现了一个产业价值实现和增值的运动状态，产业价值在上游、中游和下游企业的每一层级上逐级累加，越靠近末端环节，其资金密集性和技术密集性就越为重要；越靠近首端环节，其资源加工性就越为重要。中游产业在整个产业价值链中主要担任对原材料的加工、精炼工作，不仅要求拥有上游企业的规模，而且要求拥有下游企业的技术。规模达不到要求，就会在无形中增加企业的人工成本和运输成本；技术达不到要求，就不能及时、有效地反映客户对产品的需求，从而影响产品的销量和企业的竞争地位。

第一，规模。中游企业建立之初需要大量的投资资本，而通过生产大量产品可以使得投资成本被平摊，分摊到单位产品的份额较小，符合规模效应。因此，规模被视为是中游企业的一个潜在利润增长点。企业的内部价值链指的是企业内部的各项生产经营管理增值活动的聚合体，外部价值链是将企业的价值链分别向上游和下游延伸形成的产业价值链。通过企业间内部价值链的横向组合可以对企业形成规模经济有正向的积极效果。

第二，创新。客户的需求在中游企业中具有非常重要的地位，从企业供给角度来看，企业需要以客户的需求为导向调整创新策略，提升创新力能够使得企业在公开交易市场上占有主动权，时刻走在客户需求的前端。因此，创新作为非再生性资源中游企业的另一个潜在利润增长点，在企业中有着举足轻重的地位。尚克和戈文拉扬（Shank & Govindarajan, 2004）着重强调价值链的终端，即价值链是一系列以满足客户需求为目标的价值活动的集合，并强调了研发投入及研发技术在价值链中的重要作用。

第三，成本。基于价值链角度的成本，是一种空间概念上的成本概念，打破了传统的成本观念局限，使得成本不再局限于产品生产过程中的制造成本，

更注重于产品的研发设计成本、顾客使用成本等前期资源耗费，及对产品的维护保养成本和废弃处置成本等一系列后期可能形成预计负债的相关资源耗费。谢诗芬和戴子礼（2000）首先向国内企业引入了价值链成本管理的理念，为后期学者提供了一个新的管理理念。岳殿民和吴晓丹（2008）认为大多数企业的成本观念还停留在传统成本观念，应当鼓励企业以价值链为基础的现代成本观念变革。

7.1.2 委托治理下的"马歇尔冲突"是非再生性资源供给的制度特征

在我国现代企业的委托代理制度下，"马歇尔冲突"表现得更为突出，造成了非再生性资源中游产业产能过剩、企业间无效竞争增多以及企业创新能力严重缺乏等现象。

从国家层面来看，企业在国际市场上的相互厮杀，彼此压价，极容易导致我国总收益的流失。从企业层面来看，过多的垄断可能会阻碍企业的发展，使得一些所谓的"僵尸企业"在垄断机制的庇护下免于市场机制下的淘汰。垄断企业之间通过限制产量来控制价格，就会为企业营造出在设备闲置的情况下仍能获得丰厚收益的假象，造成国家资源的浪费。更糟的是，垄断企业通过设置重重壁垒来避免遭受新兴产业涌入给企业带来的冲击。长此以往，企业的竞争力就会逐渐减弱，其追求技术进步的动力也会随之淡化，使得国家经济整体失去活力。

非再生性资源中游企业大多为制造业，具备规模效益递增、成本递减的规律，即具备规模经济的特征，必然存在着"马歇尔冲突"，存在着追求规模经济和选择有效竞争的博弈。另外，中游企业大多为国有企业，在委托代理制度下，代理人仍然沿袭计划经济体制中以产量为目标的生产观念，多倾向于追求规模经济，从而导致中游企业缺乏竞争环境，也就缺失自由竞争环境对技术创新改进的调节机制，即创新能力差。

我国非再生性资源中游企业在追求规模经济的过程中因供需不匹配造成了产能过剩。严重的产能过剩将会给经济发展整体带来负面影响，一方面影响我国供给侧结构性改革的进程，另一方面不利于产业的升级。以水泥行业为例，根据国家统计局网站公布的数据，我国水泥总产量从2001年的6.26亿吨上升为2013年的24.1亿吨，增幅达到400%左右，一跃成为第一大水泥生产国，且总产量远远超过印度（第二大水泥生产国）和美国（第三大水泥生产国），而水泥的销量却跟不上产量的增长，导致我国目前水泥行业产能处于严重过剩的状态。韩永奇（2016）认为推进供给侧改革和加快去产能的重要途径是企业间的兼并重组，通过市场机制淘汰"僵尸企业",将有限的资源集中于优势企业使用,比较优势较弱的企业不再享有资源。目前,中游企业在当前丧失有效竞争的环境下,要通过在企业内部引进竞争机制来弥补市场竞争对企业技术革新的调节推动作用,需要通过价格和竞争来引导企业对资源进行分配,将资源从无价值或低价值的产品中抽出来转而投向有利可图的产品中去,从而实现资源的合理配置,这一过程实质就是用需求拉动供给,也印证了克拉克的"有效竞争"理论在一定程度上可以解决"马歇尔冲突"。

7.1.3 基于非再生性资源供给企业的制度特征提供治理思路

7.1.3.1 供给侧建构战略联盟为非再生性资源中游企业价值链建构提供方式

(1) 供给侧构建战略联盟的本质。

战略联盟作为一项新兴合作方式,实质上属于一种契约形式的合作关系。通过调节契约机制能够达到对联盟成员之间协同的有效规制,参与联盟的企业在利益博弈的过程中为实现相对于合作更多的收益,联盟中的某一成员可能存在通过隐瞒核心信息、欺骗其他合作伙伴等行为动机,从而导致个人理性与集体理性的冲突,因而,这个契约机制一方面是战略联盟成员间博弈的约束,另一方面又是战略联盟成员间博弈的结果,为此,战略联盟的契约机制可通过以下几种方式得以调节:调整联盟收益分配方式的条款、监督成员的激励条款、完善违约成员的惩罚条款以及调整具体的权利义务条款实现对联盟成员的策略空间、偏好进行一定的限制,引导联盟成员实现"个体理性"向"集体理性"的转变。有学者通过实证研究发现,只有当联盟各方处于对等状态时,也就是说联盟契约签订前投入资源比例相等,实现的联盟收益分配份额相近,对于联盟各方和联盟来说是最优形式。

(2) 供给侧战略联盟实践。

成功的战略联盟在保护联盟双方竞争优势的基础上,形成了联盟双方的优势互补,实现了联盟双方的共赢。OPEC 通过协调成员国石油政策维护各成员国以及组织的利益,至 2010 年组织成员的石油总储量占世界石油总储量的 77.2%,该组织起初并不是为了占有国际市场份额、提升竞争力聚集起来的,而是为了防止、阻碍西方国家对本国资源的侵占和掠夺而采取的防范措施,OPEC 通过调整组织内的石油产量以达到操控石油价格的目的,正是这一举措为世界各国实现对本国资源的保护提供了思路。此外,香港福田公司和珠江三角洲平达棉纺厂为实现更强的竞争优势,采取战略联盟方式建立了合作伙伴关系,并通过后续更为有效的管理达到了提升企业核心竞争力的效果。

但是，战略联盟也并非是完全成功的，现实中同样也发生过许多失败的案例。亚洲地区的战略联盟先是迅速增加随后减少，这一现象在我国也同样有所体现，我国在20世纪末期这段时间战略联盟迅速从55起增加到1,065起，紧接着又急速减少到304起，可见，战略联盟是一种稳定性较低的合作模式。此外，在20世纪90年代初，白龙壶所引发的矿泉壶大战以及席卷全国的彩电价格大战，到前几年"南车""北车"为占得国际市场份额而展开的价格战，无一不导致全行业形势严峻，企业利润直线下降的恶果。

从上述实践中，我们可以领悟到：战略联盟的理念在于对某一行业内的各大巨头，与其在相互竞争的机制下达到不相上下的平均成本，不如由几家企业"火力全开"，根据社会总需求安排生产计划从而降低平均成本，实现资源的有效配置，战略联盟在我国也有许多成功的案例。面对国外日益强大的公司，我国企业无论在国内还是国际市场上的相互厮杀只会使自身处于更加不利的竞争位置。因此，从国家层面来看，为了避免企业间相互竞争对价格的打压，可以通过企业间的战略联盟保证我国应有的总体利益，同时增强企业对国际市场上不可抗力的抵御能力。即通过战略联盟提升企业在国际市场上的整体竞争力，避免在国际市场上的相互厮杀而导致国家总收益的流失。

7.1.3.2 标杆管理为非再生性资源中游企业价值链建构提供方式

随着企业对价值链治理的意识不断深化，价值链的好坏成为企业竞争力强弱的判定标准，价值链管理成为企业更清晰地认识自我的必经之路。20世纪90年代盛行的三大管理方法：标杆管理、企业再造、战略联盟，为非再生性资源中游企业价值链的治理提供了新的思路。

在我国，通过标杆管理引导企业创新，从而提高企业核心竞争力的例子也不胜枚举。海尔集团通过标杆管理形成了"没有思路就没有出路""要么不干，要干就争第一""市场的难题就是技术开发的课题"等管理战略，激励企业不断技术创新，保证产品质量处于国际前沿，并通过"3个1/3"的国际化战略抢占国际市场从而形成品牌文化；陕西盛华冶化有限公司为降本增效、挖潜提于2014年开启标杆管理，并通过标杆管理推动企业技术创新，现已成为行业内的佼佼者。

标杆管理对企业内部的激励效果在我国国有企业也得到了显著的印证。2001年，中国海洋石油集团以国际名列前茅的挪威国家石油作为对标企业，成为我国国有企业实施标杆管理并取得成绩的成功案例。宝钢股份自2000年开始实施标杆管理，使得宝钢股份的技术创新水平更加灵活地应对市场变化，2015年其营业收入、利润总额和全部资产总额在全国钢铁企业中排名第一。

宝钢股份如此优异的成绩离不开标杆管理增强了其创新意识和创新能力，以及其不断提高国际市场份额的战略目标。

7.2 我国非再生性资源中游产业供给侧价值链治理中存在的问题

我国非再生性资源中游产业大部分行业每年拥有全球最高的生产量，然而这种资源禀赋优势却没有为我国孕育与之对应的竞争优势，相反，利润远远落后于其他国家。造成我国中游产业利润低下的原因有四个，一是中游产业行业集中度偏低，导致企业呈现恶性无效竞争，价格偏低，从而使得利润偏低；二是准入制度导致产品呈现低端化，企业缺乏创新力；三是委托代理制度下的过度投资导致中游企业产能过剩；四是在国际市场上以低成本的低端产品获取收益，而原材料对外依存度高，导致利润较低。

7.2.1 行业集中度低和恶性竞争易造成利润偏低

非再生性资源中游产业行业集中度偏低，市场上出现恶性无效竞争，压低了产品原有价格，进而使得企业利润偏低。在我国，由于非再生性资源中游企业大多为国有企业，而我国国有企业基本上呈现出垄断的特征。理论上认为，具有垄断性质的非再生性资源中游企业资产专用性程度高，而且政府设置的准入门槛高，普通投资者进入障碍高，由此非再生性资源中游企业应该具有行业集中度高的特征。这一思想主要是基于计划经济时代的管理体系所考虑的，甚至现在的部分企业是在改革开放的进程中由政府经营转制转轨而来，并延续到现在，使得这些企业一直处于垄断的环境中。因此，传统思想认为导致我国目前推出供给侧改革的原因是具有垄断特征的非再生性资源中游企业因其内在独有的垄断优势，以及对市场需求环境不够重视，使得非再生性资源中游企业的供给规模不断膨胀。

鉴于此，我们拟从行业集中度、资本集中度、生产集中度来分析非再生性资源中游企业（石油加工、炼焦和核燃料加工业，化学原料和化学制品制造业，化学纤维制造业，非金属矿物制品业，黑色金属冶炼和压延加工业，有色金属冶炼和压延加工业，金属制品业）的行业特征。

以下两个代表行业为例进行分析。

7.2.1.1 黑色金属冶炼和压延加工业

我们以黑色金属冶炼和压延加工业的典型行业钢铁行业作为分析对象进行分析，以 2012~2017 年我国钢铁行业粗钢生产量为依据，对我国排名前 8 位的钢铁企业与整个钢铁行业的数据进行分析。

从表7-1可以看出,近年来,我国粗钢产量每年平均以7%的增长幅度增长,但我国钢铁行业集中度却呈下降趋势：2013年,我国粗钢产量排名前8位的企业的生产量占总量的35.0%,2016年下降至30.3%,2017年虽上升至33.0%,但与2013年相比还是下降的。

表7-1 2012~2017年钢铁行业粗钢产量统计

公司名称	2012年	2013年	2014年	2015年	2016年	2017年
宝（武）钢股份（百万吨）	42.7	43.9	43.4	34.9	38.5	65.4
河钢股份（百万吨）	42.8	45.8	46.7	47.7	44.9	45.6
武钢股份（百万吨）	36.4	39.3	33.1	25.8	25.0	—
沙钢股份（百万吨）	32.3	35.1	35.3	34.2	33.3	38.4
鞍钢股份（百万吨）	30.2	33.7	34.4	31.6	33.2	35.8
山东钢铁（百万吨）	23.0	22.8	23.3	21.7	23.0	21.7
马钢股份（百万吨）	17.3	18.8	18.9	18.8	18.6	19.7
首钢股份（百万吨）	31.4	31.5	30.8	28.5	26.8	27.6
我国前8位粗钢生产总量（百万吨）	256.1	270.9	265.8	212.1	243.4	274.3
我国粗钢生产总量（百万吨）	708.8	774.6	813.3	800.3	803.8	832.0
CR8（%）	36.1	35.0	32.7	26.5	30.3	33.0

注：宝钢与武钢合并重组为中国宝武钢铁集团公司。2017年前8家粗钢生产总量包括建龙集团20.26百万吨。

资料来源：Wind数据库。

根据《中国工业年鉴》显示,2017年我国钢铁行业企业约8,545家,总产量8.32亿吨,其中宝武钢铁作为粗钢产量中国排名第一,世界排名第二的企业,2017年粗钢的产量为0.65亿吨,仅占我国年产量的7.86%,产量排名前四的钢铁生产量仅占22.25%（见表7-2）,相比2016年总体上升3.6%；而根据矿业汇2017年7月29日的报道：韩国浦项制铁、日本新日铁住金的粗钢产量分别占当地粗钢总产量的60.24%和44.10%。可以看出,我国钢铁行业的行业集中度与其他国家相比相对较低。

表 7 - 2　　　　2014～2017 年我国钢铁企业粗钢产量占比　　　（单位：%）

公司名称	2014 年	2015 年	2016 年	2017 年
我国粗钢总产量	100.00	100.00	100.00	100.00
河钢股份	5.74	5.96	5.59	5.48
宝（武）钢股份	5.33	4.36	4.79	7.86
沙钢股份	4.34	4.27	4.14	4.61
鞍钢股份	4.22	3.94	4.13	4.30
4 家产量累计占比	19.63	18.53	18.65	22.25

资料来源：Wind 数据库。

由于我国钢铁行业的行业集中度较低，使得钢铁行业在市场上呈现出过度竞争，而无效竞争所带来的正向效果和资源配置率较低，这一后果压低了产品原有的价格，从而使得利润偏低。

7.2.1.2　非金属矿物制品业

我们以非金属矿物制品业的典型行业水泥行业作为分析对象进行分析，以 2015 年和 2016 年我国水泥行业水泥产量为依据，主要对我国排名前 8 位的水泥企业与整个水泥行业的数据进行分析（见表 7 - 3）。

表 7 - 3　　　　　　　　水泥行业产量统计

公司名称	是否国有独资或控股	2015 年	2016 年
中国建材（亿吨）	是	3.10	4.02
海螺水泥（亿吨）	是	1.88	2.06
唐山冀东水泥（亿吨）	是	0.71	1.04
华润水泥（亿吨）	是	0.59	0.68
华新拉法基水泥（亿吨）	否	0.20	0.65
山水水泥（亿吨）	否	0.51	0.54
红狮控股（亿吨）	否	0.35	0.44
台湾水泥（亿吨）	否	0.41	0.41
我国水泥生产总量（亿吨）	—	23.48	24.02
CR8（%）	—	33.01	40.97

资料来源：笔者根据国家统计局和 Wind 数据库的数据计算所得。

从表 7 - 3 中可以看出，2015 年我国水泥行业处于竞争态势，2016 年呈弱垄断态势，2016 年产量上亿吨的企业只有中国建材、海螺水泥和唐山冀东水泥三家企业，三大水泥企业的生产总量为 7.12 亿吨，占全国总产量的 29.64%。从数量来看,产量排名前 8 位的企业中国有企业和民营企业各占一半;从产能来看,国有企业与民营企业产量差异较大,从整体来看,国有企业占明显优势。结合我国发展历程可知,水泥行业集中度低的原因是改革开放后,粗放式的发展使得水泥行业小规模企业偏多。同时,在一些大规模企业所主导的低价竞争淘汰法则的大环境下,一些资源处于劣势地位的企业被迫退出市场,然而仍有部分较落后的企业不愿主动退出市场,而是持有"走一步看一步"的观念,导致水泥的市场价格不断压低,压缩了收益空间,进而导致局部区域产能持续严重过剩,市场无效竞争加剧。

从表 7-4 中可以看出,在 2016 年,排名前 4 位的各企业水泥产量占比差异悬殊,仅中国建材一家企业的产量占比(16.75%)就超过了位于其后的 3 家企业占比之和(15.76%),而剩余 67.49% 的产量被分在占比不足 3% 的更小的企业中,较低的行业集中度使得中游企业不能充分发挥规模经济效应,致使成本偏高,同时,行业内大小企业之间无效竞争,竞相压低价格,进而导致利润偏低。

表 7-4　　　　我国主要水泥企业产量占比　　　　(单位: %)

公司名称	2015 年	2016 年
我国水泥总产量	100.00	100.00
中国建材	13.20	16.75
海螺水泥	8.00	8.58
唐山冀东水泥	3.01	4.35
华润水泥	2.51	2.83
4 家产量累计占比	26.72	32.51

资料来源:笔者根据国家统计局和 Wind 数据库的数据计算所得。

通过对非再生性资源中游企业的两个典型行业实际研究后我们发现,行业集中度偏低致使行业内出现无效竞争,进而使得利润偏低,其主要原因体现在以下两个方面:一方面,政府部门的多重职务使得行业集中度较低。虽然具有垄断性质的非再生性资源中游企业进入门槛高,但政府作为国有资产的代理人,不仅要追求国有资本的保值、增值,同时还要担负社会管理、宏观调控的功能,为了推动地方经济发展、增加税收收入,不惜通过一些中小型企业来补平税收缺口,并从各方面对这些中小型企业给予支持,但由于自身技术水平的限制,从长远来看,这些企业与现存国有企业相比各方面都不具有优势,使得其慢慢演变为耗费大量资源而收益寥寥的僵尸企业。另一方面,债务压力形成的退出壁垒使得行业集中度较低。这些身负大量债务的企业的退出,会导致银行利益严重受损,使得市场中的企业存在退出壁垒。以钢铁行业为例，2014年，山西省最大民营钢铁企业海鑫钢铁负债250亿元①，随后，中钢集团被媒体公布背负千亿债务，成为国内第二家存在债务违约的央企。这样一来，小规模企业为了微薄的利润不断与大企业争资源、争市场，拉低了非再生性资源中游企业的行业集中度。

因此，我国非再生性资源中游企业呈现出一种"弱完全垄断，弱完全竞争"，数量多、规模小、价格低、利润低的局面。这种无效竞争在众多的国有企业非再生性资源中游企业较为明显，国有企业背负着保障国家财政能力和解决就业问题等社会责任，就算亏损也要继续生产。正是如此，才使得兼并重组钢铁行业的进程至今仍然缓慢。

7.2.2 准入制度导致中游企业缺乏创新力和产品低端化

自2008年金融危机以来，钢铁行业的市场销售价格处于迅速下滑的状态，以钢铁行业为代表的非再生性资源中游产业表现出"二高一低"的特点，即生产成本高、产量高和销售利润低。经济驱动力也从生产要素、投资驱动转变为创新驱动。创新作为生产四要素之一，逐渐变为提升产品质量、影响企业核心竞争力的关键因素。

对于中游企业而言，企业的核心竞争力依次取决于产品质量、产品对市场需求的应变能力，而这本质上取决于创新能力的强弱。然而，以钢铁行业为例，它们大多采用公司、分厂、车间三级管理，不仅管理层级多，而且职能过于细分化，故而呈现出成本高、质量差和管理效率低的现象。上述现象的出现归根到底是创新的落后，中游企业无法创新企业内部财务管控，无法创新产品生产制造流程工艺，无法创新改进产品质量和管理制度，致使成本高、质量差和管理效率低的现象出现。

从表7-5中可以看出，我国优特钢和合金钢产品的占比都没有达到平均值，优特钢产品中非合金钢等低端产品占据总产量的50%左右，而高端特钢产品，即合金钢占钢总量的比重为6%，与发达国家相差较大。我国钢铁行业产能庞大，但是产品结构却严重失衡，中低端产品充斥市场，形成恶性竞争。但高端产品的研发和生产严重滞后，如用于航空航天、电力、汽车、石油等高端领域的特钢产能不足，需大量从国外进口。

---

① 吴红毓然，"海鑫钢铁负债250亿，银行受偿仅250万"，http://finance.caixin.com/2016-02-18/100910098.html。

表 7-5　　　　2016 年我国与发达国家钢铁产品结构对比　　　（单位：%）

产品结构	中国	瑞典	日本	平均值
优特钢/钢材	14	50	21	15
合金钢/优特钢	50	77	70	60
合金钢/钢总量	6	45	30	10

资料来源：中国特钢协会统计数据。

针对非再生性资源中游企业的特征，我们发现企业创新力不足主要体现为产品的技术创新能力不足。企业通过技术创新形成异于竞争企业的生产环节，使企业具备核心竞争优势。质量作为生产型企业竞争的必需品之一，对提升企业的总体效率有着重要的作用，通过质量的改进也使得盈利能力和生产效率显著增加，因返工、维修等质量问题而增加的质量成本迅速减少。以宝钢为例，2014 年，宝钢围绕新一轮规划，优化技术创新体系，保持高水平研发投入，推进规划期重大项目实施，以新产品、新技术支撑企业持续经营，发明专利在专利申请中的占比超过半数，一批科技成果获得国家与行业的认可。

我们采用企业创新活动投入指标和企业创新资源指标衡量企业的创新力，其中，研发投入总额占营业收入的比例作为衡量企业创新活动投入指标的依据，企业创新资源指标用研发人员占公司总人数的比例衡量。

从宝钢股份、冀东水泥、上海石化和福耀玻璃的创新能力对比来看，福耀玻璃的创新能力相对较高（见表 7-6）。就营业收入中研发投入的占比可以看出，私营企业福耀玻璃研发投入占营业收入的比例为 4.38%，与前面三个国有企业相对比有明显的优势；从公司总人数中研发人员占比来看，宝钢股份研发人员占比为 2.80%，钢铁产业高技能人才的不足，使得技术研发未能转化为产品收益，制约着其发展步伐，而福耀玻璃公司总人数中研发人员占比为 11.59%，国有企业和民营企业的差距逐渐拉大，前者的创新投入不足，且创新资源不充分。

表 7-6　　　　　　2016 年各企业创新能力对比　　　　　　（单位：%）

指标	国有企业			民营企业
	宝钢股份	冀东水泥	上海石化	福耀玻璃
营业收入中研发投入的占比	2.00	0.05	0.13	4.38
公司总人数中研发人员占比	2.80	0.36	1.96	11.59

资料来源：笔者根据各企业报表整理所得。

技术创新可以推进新产品在非再生性资源中游企业中的产生，从而提高企业的竞争力，降低成本，提升产品的利润率。例如，福耀玻璃就是通过技术创新走向国际市场的典范，如今，在国内市场上，平均每 3 辆汽车就有 2 辆使用福耀玻璃，2016 年，福耀玻璃一家公司的销售量在全球玻璃市场中的占有率为 23%。我们发现，福耀玻璃在 30 年间从一个乡镇小厂一举成为全球最大的玻璃生产商的原因在于：一是自上而下的创新机制，2014～2017 年福耀玻璃的研发投入占产品销售收入的比例均高于一般的创新型企业，且其下一步的研发方向为质量创新，源源不断创新因素的投入使得企业充满活力；二是超越客户需求的经营理念，福耀玻璃成功地由"产品供应商"转型为"为客户提供汽车玻璃解决方案的服务商"，主要源于福耀的产品研发总是早于客户对产品的新要求。

深入分析后，我们发现，造成我国以国有企业为主的非再生性资源中游企业技术创新能力较差的原因是准入制度，在中游行业中具体表现为较高的准入成本。第一，非再生性资源中游企业所附带的巨大的沉没成本，即设备和基础设施方面的投资成本，由于固定资本一旦形成，折旧需要很长的时间，并且设备和基础设施很难转作其他用途，因此，这些资本沉没在这个产业很难再收回，这些成本在一定程度上形成了产业壁垒。第二，市场上普遍存在偏向国有企业的行政干预或政策扭曲，对民营企业而言，这样的行政干预或政策扭曲对其构成了行政性的进入壁垒。比如在我国石油行业，政府只给中国石化等几家企业石油进口权，其他企业没有这项权利，这种行政审批会导致进入困难、来自银行的贷款约束及非正常市场环境下要素价格所导致的附加成本。杨天宇和张蕾（2009）认为，国有经济所占比例对民营企业的市场进入有明显阻碍作用，而对民营企业的市场退出有显著的推进作用。较高的行政进入壁垒对生产率水平较低的国有企业形成一种保护，使其能够在一个较低的临界生产率水平得以存活。第三，政府出于对国有资本的保护和产业安全、社会稳定的目的，对国有企业实行行政垄断经营，这样一来，无形之中就对非国有企业在规模、产品差别化、必要资本三方面产生了壁垒，同时国家出台的相关倾向性政策成为行业进入者需付出的隐形额外成本，从而有效实现垄断。

正是这种过高的准入制度，使得非再生性资源中游企业安于现状，缺乏创新意识。首先，过高的准入制度使得民营企业无法进入市场，市场上原有的厂商安于现状，缺乏应有的创新力，进而致使产品呈现低端化，无法满足顾客的需求。受长期计划经济体制的影响，我国企业的科技力量严重不足，体制改革后，国有企业的政企合一状态并没有完全消除，而政府部门出于缓解资源配置低效、国内市场过度竞争以及实现应有的规模经济效益并提升配置效率的考虑，设置了准入制度。即对进入资本市场中的企业设有严格的行业准入标准,从企业的注册资本、企业规模、研发和管理等多角度设立了准入资质的要求,正是这一系列的规定对民营企业形成了进入这一产业不可逾越的壁垒,从而导致市场中民营企业占比较低。其次,准入制度制定者的双重身份导致政策偏向国有企业,致使国有企业安于现状,缺乏应有的创新力。由于市场准入制度的制定者背负着设立制度与行业主管部门的双重身份,使得政府部门出于达到利润最大化的目的,而利用其掌握的政治权利制定偏向于国有企业的政策措施。因此,部分国有企业凭借着政府为其设立的安全屏障,持续从法律和政策的渠道而非通过市场发展壮大。然而,这种情况却使得企业被过分保护以及对政府过度依赖而缺乏自我创新意识,从而丧失其天然优势,并且降低了效率。

已经进入市场的中小企业退出壁垒较高,大量中小企业拉低了行业技术水平,致使产业结构不合理,同时企业又缺乏创新能力。虽然具有垄断性质的非再生性资源中游企业进入门槛高,但政府为了推动地方经济发展、增加税收收入,不惜建立中小型企业来补平资金的缺口,并从各方面对产业内的中小型企业给予支持。小企业为了微薄的利润不断与大企业争资源、争市场,拉低了非再生性资源中游企业的技术水平,产业结构不合理。实际上,根据价格控制理论,如果市场上企业数量相对于均衡数量偏少,在这样不均衡的状态下,供给方只能选择在现有需求方之间分配稀缺的资源。由于供给方在配置资源时出于自身的喜好进行从而导致资源分配过程中存在歧视性,这种歧视性表现为仅有部分中小微企业被分配到这些稀缺的资本,同时,广受需求方喜爱的供给方也未被分配到稀缺的资源,因而效率与公平在不平衡的状态下都无法实现。正是由于上述原因,使得我国非再生性资源中游企业处于同质化、低层次的重复建设,企业自身缺乏创新力,也缺乏外部环境的激励,从而出现企业生产出来的产品与需求不匹配,进而导致利润低的局面。下面我们以宝钢股份为例,从企业层面分析准入制度对中游企业创新能力的影响(见表7-7)。

表7-7　　　　　　国内外水泥企业创新力对比　　　　　　(单位:%)

指标	宝钢股份	浦项制铁
营业收入中研发投入的占比	2.0	2.4
公司总人数中研发人员占比	2.8	3.2

资料来源:笔者根据宝钢股份年报、Wind数据库整理所得。

从表7-7中可以看出,宝钢股份无论从研发投入占比还是研发人员占比来看,都不及浦项制铁。作为我国钢铁行业的"领头羊",宝钢股份一直以来实施以技术领先为导向的高端产品开发战略，注重各部门人才创新能力的培养，为实现全面掌握钢铁制造领域的核心技术，将先进的节能环保技术应用于新产品。韩国的钢铁领先企业浦项制铁也非常注重产品的技术研发，其产品结构主要以高附加值产品为主，为提升主要高附加值产品的市场竞争力、节约生产成本，浦项从现有的产品工艺和操作流程下手进行全方位的革新，在战略上，通过在上下游产业的持续投资扩大产品产能。浦项为使公司得以全面发展，同时涉猎有发展前景的新兴产业，因此，无论在钢铁行业还是非钢铁行业中都获取了相当可观的利润。深入研究后我们发现，韩国的水泥企业的准入制度较低，而浦项的新技术主要采用低质的煤炭，且煤炭的资源利用率最大可达到50%，这使得大型焦炉的运行更加经济。浦项以追求高附加值产品为主，因而通过核心产品WP（world premium）实现差别化战略，不断提高市场的占有率。2014年，浦项的WP产品比重为33.3%，2015年提升至38.4%，2016年占比达48.5%[1]。浦项高附加值产品的产量少，利润率却高，从而实现高额收益。这与中国高准入制度带来的效应刚好相反。所以，我国过高的准入制度导致企业安于现状，缺乏创新能力，进而致使产品供给低端化。

7.2.3 委托代理制度下的过度投资导致中游企业产能过剩

我国国有企业委托代理链较为冗长，一项活动需经多个部门审批，从而带来逆向选择和道德风险现象的发生。企业管理者往往因为缺少监督或者短期利益而出现过度投资，进而使得企业产能过剩。刘小玄（1996）认为由于国有企业的资本市场参与度不高，政企合一特征明显，国有企业自身的特殊性和所处市场环境差异，使得我国国有企业的委托代理关系存在特殊性。下面，我们对此进行具体的数据分析（见表7-8～表7-10）。

表7-8	2014～2016年各行业增加值构成		（单位:%）
项目	2014年	2015年	2016年
农林牧渔业增加值	9.3	9.1	8.9
工业增加值	36.3	34.3	33.3
建筑业增加值	7.0	6.8	6.7
批发和零售业增加值	9.7	9.6	9.6

---

[1] 文德：《浦项持续推进WP产品和营销战略升级》，载于《世界金属导报》，2018年6月19日。

续表

项目	2014 年	2015 年	2016 年
交通运输、仓储和邮政业增加值	4.4	4.4	4.5
住宿和餐饮业增加值	1.7	1.8	1.8
金融业增加值	7.2	8.4	8.2
房地产业增加值	5.9	6.1	6.5
其他行业增加值	18.4	19.5	20.6

资料来源：笔者根据国家统计局相关数据整理所得。

表 7-9　2012~2015 年我国非再生性资源中游企业固定资产投资额　（单位：亿元）

项目	2012 年	2013 年	2014 年	2015 年
石油加工、炼焦和核燃料加工业	2,500.45	3,039.13	3,208.49	2,538.65
化学原料和化学制品制造业	11,263.04	13,210.42	14,516.39	14,990.88
化学纤维制造业	845.96	1,049.40	1,099.20	1,112.21
非金属矿物制品业	12,061.58	13,756.58	15,785.57	16,747.63
黑色金属冶炼和压延加工业	5,167.13	5,098.67	4,781.30	4,257.19
有色金属冶炼和压延加工业	4,531.39	5,550.28	5,813.80	5,580.13
金属制品业	5,882.07	7,136.83	8,631.16	9,490.64

资料来源：笔者根据国家统计局相关数据整理所得。

表 7-10　2012~2015 年我国非再生性资源中游行业产能过剩指数

项目	2012 年	2013 年	2014 年	2015 年	均值
石油加工、炼焦和核燃料加工业	3.38	2.49	2.06	1.76	2.42
化学原料和化学制品制造业	0.73	0.69	0.32	0.81	0.64
化学纤维制造业	0.51	0.36	0.34	0.17	0.34
非金属矿物制品业	1.17	1.04	0.73	0.68	0.91
黑色金属冶炼和压延加工业	7.74	7.95	8.72	4.82	7.31
有色金属冶炼和压延加工业	0.24	11.11	7.87	7.68	6.72
金属制品业	2.53	2.38	2.12	2.02	2.62

资料来源：笔者根据《中国工业统计年鉴》（2012~2015 年）相关数据计算所得。

从表 7-8 可以看出，2014~2016 年工业增加值对国内生产总值的贡献率保持在 30% 以上，相当于其他几个行业增加值加总对国内生产总值的贡献率。工业也一直受到各级政府部门的重视,从而导致表7-9中的大多中游企业固定资产投资额自2012~2015年处于只增不减的趋势。表7-10中指数大于1即为产能过剩,中游产业中的大部分行业处于产能过剩状态,黑色金属冶炼和压延加工业产能过剩最大,造成中游产业产能过剩的原因有以下几点:

第一,各级政府迫于地方经济考核指标对中游企业过度投资。中游产业中的钢铁行业属于资本密集型、技术密集型行业,高投入就会带来高产出,钢铁项目的经营绩效会引起当地经济发展、GDP指数、财政收入、失业人数的波动。另外,钢铁企业在大多数地方税收中占比较大,当地钢铁企业的迅猛发展会带动当地经济发展。因此,地方政府出于多重因素会加大对钢铁企业的投资力度,且为钢铁制造企业创造有利的发展环境,具体表现为不仅为钢铁企业制定有利的税收减免优惠政策,而且为钢铁企业协调银行方面的融资贷款,而当某些企业仍不满足地方政府设立的税收指标时,出于部门整体利益的需求,有关部门会放宽对钢铁产品质量的严格监管,从而导致市场上迅速集聚一些低质产品,最终导致钢铁行业呈现产能过剩的状态。

第二,地方政府为吸引投资造成中游企业过度投资。以中游产业中的水泥行业为例,水泥企业具有小投资就能带来丰厚收益的特征,对于中型水泥生产线投入1亿元左右的资产就可建成,正是由于水泥企业这一特殊性,很多地方政府出于自身利益需要把水泥生产线的建设作为吸引投资的渠道,从而导致水泥产能过剩。

第三,企业以产量为指标导致非理性过度投资。目前我国中游企业的利润来源为产量带来的收益,主要是因为中游企业之间缺乏差异化,以生产低级产品和同质产品为主,缺乏独特的核心竞争优势,因而企业之间的市场竞争只能通过增加产量获取价格优势占领市场,即企业间的竞争关系仍维持在低层次的低价无效竞争。在以产量为目标导向的大环境下,当某一小企业产量明显增高时,一些大企业为扩张市场,便会加大对现阶段有产量优势小企业的投资力度,把产量优势作为提高市场占有率的主要手段,从而导致产能过剩。

7.2.4 国际市场上产品低端化且原材料对外依存度高从而导致利润较低

自2003年中国加入世界贸易组织以来,我国逐渐与全球接轨,经济呈现出全球化的趋势。当国内市场趋于饱和时,企业就会向更大的国际市场扩展,面临更大的挑战。而当下非再生性资源中游企业在国际市场上的产品呈现低端化,例如,我国钢铁企业的国际化仍处于产品输出阶段,只有宝武钢、鞍钢、首钢等优秀钢铁企业步入跨国经营阶段，但是仍以获取原材料和产品贸易为主，属于较低层次的跨国经营。下面，我们从数据中具体解答（见表7-11、表7-12）。

表7-11　　　　　　　　我国钢材进、出口量　　　　　　　（单位：万吨）

指标	2008年	2009年	2010年	2011年	2012年	2013年	2014年	2015年	2016年	2017年
出口量	5,919	2,460	4,256	4,890	5,575	6,234	9,378	11,239	10,849	7,543
进口量	1,540	1,760	1,645	1,560	1,366	1,408	1,443	1,278	1,321	1,330

资料来源：笔者根据中国钢铁网数据整理。

表7-12　　　　　我国钢材出口量及国际市场占有率

指标	2013年	2014年	2015年	2016年	2017年
出口量（万吨）	6,234	9,378	11,239	10,849	7,543
国际市场占有率（%）	15.29	20.72	22.57	22.89	16.29

资料来源：笔者根据世界钢铁协会数据整理。

从表7-11中可以看出，2008~2017年我国钢材出口量一直高于进口量，说明我国钢材产品目前在国际市场上具有一定的竞争力。从表7-12中可以看出，我国钢材的出口量及国际市场占有率大体呈上升趋势，因为钢材属于初级低端产品，而我国主要以出口钢材这类低端产品为主，我国钢铁行业一直以来以低价格的低端同质产品为主要竞争优势。2015年全球钢铁平均售价为137.92元/吨，而我国钢铁平均售价仅为66.83元/吨，还不到全球钢铁均价的一半。宝武钢股份作为我国钢铁行业的"领头羊"，一直致力于打造精品钢铁，坚持创新，以生产高技术、高附加值的钢铁为主，秉持以技术换市场的战略理念，但其研发能力与国际市场上的领先钢铁企业相比仍有较大差距，对高端市场需求反应较慢，使得日本的新日铁、韩国的浦项制铁等钢铁巨头把握机会，以高端产品为市场主力，占领了高端用户市场。可见，开拓国际市场还需提升我国钢铁行业整体的产品质量和技术创新能力。

此外，原材料对外较高的依存度使得以低价占领国际市场的战略受到威胁。以钢铁行业为例，钢铁的原材料为铁矿石，我国铁矿石储量高、档次低、质量差，不适宜作为钢铁生产原料，且我国铁矿分布不均衡、开采难度大、成本高，所以我国钢铁行业所用铁矿石主要来自进口，矿产资源丰富且资源集中度高的国家在市场上形成寡头垄断模式。我国铁矿石2002年进口量1.1亿吨，与2001年相比增长20.7%，此后几年铁矿石进口量一直都维持较高增幅。

从表7-13和表7-14中可以看出，我国铁矿石进口量处于逐年增长趋势，且主要集中于澳大利亚、巴西等矿产资源丰富且资源集中度高的国家，2013~2017年铁矿石的进口量依次为7.73亿吨、8.54亿吨、9.53亿吨、10.24亿吨和10.75亿吨，铁矿石的对外依存度也由78.5%上升为86.6%[①]，2017年铁矿石进口量占全球总进口量的51.99%。目前我国钢铁行业对进口铁矿石具有较高的依存度，使得我国在进口铁矿石的价格谈判中不占优势，居高不下的原材料成本使得钢铁行业在国际市场上难以取得低价优势，从而影响了在国际市场上获取的利润，影响了我国钢铁行业的国际化发展进程。

表7-13　　　　　2017年铁矿石主要进口国的进口量及总金额

指标	澳大利亚	巴西	印度	其他国家
进口总量（百万吨）	865.00	295.00	34.91	207.12
进口总金额（亿元）	600.47	222.13	25.67	144.10

资料来源：笔者根据中国钢铁网内容整理所得。

表7-14　　　　　2013~2017年我国铁矿石进口量　　　　　（单位：亿吨）

指标	2013年	2014年	2015年	2016年	2017年
进口量	7.73	8.54	9.53	10.24	10.75

资料来源：笔者根据国家统计局相关数据整理所得。

7.3　非再生性资源中游产业供给侧价值链建构

针对非再生性资源中游企业供给侧价值链的特征，立足于非再生性资源中游企业供给侧中存在的根本性问题，本书拟通过以下列出的几个方面提出价值链建构方案。

7.3.1　通过横向战略联盟、兼并重组提高行业集中度

通过前文分析发现，我国非再生性资源中游产业行业集中度低于其他国家，行业内部出现无效竞争压低了产品应有的价格，进而使得企业的利润偏低。鉴于此，我们认为我们可以通过横向战略联盟和兼并重组的方式建构非再生性资源中游企业供给侧价值链。

7.3.1.1　横向战略联盟

构建横向联盟可使企业之间相互学习，减少无效竞争，实现共享资源和降低

---

① 根据进口依存度＝进口总额/国内生产总值计算得到。

交易成本，进而提高行业集中度。企业在参与构建战略联盟时应注意以下几个方面的问题：

（1）明确构建战略联盟的目的。

通过战略联盟的方式构建非再生性资源中游产业供给侧价值链，必须明确企业参加价值链构建的目的是什么，即企业想从中获得什么样的利益。对于规模较小的企业来说，企业必须明确自身的优势，例如，由于要在市场占有一定份额而不断进行的创新活动以及体制灵活、组织精干的特征。从自身特定情况出发，保留自身的关键环节和优势活动，寻求与大企业的联盟，进而提升整个价值链的竞争能力。对于规模较大的企业来说，应该充分利用小企业的创新优势，并将自身的管理体制引入小企业帮助其减少成本、控制风险，达到产业链上规模经济的实现，以此来为实现企业做大做强的目的夯实基础。

（2）选择合适的战略联盟伙伴。

战略联盟伙伴的选取直接关系到战略合作的成功与否，因此尤为重要。当伙伴企业之间的企业文化和管理体制一致性程度较低时，企业之间的战略分工很难协调，更不要提战略合作的资源共享、风险共担。当企业决定选择战略联盟方式的时候，必须要对双方的战略目标等进行一致性的考察和评估。

（3）正确选择战略联盟的形式。

联盟的类型多种多样，形式上也有所区分。根据价值链理论，国际上将联盟的形式分为横向战略联盟、纵向战略联盟和跨国战略联盟。企业在选择符合自身的联盟形式时，应该将产业吸引力、战略目标、企业自身能力作为重要依据（罗红雨，2013a）。针对中游企业由于规模较小出现的无效竞争而致使产品价格低于应有价格的现象，企业应该结合自身情况选取适合自己的战略联盟形式。根据旨在取得规模经济、降低成本和风险的战略目的，企业应该采取横向战略联盟，充分利用小企业组织灵活、人员积极性较高和便于管理等特点，与大企业形成战略合作伙伴关系。同时，加强产品定价合作，共享恰当的价值活动——该价值活动共享带来的优势大于成本，该价值活动就可以共享。其中，主要包括合理化生产设备和生产线的重新界定等。通过横向联盟的方式扩大企业规模，提高行业集中度，统筹规划管理价值链上相关企业的产品资源生产和供给。

（4）加强战略联盟的风险管控。

合作伙伴的选择对于战略联盟的成功与否起着关键性的作用。在选择合作伙伴时，公司要将合作伙伴的战略与本公司的战略是否相似，合作伙伴的企业文化与本公司的企业文化是否契合这两个基本要素列为主要考量范围，两要素中任一要素之间的不一致都有导致联盟的失败。在战略联盟组织形式中，每一个联盟成员都是完全独立的法人主体，而且都是以实现自身最大化利益为目标参与到联盟中来，存在完全自利倾向的行为动机，为了获得市场中更有力的竞争地位，企业的行为多倾向于损害其他企业的利益从而实现自身利益最大化，同时，联盟成员为了在联盟契约中获得资源优势，往往会保留企业最核心的信息、技术优势，因此会造成联盟方的信息不对称，这种信息不对称是引发委托代理问题的一方面，如在事前联盟中引起逆向选择问题，在事后联盟方也存在隐藏行动或信息的道德风险。

7.3.1.2 兼并重组

企业间的兼并重组能够一定程度地将小企业的优势有效纳入大企业中。与战略联盟不同的是：通过企业兼并，将小企业的规模扩大，但是被兼并的企业法人也会在兼并过程中丧失原有权利和地位。而战略联盟可以是两个或两个以上企业共同出资组建公司或共享资源、技术以达到利益共享，现有法人不会消失。通过这种方式，非再生性资源产业中游企业可以提高公司经营活动的效率——管理效率和经营效率，进而提高社会效益。在实行兼并重组时应注意以下几个问题：

政府应当支持、指导非再生性资源产业中的中游国有企业兼并重组，同时减少不必要的行政干预。国有企业作为政府扶持的企业，其在经营能力、财务能力和人才储备上都具有先天的优势，有能力实现企业间的兼并重组。因此，政府应当制定有利于中游企业进行兼并重组的政策，实现国有资产的合理分配，提高非再生性资源中游产业的行业集中度。例如，可以通过收集大数据，了解市场信息，建立以市场信息为主，以税收指标的综合评价体系为辅的综合考察体系。通过前期考察，确定应当且有必要被兼并重组的目标企业，以及确定有能力进行兼并重组的企业。此外，减少政府不必要的干预。如果政府以补贴的形式干预市场，就会造成企业过多依赖于政府，产能不仅无法撤出市场，更会影响企业应有的经营利润，影响企业决策的基础。反之，政府如果打开市场体系的闸门，就会让市场适当自发的运转，激发市场活力。即凡是市场能够自主调节的地方，尽可能通过市场来实现自主调节。

银行担负起协助政府加快推动企业间兼并重组的责任。由于我国一些中小型企业的出现和银行的偿债压力，中游企业规模难以扩大，行业集中度偏低。银行作为国家货币政策调节的辅助部门，应当妥善处置落后企业的债务和银行不良资产，加快不良贷款核销和批量转让进度，加速不良企业银行债务的置换，进而促使企业间的兼并重组——通过技术提升中游行业的水平，通过转型升级、产品创新增加中游行业附加值，进而扩大企业规模，提高行业集中度。以此推动长期背负债务的中游企业应退尽退，将连年亏损、资不抵债、扭亏无望、靠银行续贷等方式生存的企业实施整体退出。

降低退出壁垒，加快市场中"僵尸企业"的退出。结合污染排放量的指标，加快部分长期背负债务企业的退出，完善市场退出机制。非再生性资源中游企业大多为制造业，其污染物排放量是对社会环境造成危害的因素之一，因此可以通过利用限制污染物排放量来完善市场退出机制。例如，2015年，非再生性资源中游产业的主体行业钢铁行业中19个钢铁品种均创历年新低价格，其中建筑钢材产品和铁合金品种的价格创下13年历史最低。在产能过剩和企业亏损的推动下，2015年10月以来，福建三钢、宣钢、成渝钒钛、包钢、首钢长治、新抚钢等钢铁企业相继以生产线检修为由变相停产。行业亏损虽然加剧了产能淘汰，但由于市场退出机制不完善，导致新增产能源源不断，产能过剩又使得产品价格下滑。

建立并完善现代企业制度，形成规范的法人治理结构。产权不明晰是现阶段我国企业存在的普遍问题，而兼并重组是企业战略重组的一种重要方式。企业可通过兼并重组，重新审视企业自身条件，建立并完善现代企业制度，规范法人治理结构，从根本上解决非再生性资源中游产业中存在的产能过剩和价格偏低问题。在企业制度建设方面，通过合理配置所有者与经营者之间的权力，建立有效的激励、监督和制衡机制，同时将兼并重组与建立完善现代企业制度结合，提高企业自身的经营管理能力；通过建立规范的法人治理结构，将政企有效剥离，形成科学的决策机制、执行机制和监督机制，同时，有利于帮助企业形成良好的兼并重组效果，解决非再生性资源中游产业行业集中度不高的问题。企业间的横向战略联盟和兼并重组是当今全球经济发展的一个趋势，大多企业都在实现从产品经营向资本经营的转变。兼并重组以及股份制改革，是非再生性中游企业的转型机遇——可以通过大型企业集中借贷资本支持真正有潜力的中小型企业，通过兼并重组形成具有强大核心竞争力的集团公司，从而加快非再生性资源中游企业的发展进程。例如，2005年鞍山钢铁和本溪钢铁合并为鞍本钢铁集团，有效地推进了长期负债企业的淘汰；柳州钢铁与武汉钢铁的重组，宝钢集团和马钢控股的联盟，唐钢、宣钢和承钢的合并，济钢集团和莱钢集团的合并，首钢集团与新唐钢集团的合作，武钢集团与昆明钢铁集团的重组，宝钢与邯钢的合作有效增加了我国钢铁行业的竞争力。

7.3.2　确定以质量为导向的标杆管理，补齐创新短板

通过前文的分析发现，我国非再生性资源中游产业准入制度较高，致使行业内部长期处于同质生产状态，出现企业安于现状，缺乏创新力的现象。同时，企业产品原材料对外依赖程度过高，以及产品低端化的现象存在日久。鉴于此，我

们认为可以通过以质量为导向的标杆管理方式建构非再生性资源中游企业供给侧价值链，主要从以下几个层面进行。

7.3.2.1 从企业层面

标杆管理的管理方式为企业创造一种间接竞争机制，鼓励企业不断创新。标杆管理是指企业学习业界最优秀的企业，从而弥补自身管理水平和技术水平的不足，从根本上提高自身竞争力。标杆管理即为企业通过将自身情况和企业内外部进行比较，找到差距后，学习赶超的过程。通过设立行业或企业指标，使得行业内企业与指标对标弥补差距，从而达到激励效果。但其首要前提是：企业充分了解自身情况，明确自身急需改进的产品、流程、管理或战略，明确企业所追求的核心竞争力的方向。然而，标杆管理不是单纯的直接应用优秀企业的知识和经验，而是将重点放在完善企业制度、调整企业结构、培养企业文化、纠正员工思想上。其实质在于激励企业提升技术创新能力，进而从根本上提升企业的核心竞争力，而非盲目模仿导致陷入战略趋同的怪圈。

将标杆管理过程渗透于企业内部，提高企业创新动力。对非再生性资源产业中游企业来说，把握标杆管理过程，就是要利用标杆，建立属于自己的质量标准体系。标杆管理的应用主要分为以下四个阶段：规划阶段、数据收集和分析阶段、实践阶段和提升阶段。其中规划阶段主要是要明确企业拟采取的标杆管理的内容、确定对标的基准。其中，根据对标内容不同，可将"基准"划分成不同的类型：企业内部的优秀工艺环节、竞争对手、行业内的领先企业，也可以将整个企业作为对标对象。不同对标内容的标杆管理可采用不同的基准进行对标，一般来说，在产品标杆管理中，对标对象多为竞争对手；过程、管理、战略标杆管理的对标对象多为竞争对手或行业内的领先企业。数据收集与分析阶段，企业可以明确观察到自身与对标企业的差距，并确立对标后所要实现的目标以及对未来工作做出的计划。实施阶段和分析阶段主要从制定计划入手，实施、监控、调整计划，并且根据企业实力的不断提升，及时调整对标企业。此外，尤其要注意的是应当将标杆管理作为一项动态过程而进行持续改进。企业通过标杆管理获得一定成效后，不能就此止步，要在已有竞争力的基础上总结经验，并根据环境变化随时调整标杆。对于非再生性资源中游企业而言，小企业可选择国内领先企业进行对标，通过把握标杆管理的过程，将其渗透于企业内部，充分利用标杆给企业创造的榜样作用，不断加大研发投入，创建并完善质量标准体系，以提高企业产品质量。

以质量创新为核心的质量管理新范式，为企业创造了另一种间接竞争机制，鼓励企业不断创新。随着科学技术和知识经济时代的发展，质量管理的方式不再局限于在设计、生产等环节"减少错误",更多的是强调对产品的一种颠覆性变革,从根本上鼓励企业创新。这种质量管理的理念强调企业不断创新——企业必须深入了解用户的需求和渴望,将其转化到价值链上的企业上,以用户价值主张为根本性目的,设计创新产品质量,进而开展质量保证活动。不积极参与质量创新的企业,终究会因其产品无法满足客户需求而被市场淘汰;倘若企业能够积极参与到质量创新的活动中去,不仅能够创新出满足用户需求的产品,更能提高企业的市场份额,帮助树立企业的形象,实现整个企业的跨越式发展。此外,通过质量创新来保证产品质量的企业提高了行业进入壁垒,也就解决了因准入制度低带来的关于企业缺乏创新动力和产品低端化的关键问题。

质量创新贯穿于上游和中游企业之间,为企业提供更高品质的产品。随着人们生活水平的日益提高,顾客的需求也在发生着日新月异的变化,由原来只追求经济性的原则演变成质量经济性原则。上游企业依照用户的质量价值主张开采上乘资源和创新资源分离方式、按照合理谨慎的市场预测开采合理数量的资源;中游企业依照顾客对质量的追求打造有一定质量创新水平的半成品及其下游企业所需的原材料。其中,中游企业在生产加工资源时,首先应当树立质量创新观念,使其渗透于企业内外部。企业内部树立质量创新观念有利于员工和管理层在工作各个细节中把握产品质量,生产质量较为上乘的产品,从而增强企业核心竞争能力。企业外部树立质量创新理念有利于减少企业产品的不合格率,进而减少由于价值链相关企业的交易频率带来的通信成本、交易成本等一系列额外附加成本,同时通过提供质量保障产品,加强与价值链上的下游企业的合作;此外,企业应当制定合理的质量标准。合理的质量标准能够帮助企业的生产活动保持一致性和通用性,能够在互联网时代之下保证技术之间的兼容性,能够保证质量评估过程中的客观性和公正性。所以,合理的质量标准能够帮助企业的生产保持一定的先进性,从而获得上乘品质的产品,同时提升企业的竞争能力。由于用户的质量价值主张的多样性,所以企业在制定质量标准时应当遵循多样化的现实情况,根据企业生产产品的特殊性,结合国际和国外先进标准,制定符合自身发展战略目标的质量标准;再者,应当将质量创新贯穿于企业内外部生产、管理活动的整个过程。对中游企业内部来说,将质量创新理念贯穿于企业整个活动过程中就是要在企业内部整个产品流通环节中采取质量创新。其中,在产品研发设计环节贯穿质量创新理念,加强与下游销售商或者代理商沟通交流,及时可靠了解顾客需求,通过创新及时满足顾客对于质量的要求与渴望,这种方式实质上是事前质量控制过程。在产品生产环节贯穿质量创新理念,采用排列图法或者分层法找到影响产品质量的主要因素,采用因果图法找到质量特性波动及其潜在的原因,采用直方图法整理分析质量数据并判断预测生产过程质量，采用散布图法找到两个质量特性之间是否存在相关性及其相关关系，利用统计调查表整理生产中的作业和质量偏差分析等方法增强企业的质量创新，加强企业的产品质量管理，这种方式实质上是事中控制。在产品销售环节贯穿质量创新理念，加强与顾客沟通交流，及时了解客户迫切的需求和愿望，向上游企业不断传递压力；对中游企业外部来说，企业应贯穿质量创新理念，构建和谐有效的价值链。通过对供应商进行评价和选择来加强供应商的质量管理，主要选择信用评级较好、理念文化相似的供应商伙伴，有利于企业之间的信息共享和及时供货，与具有相似企业文化的企业更易商定产品价格，把控质量。通过对销售商评价和选择来加强销售商的质量管理，主要选择营销能力较强、资源丰富的营销团队，有利于企业充分利用该团队人员的综合营销素质，进而减少培训成本，建立一体化的分销系统。质量创新贯穿于上游和中游企业之间，从而实现价值链上相关企业相互扶持、质量战略和降低成本的目标。

结合标杆管理、成本管理与质量管理，增强企业创新动力，为企业研发注入活力，提升企业竞争优势，对非再生性资源中游企业来说是一个有效提升核心竞争力的方法——即在市场经济原则和规律为导向的前提下，以行业内先进企业成本指标作为参照依据，找出现阶段企业自身差距和效益提高点所在，结合参考指标制定本企业的成本指标，并将其作为企业控制成本行为的核心一以贯之，对员工形成成本压力，发动全员参与企业成本管理，帮助企业扭亏为盈。与此同时，需要注意的是不能因为一味追求低成本而放弃企业产品质量，保证产品质量是企业降低成本过程中不能逾越的重要防线，保持标杆管理、成本管理与质量管理齐头并进、缺一不可的战略模式。企业进行成本管理来提升竞争优势时，应当把握质量管理的过程，实现企业产品的质量保证。实质上，标杆管理的适用性特别广泛，在当今竞争为主旋律的时代，生产周期各个阶段上的企业都需要通过标杆管理激励企业追求创新，从而达到低成本、高质量、保有核心竞争力的战略管理模式，进而保持企业稳定发展的可能性。但值得注意的是，这种你追我赶、朝气蓬勃的发展态势仅适合于企业内部价值链治理，而不适合于企业外部价值链治理。由于中游企业长期安于现状，缺乏创新驱动，致使企业效率逐渐下降、业绩不断下滑以及员工缺乏积极性，采取标杆管理从本质上直接解决了企业内部安于现状的问题，为企业注入了新的活力。

7.3.2.2 从行业层面

建设大型非再生性资源中游产业集群基地，提高企业创新动力。通过建设产业集群基地，提高产业的生产集中度和资本集中度，为企业创造良好的竞争环境，迫使企业为改善产品质量而不断创新。首先，在同一个产业集聚群中的企业所面临的基础环境相似，而区域内又有大量竞争对手存在，迫使企业不断追求创新和变革，以保持在行业中的领先地位和不同于行业内其他企业的差异化经营。同时，产业集聚群中的企业对客户的新需求反应灵敏，增加了企业发现新技术和新渠道的机会，这些都将有助于企业不断提高产品和服务质量，从而提高产业的整体竞争力。其次，地域邻近使得企业在获取所需信息时非常便捷，企业间技术关联性强、人员交流频繁、合作次数众多使得区域内的知识和信息透明度高，给企业创新提供了学习的机会。通过支持优势企业搭建产能整合平台，建设大型集团基地式的非再生性资源中游产业，优化产能布局，提高生产集中度；并结合技术改造，提升生产要素创新的配置效率，以提高企业创新动力，提升产品质量。

7.3.2.3 从政府层面

政府部门要扮演好角色。政府在非再生性中游资源产业中，应当适当由全能型政府逐渐向服务型政府转变，从政府主导型市场经济向市场主导型市场经济过渡，增加政府的经济人属性，使各种生产要素在市场竞争中自然选择、适者生存，创造产业的合理布局，创造有效、公平、透明的市场竞争环境。政府部门应该降低进入壁垒，尤其是降低行政性进入壁垒，发挥市场有效竞争机制，从而角逐出有能力的企业进入市场，为用户创造价值，同时给长期安于现状的现有企业制造一定程度上的市场压力，迫使其不得不加快创新的脚步，改善产品质量。通过降低进入壁垒，减少了非国有企业进入的隐形额外成本，进而诱导民营企业的进入；减少对国有企业的偏向性政策保护，利用市场机制有效淘汰低效率的国有企业；修正偏向于国有企业的政策扭曲，从而提高资源的配置效率。通过市场竞争机制，释放市场活力，使企业不得不通过产品的技术创新机制缓解市场压力，从而优化非再生性资源中游产业结构。简而言之，对于中游产业来说，大多为技术密集型行业，产品差异化是企业获得竞争优势的重要手段，而要在市场上存活下去的愿望使得其主动性增强，使其不得不加强技术创新。再者，鉴于非再生性资源中游企业缺乏市场竞争机制的特征，需要适当的外部竞争力推动企业加强创新投入，加强技术创新。政府可以利用合作研发计划带动产业技术；或者对降低产品成本、提高产品的竞争力、提高产品质量的企业进行激励表彰。即一方面我们要继续维持低端产品的成本优势，另一方面要通过技术提升提高中高端产品的比重，优化产业结构；又或者可以用政府拨款诱导企业加入创新行列的方式，创新产品竞争优势。

7.3.3 完善代理人市场，缓解委托代理冲突

通过前文分析发现，我国非再生性资源产业中游企业中由于委托代理冲突的

存在，致使产能过剩现象严重。鉴于此，我们认为可以通过从不同层面完善代理人市场的方式建构非再生性资源中游企业供给侧价值链。

代理人期权激励的薪酬契约制度缓解了委托代理制度下的过度投资现象。建立并实施有效的薪酬契约制度，将经理人的薪酬与企业绩效相挂钩的薪酬契约制度能有效抑制经理人进行投资决策时只考虑短期盈利项目，不考虑以企业长远利益为主的长期发展行为，从而缓解因过度投资产生的产能过剩。为解决这个问题，我们拟采用期权激励的管理方式，目的是通过改变以往国有企业经营者的薪酬机制，将经营者的长远收益和公司所有者关于实现利润最大化的同时实现企业可持续发展的目标联系在一起。同时，一旦经营者购买了公司的股票，便成为企业的所有者，与公司股东一同分享企业增加的财富，这样可以约束经营者的行为。其中，期权的核心就是将管理层的个人收益和企业的长期收益统一起来，激励企业管理者在生产中既强调当前收益，又结合未来价值。将代理人的自身收益与企业经营状况联系到一起，有利于激励代理人积极努力工作，对企业的经营活动作出及时有效的决策，减少机会主义行为。有利于促使经营者更关心关于未来企业的切身利益，认识到个人效用最大化的前提是企业效益最大化，从而使两者目标一致性达到最大化。这种方式对于非再生性资源中游企业来说，减小了上游企业经营者因过度投资导致的产能过剩。

建立并完善职业经理人市场。那些空降到国有企业的经理人或多或少带有行政色彩，他们很可能将期权激励当成一种福利，进而造成期权激励的无效性。现如今我国上游企业的处境可以说是举步维艰，即使国家政策对其支持，也不能完全使企业脱离困境。这种情况下，企业只能通过自救来实现健康持续的发展。首先，选拔职业经理人。经营者应该是具有专业知识技能和经验且通过层层选拔的职业经理人。通过选拔的往往是一批人当中较为优秀的人才，具有丰富的管理实践能力，从而为企业的经营提供相应的指导。其次，完善选拔流程和方式。按照彼得原理，管理人员的能力往往达不到自身所处管理层次的要求。所以对管理人员的选拔和任用就显得格外重要。企业应该通过智力测验、水平和悟性测验以及业务考核和个性测试等方式综合考察职业经理人。通过人才市场的竞争机制为国有上市公司选拔优秀的职业经理人，使经营者的能力能够得到提升，进而促使公司长期健康发展，改变产能过剩和价格偏低的局面。实行期权激励，有利于企业经营者关注企业长期的经营效益、区域的空间价值以及企业的内在价值。

综合使用股价和综合财务指标体系作为行权的标准。若企业将股价作为唯一标准，往往会使代理人以提升自身收益为动机，通过操纵利润的方式来抬高股价，以谋取行权后的利益。因此不应单独以股价作为股权行权的标准，而应同时辅以对企业相关财务指标的考核，形成更为科学合理的股票期权行权标准。其中用来考核代理人的财务指标分为市场化财务指标（股票价格增长率等）和非市场化财务指标（包括平均净资产收益率、净利润增长率等）（袁振兴，2016）。市场化财务指标因为受到会计行为的影响，容易被会计人员和代理人合谋对其进行操控；非市场化财务指标与代理人的行为绩效息息相关，不易受到市场和隐藏行为的操控，更能体现代理人的绩效。为此，我们应该坚持将股价作为首要行权标准，同时加入一些可以作为辅助分析的相关财务指标以综合衡量管理层是否可以将其拥有的股票期权进行行权。此外，应当注意使用期权激励时，对代理人的目标设定不应过高或者过低。

7.3.4 通过纵向战略联盟实现产业一体化，减少企业对外依赖

通过前文分析发现，我国非再生性资源中游产业以低价的低端产品占领国际市场，而原材料对外较高的依存度使得我国在国际市场上的利润被压低。鉴于此，我们认为我们可以通过纵向战略联盟的方式建构非再生性资源中游企业供给侧价值链。

上下游通过纵向联盟建立战略合作关系，从而降低成本提高利润。产业价值链上的纵向联盟，即将企业具有比较优势的增值环节加入其他价值链中形成一个具有整体优势的完整价值链，实现优势互补、互利双赢，使得价值链更具有动态性、全面性。除了前述关于联盟应当注意的问题之外，纵向联盟尤其需要注意以下几个问题：

一是通过纵向战略联盟，整合技术活动，减少企业对外依赖程度，提高经济效益。就目前我国非再生性资源产业中游企业情况来看，对外原材料的依存程度过高致使企业的交易对手有较高的议价能力，进而使得中游产业在与上下游产业的价格谈判方面呈现劣势。纵向联盟使得企业间能够实现优势互补，技术优势使得企业可以实现自主研发生产活动，降低对外依赖程度。此外，企业的活动通过各类价值活动构成，将技术要求相同的价值活动进行整合，有利于减少不必要的生产环节，减少装运环节，进而减少生产成本和运输成本。整合技术活动上的纵向联盟，对上游的业务和或者下游的业务都具有相当意义的重要性。

二是通过纵向战略联盟，及时保证供应或者需求，减少企业对外依赖程度，提高企业经济效益。纵向战略联盟在一定程度上缓解了企业因排产时间紧，而无法接收到稳定的原材料供应现象，即降低供需不确定性，保证企业不受价格波动的影响。虽然纵向联盟能在一定程度上缓解企业可能出现的供需问题，但是其产品的内部转移价格不宜过于低于市场价格。尽管内部转移价格较低，但是其往往

会出现厚此薄彼的现象，致使企业做出的决策有失公允。例如，上游企业以较低的价格向下游企业提供产品，则有损上游企业的利益；而下游企业会将这种较低价格反映在市场价格上，认为其获得成本较低，试图通过较低的销售单价获取市场，进而要求企业提供更多的产品。这对于上游企业和下游企业来说，都是不理智的。所以，我们应该正确审视战略联盟缓解的供需问题，将这种方式视为缓解企业受市场价格影响的工具，而非企业的永久生存之道。

三是通过国际化的纵向联盟方式，拓展企业获得经济原材料的渠道，促使企业在国际市场上获得一定议价能力和市场份额。随着"一带一路"倡议的提出，非再生性资源产业中游企业需要及时且充分地把握国际化进程，结合自身优势，着眼于国际上的发展机会，寻找国际化的纵向联盟对象，以此来拓展企业，获得更具有优势的原材料，进而促使企业在国际市场上获得地位和话语权。

小 结

本章研究表明，中游产业出现严重的产能过剩、资源价格偏低和核心技术缺位的现象。为解决此问题，力图从四个方面进行中游产业供给侧价值链的建构。（1）通过横向联盟和兼并重组来减少恶性竞争，进而提高行业竞争力的治理路径；（2）基于"马歇尔冲突"的认识上，通过质量导向的标杆管理解决规模、成本和创新的协调问题，从根本上解决好成本居高不下、产能过剩造成的结构性矛盾和核心技术缺位造成的产品低端化等现象；（3）完善代理人市场，缓解委托代理冲突；（4）通过纵向战略联盟减少对国外原材料的依赖性的治理路径。

第 8 章

下游产业供给侧价值链治理路径

第 5 章的分析表明,在"空间价值—链主主导权—核心能力—治理环节"治理框架下,提高下游产业的链主主导权,能够提高整个产业链的竞争优势,进而可以打造高品质的产品体系。就其治理而言,由于我国下游企业整体实力偏弱,不能够很好地创造消费者主张,很难带动消费者消费倾向的转变,进而在治理上应强调其做大做强,形成影响或主导市场消费的态势。本章中所指的非再生性资源下游产业,是指处于产业链的最末端,通过对开采出来的原材料进行深加工和转化处理,制造出应用于生产和生活中的实际产品,是与人类的日常生产生活最紧密相关的环节。对于非再生性资源下游产业,产品的供给与需求是紧密相关的,需求决定供给的质量,供给映射需求的层次。只有供给和需求的有效对接,才能促进下游产业的良好发展。对此,我们将基于《中国工业统计年鉴》中所提供的产业数据,以及上市公司的年报,具体分析当前非再生性资源下游产业中存在的供需不匹配的结构性矛盾问题。将通用设备制造业、专用设备制造业、汽车制造业、电气机械及器材制造业划分到非再生性资源下游产业,分析在这些行业中存在的缺乏核心技术、民营企业过度追求低成本等原因造成的供需不匹配问题,并通过引导企业顺应市场需求进行价值链成本控制、国有企业与民营企业间的合作以及政产学研的密切结合等措施,来提高下游产业的有效供给,实现供给和需求的有效结合,解决下游产业的供需不匹配问题。

8.1 非再生性资源下游产业供给侧价值链治理特征

非再生性资源下游产业由于产业集中度低、中小企业众多以及资源分配不均等问题导致大多数的民营企业选择过度追求低成本来创造利润,而国有企业出于短期利益考虑,使整个下游产业供需匹配度不高,发展停滞不前。本节在理论分析这一部分利用了委托代理理论、信息不对称理论、市场导向理论、产业价值链理论进行分析,为后续的问题研究以及价值链建构做基础。

8.1.1 市场导向的偏离是非再生性资源供给的企业目标导向特征

8.1.1.1 非再生性资源供给侧的市场导向偏离

委托代理关系的产生催生了一系列的委托代理问题，道德风险和逆向选择是非再生性资源下游产业中很多企业普遍存在的问题，作为与人们生活息息相关的环节，这些问题的出现也导致下游产业的产品偏离市场导向，造成供需不匹配。对于企业而言，资源是有限的，企业要想在有限资源的条件下获得长足健康的发展，除了要在技术水平上获得提高，还要在公司治理上得到改善。对于国有制造企业，采取的是我国特有的双重委托代理关系，在这种委托代理关系下，容易出现监督机制不完善和代理成本过高的问题。在我国国有企业的双重委托代理关系中，第一层委托是指各级政府与国资委的委托代理，第二层是指国资委与国有企业的委托代理。在各种所有制企业下，国有企业的代理成本是最高的，这是因为在国有企业内部设置了较多的监督机构和内部控制程序，治理结构复杂。与民营制造企业相比，民营企业一般以经济效益为主，而在国有企业中委托人一般比较注重一些功能性指标，比如文化及制度建设等指标，把经济效益放在次级的位置上，导致个别企业不作为，产品没有创新性，不仅不能与市场完全的挂钩，而且占据的资源得不到充分的利用，造成浪费。

同时，企业通过开拓市场获得更多的利益，会对供应商、经销商、物流服务提供商进行招标，但大多数企业会看中招标企业的价格，而忽略供应商中间产品的质量、经销商服务及售后的质量以及物流方面仓储、运输的质量，导致"劣品占据良品市场"现象的出现。究其根本原因，是作为委托人的制造企业无法了解下属的委托企业是否按照他们的意愿进行行动，只能看到最终的结果。同时，在资源有限的情况下，代理人也有可能为了自身的利益，做出一些违反道德的行为，比如偷工减料、以次充好，再以低价卖出，获得销售量的增加，而委托人看不到代理人这一切作为，只看到了销量和利润的结果，因此又会继续选取这些企业作为代理商。当所售出的产品出现问题时，代理人又会把这一切的错误归结于外生事件，比如自然环境、社会环境、经济政策等，这样一种不道德不敬业的行为导致了市场上次品的增加，不仅不会满足人们的需求，还会导致资源的浪费。

8.1.1.2 非再生性资源供给侧的市场导向偏离造成供需不匹配后果

在我国非再生性资源下游产业中，存在着供需不匹配的现象，主要表现为有效供给不足，无效供给过剩。在这样的问题下所表现出来的市场是病态的，好的产品退出市场，差的产品占据市场，劣等品逐渐替代优质品，最终导致市场中都是劣质品。在下游产业中存在的逆向选择现象主要是由于国有企业和民营企业的资源分配不均造成的。

下游产业的国有企业与民营企业在市场上发挥着不同的作用。国有企业存在一些显著性特征，比如财产所有权归属国家，同时兼负社会公平等社会职责，往往不以利润最大化为目标。而民营企业具有资产的所有权、利益分配权，可以按劳分配，能够任免或招聘、解聘公司职业经理人，以追求利润最大化为目标，另外，民营企业所掌握的资源和实力有限，但机制灵活、响应快、效率高、执行强。

下游产业中，民营企业众多且竞争激烈，行业集中度较低。并且，在上、中游资源分配中，与实力雄厚的国有企业相比，民营企业只能分到极少的一部分，民营企业的力量因此而很弱小。尤其在一些行业，由于进入壁垒低会引起很多民营企业争相进入，为了占有市场份额，不得不与实力雄厚的国有企业进行竞争。这些民营企业想要发展，就需要花费更多的成本来进行生产，短时期内这些成本对企业的影响不大，一旦时间过长，一些民营企业会无法承受过高的成本而选择退出市场。而一些继续留存下来的企业为了获取利益，会尽量地减少生产成本的产生，过度追求低成本高利润而不管产品质量的好坏。久而久之，这些民营企业所生产出来的产品大多质量欠缺，残次较多。生产正常品利润远远低于生产劣质品的利润，降低了市场配置资源的效率。

8.1.2 以市场为导向为下游企业供给侧价值链建构提供思路

8.1.2.1 针对我国下游企业产业链衔接不完整的现象，理论分析上有两种方式来进行衔接

在我国下游产业中，由于资源的分配不均，导致国有企业和民营企业无法发挥各自的优势。产业链、价值链和供应链无法有效衔接，产业价值链在下游产业难以发挥其作用。对于建立产业链的完整性主要有两种方式，一种是进行"产业链的整合"，就是在逐渐分离的企业当中发挥它们的优势，起到协调需要的作用；另一种是"产业链战略整合"，企业本身有自己的目标和长远规划，为了达到目标，在自身条件受限的情况下，就要寻求其他有共同目标的企业来进行协作。

第一种方式适用于国有企业与民营企业之间的相互合作。在资源分配不均的情况下，民营企业的优势在于体制灵活，明确市场的方向，创新力度以及竞争力度强；国有企业的优势在于拥有强大的融资资源，物质资源丰富，背后有政府的扶持。可以将二者的优势结合起来进行合作，在资源有限的条件下，发挥专业化

和规模化的双重效应,实现资源效益的最大化,生产人们所需的产品。如果设计和生产由国有企业和民营企业共同合作,国有企业负责保障质量,民营企业负责设计创新,在这样一种结合下,生产出来的产品必然是优质好用的。国有企业和民营企业相互合作的方式,会帮助国有企业把一些低质量的资产转变为高质量的资产,同时民营企业也会规避一些风险,资本得到稳定发展,促进我国社会的经济增长。

第二种方式适用于民营企业之间的合作。民营企业作为下游产业的中坚力量,其自身所存在的竞争力就是能够带动整个下游产业发展的"调和剂",所谓良性竞争必然是以创好创优为前提的,自然成本的消耗也是很大的。然而在下游产业这一资源分配不均的情况下,民营企业很难做到依靠自身的力量来进行良性竞争,这就需要各个民营企业之间进行良好合作,共享资源,实现"1+1>2"的目的。这样的方式实现了资源的优化配置。为了共同的目标,各个企业发挥自身最大的优势,共同合作,共享资源,对外竞争,也实现了利益的最大化。

8.1.2.2 针对我国下游产业缺乏核心技术的情况,实现创新链与产业链的有效结合

核心技术的缺乏是导致我国非再生性资源下游产业出现供需不匹配问题的一个主要原因,实现创新链与产业链的有效结合,能够提升下游产业的核心技术,更好地解决供需不匹配的问题。

(1) 创新链理论的发展。

熊彼特(1912)认为创新的重点在于经济范畴,而非技术范畴。这个观点对后来学者关于创新的看法影响深远。人们仅仅只注意到了开发的新技术对于提高产出水平和生产能力的重要性,但对于创新的过程以及其产生的经济影响却鲜少知道。由此便引发了对创新链的探索,要想使理论层面的创新理念转换成为有价值的商品服务,就需要使创新经过环环相扣的创新链才能达到,无论是在产品创新上还是工艺创新上都是如此。自此,在跨企业边界、跨产业部门的新的商业环境下,创新链开始有了新的发展,不再仅仅局限于技术研究这一方面,开始与企业的产业链相挂钩,创新链中的不同环节被打散并系统整合,来保障企业获得持续竞争的优势。

(2) 针对我国非再生性资源下游产业,要实现创新链与产业链的有效结合。

针对我国的非再生性资源下游产业,要加强创新链与产业链的密切结合,以市场为导向,提高核心技术。可以通过两方面来进行:一是加强企业与高校、科研院所等的合作,一方主研发,另一方主市场,尽快推行产品的市场化,满足消

费者的现时需求；二是可以选择与国外优秀企业进行技术联盟的合作，努力学习国外的先进技术，提高我国企业的自主创新能力。

在下游产业的各个行业中，核心技术是很缺乏的，虽然各个行业的研发投入在增加，占营业收入的比例也在提高，但研发周期较长，研究能够形成新产品或新技术的时间较长，甚至还有可能出现研发不成功的现象，造成了大量的人力、物力、财力的浪费。这也同时说明了我国下游产业研发水平的欠缺，缺少核心技术，企业与研发机构的结合不够紧密，都不能真正的以市场为导向来进行科研工作。所以，更要加强政产学研金的结合，让政府、企业、研究机构充分发挥各自的优势，以市场为导向，积极生产市场短缺的、符合消费者真正需求的高质高价的产品。

8.2 下游产业价值链治理中的供需不匹配问题

根据《中国工业统计年鉴》的数据，在我国非再生性资源下游产业中，包括通用设备制造业、专用设备制造业、交通运输设备制造业、电气机械和器材制造业等产业。下游产业存在着严重的产能过剩现象，如表8-1所示。

表8-1   2011~2015年我国非再生性资源下游制造业产能过剩指数

行　业	2011年	2012年	2013年	2014年	2015年
通用设备制造业	5.01	4.75	4.35	4.39	3.76
专用设备制造业	6.17	6.24	5.52	6.26	4.85
交通运输设备制造业	6.07	6.17	5.76	5.41	4.70
电气机械及器材制造业	6.26	6.35	6.29	5.31	6.62

资料来源：笔者根据《中国工业统计年鉴》计算所得。

表8-1表示的是我国非再生性资源下游产业近几年的产能过剩指数，一般而言，指数大于1即为过剩，从表8-1中可以看出我国下游产业中各行业每年的产能过剩指数都在3~6，存在着严重的产能过剩现象。虽然一些行业的产能过剩指数在逐年降低，但绝对值依然是很大的。

然而，产能过剩只是其表现的结果，下游产业存在的真正问题是供需结构不匹配的深层次矛盾，其背后的实质是整个下游产业有效供给不足，无效供给过剩。随着经济的快速发展，居民需求结构与档次发生重大变化，普通老百姓不缺乏购买普通消费品甚至一些奢侈品的能力，而市场不能提供可以激发他们强烈需求欲望的、能促使他们购买的商品，就是不能提供"有效供给"。但产品在供应总量上处于过剩状态，供给结构失调，大量低水平产能过剩。目前的市场供给很难适应消费需求结构变化，消费者也因为品质安全等原因而不敢消费，导致很多现实消费需求被严重压抑，消费者开始把目光聚集在国外有更好品质的商品上。就现在的市场状况看来，低水平产能过剩与高端制造产能短缺并存于下游产业，产品核心元器件仍严重依赖国外进口。

目前我国正处在产业结构调整与消费升级换代的交汇点，非再生性资源下游产业存在着质量方面供需不匹配的问题。主要表现为产品总体水平不高，设备利用率低且陈旧落后、自主开发薄弱，一些产业核心部件的研究开发没有合理安排，加之体制和机制方面的原因，难以形成专业化、优质、先进的生产产业。并且企业对市场的快速反应能力差，经济效益低，所制造出来的产品适应不了国内消费需求的发展趋势，产品的档次和技术含量较低，优品少、次品多造成的产能过剩问题较为严重。本书中"质量"一词的含义，不单单表示的是产品的耐受程度，更多的是以实际生产的产品与用户所期望的偏离程度相比较来定义产品的质量，是指产品使消费者需求得到满足程度的大小，应当是消费者对产品整体使用感的综合评价，即人们从产品中所获取的使用价值的大小。经过分析，本书认为我国非再生性资源下游产业存在质量上供需不匹配的原因主要为：下游产业缺乏核心技术造成供需不匹配；民营企业过度追求低成本、高利润，生产劣质产品，造成供需不匹配；由于企业利润提升的渠道一般有两种，一种是靠质量，一种是靠数量，前者相对不确定性因素较大，而后者短期快速增长较为容易。这就致使部分企业为追求短期收益而采取后者，进而进一步造成供需上的不匹配。

8.2.1 下游产业缺乏核心技术造成供需不匹配

我国消费市场空间巨大。为了获取利润，大多企业涌向低端制造产业来扩大规模，导致我国迅速成为制造业大国，有数量没质量成为下游制造产业的通病。然而，核心技术的缺乏导致下游生产的低端制造品泛滥，满足不了消费者的真实需求，顾客对于产品的满意度也会大大降低。

本部分采用研发投入（支出）的资本化金额来说明这一问题。资本化的研发支出是指产品开发阶段的支出，相对研究阶段而言，应当是完成了研究阶段的工作，在很大程度上形成一项新产品或新技术的基本条件已经具备，形成企业的无形资产。无形资产的多少与企业的绩效呈正相关的关系，因此，研发投入（支出）资本化的金额表明了企业获取核心技术的能力，同时也表明了企业的经营绩效。后文从行业和公司两个角度来说明下游行业缺乏核心技术的问题。

8.2.1.1 通用设备行业存在缺乏核心技术导致供需不匹配的问题

通用设备行业属于我国非再生性资源下游产业中的基础性行业，为工业行业提供动力、传动、基础加工、起重运输、热处理等基础设备，对国民经济的推动有着积极的作用，然而在这一行业中，核心技术缺失，进口依赖严重，制造基础薄弱。许多核心元器件都要从国外购买，同时后续还要在设备维护、零部件更换、人员培训等方面持续被国外设备制造商掌控，这会对我国整个行业产业发展和安全造成不利影响。

从表8-2中可以看出通用设备行业2013~2015年的研发情况，2013~2015年通用设备行业的研发投入金额增长了33亿元，增长幅度为35.5%。研发投入占营业收入的比重从2013年的3.80%增加到2015年的4.54%，增幅为0.74%。研发投入资本化的金额从2013年的0.75亿元增长到2015年的7.48亿元，增长了6.73亿元。资本化研发投入（支出）占研发投入的比例也从0.81%增长到了5.90%。由此看来，整个通用设备行业的研发情况是朝着良好的趋势发展的，但从绝对值来看，总体的研发水平是很低的。在研发投入中最为重要的资本化研发投入（支出）的比例虽然是在上升的，但比例数却是很低的，不及研发费用的一半，甚至都不及10%。这也由此说明了在通用设备行业，技术水平是很低的，大多研发投入都还是处于研究阶段的支出，能够形成新产品或新技术的支出很少，缺乏核心技术。

表8-2　　　　　　　2013~2015年通用设备行业研发情况

指标	2013年	2014年	2015年
研发投入金额（亿元）	93	110	126
研发投入占营收比（%）	3.80	4.26	4.54
研发投入（支出）资本化的金额（亿元）	0.75	0.77	7.48
资本化研发投入（支出）占研发投入的比例（%）	0.81	0.70	5.90

资料来源：笔者根据国泰安数据库计算所得。

为了更好地说明在通用设备行业存在缺乏核心技术的问题，我们以华中数控公司和日本发那科公司（Fanuc）的科研情况来进行对比说明。表8-3表示的是华中数控与日本Fanuc在研发投入以及盈利方面的比较，从表中我们可以看出从2011~2017年，华中数控的研发投入金额以及占营业收入的比重都是远低于日本Fanuc的，同样，净利润也远低于Fanuc，甚至还有亏损情况出现。

2015 年，是华中数控研发投入最多的一年，同时也是亏损的一年，对日本 Fanuc 而言，却是收益最好的一年。究其原因，主要有以下两点：其一，在 2015 年，受到国外企业的冲击，国内企业的产品和技术日渐趋同，竞争加剧，整体形式并未明显改善；其二，整个行业在 2015 年运行呈现明显的惯性下滑趋势，同时上游行业的不景气导致对数控系统的需求量也在下降；其三，也是最重要的原因，就是华中数控核心技术的缺乏导致收益下降。在 2015 年，市场如此低迷的一年，日本 Fanuc 不仅没有亏损，反而收益颇高，这无不与其掌握核心技术有关。①

表 8-3　2011~2017 年华中数控与日本 Fanuc 研发投入及盈利比较

年份	华中数控			Fanuc		
	研发投入金额（万元）	研发投入占营业收入比例（%）	净利润（万元）	研发投入金额（万元）	研发投入占营业收入比例（%）	净利润（万元）
2011	3,911	6.11	2,869	93,258	2.26	720,930
2012	5,222	12.30	1,471	122,868	3.71	832,914
2013	6,727	13.46	1,583	120,888	4.47	722,904
2014	9,753	16.64	1,600	110,232	2.95	665,580
2015	15,010	27.26	-4,527	168,630	4.70	1,245,594
2016	13,946	17.16	482	207,402	6.25	958,200
2017	14,574	14.79	3,608	257,825	6.01	777,764

资料来源：笔者根据各公司各年年报计算所得。

在 2011~2012 年，华中数控的研发投入比例才开始从个位数到十位数的转变，公司加大了研发投入的力度，但是这两年的净利润之比，却是存在反差的。出现这一反差的原因可以从表 8-4 中看出，表 8-4 表示的是华中数控 2011~2017 年间研发支出中资本化支出的情况。我们在前文中提到过，研发支出资本化的多少表示的是该企业无形资产的多少，也就意味着该企业的技术水平的高低。从表 8-4 中我们能够看出，2011 年的研发支出资本化的金额是最高的且占研发投入的比例也是最高的，几乎接近研发投入的一半。同年，该企业获得的净利润在近几年中是最高的，说明了在这一年中，华中数控真正实现了掌握技术，

---

① 资料来源于华中数控 2015 年年报。

生产适销对路的产品，获得了高收益。同时，这也说明了研发投入的高低并不代表着企业掌握核心技术的能力，资本化研发支出的高低才能证明这一点。再看2012年的研发资本化情况，从表8-4中可以看出，2012年的资本化研发支出占研发投入的比例在这几年中排名第二，但所获得的收益却不是第二。究其原因，主要有两点：一是外部经济环境的影响，公司合同订单减少，销售收入大幅降低；二是研发投入加大，管理费用上升。研发投入比例从2011年的个位数加大到2012年的十位数，研发投入的增加导致了管理费用的上升。再看日本Fanuc近几年的研发投入情况，虽然与华中数控相比，它的研发投入比例低，基本稳定在3%~5%，但是收益却远高于华中数控，这也说明了日本Fanuc很早就已经致力于开发核心技术，努力使研发投入资本化，形成无形资产，才会在近几年中的研发投入比例减少，而华中数控在2012年突然加大了研发投入的力度，这与2011年研发投入资本化增多所带来的收益有关。虽然加大了研发投入的力度，但从2012~2017年，研发投入资本化的比例一直较低，研发投入转化为无形资产的时间较长，在这6年间也消耗了大量的人力与物力，这也间接说明了华中数控在科研转化上有待加强。

表8-4　　2011~2017年华中数控研发支出中资本化支出的情况

指标	2011年	2012年	2013年	2014年	2015年	2016年	2017年
研发支出资本化的金额（万元）	1,801	655	163	542	377	317	1,448
资本化研发支出占研发投入的比例（%）	46.05	12.54	2.42	5.56	2.51	2.27	9.94

资料来源：笔者根据各公司各年年报计算所得。

8.2.1.2　专用设备行业存在缺乏核心技术导致供需不匹配的问题

在我国，专用设备行业主要包括九大门类。从表8-5可以看出，专用设备行业2013~2015年的研发情况，2013~2015年在专用设备行业的研发投入金额降低了10亿元，降低幅度为6.29%。研发投入占营业收入的比重却从5.59%增长到7.20%。研发投入资本化的金额从3.67亿元增长到13.80亿元，增长了10.13亿元。资本化研发投入（支出）占研发投入的比例也从2.30%增长到了9.26%。由此看来，整个专用设备行业的研发情况是朝着良好的趋势发展的，但目前来看，总体的研发水平是很低的。在研发投入中最为重要的资本化研发投入（支出）的比例虽然是在上升的，但比例数却是很低的，不及研发费用的一半，甚至都不及10%。这也说明了在专用设备行业，技术水平是很低的，大多研发投入都还是处于研究阶段的支出，能够形成新产品或新技术的支出很少，缺乏核心技术。

表8-5　　　　　　　　2013~2015年专用设备行业研发情况

指　　标	2013年	2014年	2015年
研发投入金额（亿元）	159	152	149
研发投入占营收比（%）	5.59	6.12	7.20
研发投入（支出）资本化的金额（亿元）	3.67	9.89	13.80
资本化研发投入（支出）占研发投入的比例（%）	2.30	6.51	9.26

资料来源：笔者根据国泰安数据库计算所得。

为了更好地说明在专用设备行业存在缺乏核心技术的问题，我们以三一重工与美国卡特彼勒的研发情况来进行比较说明。表8-6表示的是2012~2016年三一重工与美国卡特彼勒研发情况的比较，从表中我们可以看出2014~2016三一重工的研发投入金额都是低于美国卡特彼勒的，但两者之间的数额相差不大。三一重工的研发投入占营业收入的比例基本高于美国卡特彼勒，但所获得的营业利润却远远低于美国卡特彼勒。出现这些反差的原因，本质上是由于三一重工缺乏核心技术所致。再从三一重工近几年资本化研发支出的情况来看（见表8-7），能够看出三一重工2014~2017年研发支出中资本化支出的比例，基本上在40%~60%之间，这说明三一重工在这几年研发转化为无形资产的情况较好。2017年资本化金额最大，同年所获得的营业利润是最高的，2016年研发投入的资本化金额占研发支出的比例最低，同年所获得的营业利润也是最低的。这也说明了资本化的研发支出对于企业盈利的重要性，研发支出资本化的程度越大，收益越高。作为国内专用设备制造业的"龙头"企业，三一重工的研发投入是很大的，从表8-6中可以看出，在2012~2013年间，三一重工的研发投入甚至超过了全球知名品牌卡特彼勒的投入，但其所获得营业利润却没有跟投入成正比。从投入比例上看，三一重工与卡特彼勒基本稳定在4%~6%，三一重工相对比例较高一些。从研发投入金额与营业利润的角度来看，2012年三一重工研发投入的金额是最高的，同年所获得的营业利润是最高的，而卡特彼勒这五年间的投入金额与投入比例没有特别大的变化，基本趋于平缓，这也说明了卡特彼勒在早年间就已经开始注重核心技术的开发，并且科研队伍的水平较高，可以利用较少的资源来获得较大的收益。而三一重工虽然资本化的研发支出在国内处于领先水平，但与世界知名品牌相比，研发水平还是略有不足。2014~2016年，三一重工与卡特彼勒的营业收入都处于下滑的趋势，与行业环境有关。

表8-6　　2012~2016年三一重工与美国卡特彼勒研发情况比较

年份	三一重工			卡特彼勒		
	研发投入（万元）	研发投入占营业收入比例（%）	营业利润（万元）	研发投入（万元）	研发投入占营业收入比例（%）	营业利润（万元）
2012年	254,685	5.44	418,277	168,815	4.32	3,850,014
2013年	193,485	5.18	181,204	105,179	4.54	4,138,714
2014年	160,176	5.28	71,743	161,459	4.33	2,567,744
2015年	120,005	5.14	17,054	148,569	4.52	2,248,217
2016年	112,450	4.83	11,955	132,356	5.13	337,843

资料来源：笔者根据各公司各年年报计算所得。

表8-7　　2014~2017年三一重工研发支出中资本化支出情况

指标	2014年	2015年	2016年	2017年
研发支出资本化的金额（万元）	69,563	62,976	48,123	114,521
资本化研发支出占研发投入的比例（%）	43.43	52.48	42.79	59.77

资料来源：笔者根据各公司各年年报计算所得。

8.2.1.3　交通运输设备行业存在缺乏核心技术导致供需不匹配的问题

交通运输设备行业①整体缺乏自主创新能力，尽管我们已经拥有了奇瑞、江淮等一批自主知识产权的民族汽车制造企业，但是在汽车新产品和新技术的研发过程中，真正属于自主开发的新产品数量很少，大多依靠技术引进和合资开发。现在，我国汽车产业不仅自主研发能力弱，产业配套能力也非常低，提高自主创新能力是振兴汽车产业的当务之急。随着全球化进程的加快，汽车工业体系逐步开始在全球范围内重新布局，已经形成了所谓"九"格局。②

---

① 根据中国国家统计局新修订的国家标准《国民经济行业分类》，交通运输设备制造业共分为九个门类，分别是铁路运输设备制造业、汽车制造业、摩托车制造业、自行车制造业、电车制造业、船舶制造业、航空航天制造业、交通运输设备修理业和其他交通运输设备制造业。

② 即通用、福特、戴姆勒—克莱斯勒、大众、丰田、雷诺、本田、宝马、雪铁龙九大集团进行全球化生产。

表 8-8 显示了 2013~2015 年交通运输行业研发情况,从 2013~2015 年,交通运输行业的研发投入金额增长了 205 亿元,增长幅度为 37.14%。研发投入占营业收入的比重从 2013 年的 3.75% 到 2015 年的 5.06%,增长了 1.31%。研发投入资本化的金额从 37 亿元增长到 100 亿元,增长了 63 亿元。资本化研发投入(支出)占研发投入的比例也从 2013 年的 6.75% 增长到 2015 年的 13.27%。由此看来,整个交通行业的研发情况是朝着良好的趋势发展的,但目前来看,总体的研发水平还较低。在研发投入中最为重要的资本化研发投入(支出)的比例虽然是上升的,但比值不到研发费用的一半。这也由此说明了在交通运输行业,技术水平是很低的,大多研发投入都还是处于研究阶段的支出,能够形成新产品或新技术的支出很少,缺乏核心技术。为了更好地说明在交通运输行业存在缺乏核心技术的问题,我们以福田公司与斯堪尼亚汽车公司研发情况进行比较来说明。福田汽车是一家跨地区、跨行业、跨所有制的国有控股上市公司,生产车型涵盖卡车、客车、乘用车及核心零部件发动机。

表 8-8   2013~2015 年交通运输行业研发情况

指标	2013 年	2014 年	2015 年
研发投入金额(亿元)	552	687	757
研发投入占营业收入比重(%)	3.75	4.25	5.06
研发投入(支出)资本化的金额(亿元)	37	54	100
资本化研发投入(支出)占研发投入的比例(%)	6.75	7.90	13.27

资料来源:笔者根据国泰安数据库计算所得。

表 8-9 为 2012~2016 年福田汽车与斯堪尼亚汽车公司研发情况以及盈利情况的比较,从表中我们能够看出福田汽车 2012~2016 年的研发投入一直低于斯堪尼亚,研发投入占营业收入的比例除 2015 年外也低于斯堪尼亚,所获得的收益同样也是相对较低的。从表中我们可以看出两点:一是研发投入与企业收益呈现正相关的关系,研发投入越多,技术水平越高,所得到的收益也越多;二是作为在我国汽车行业研发投入最多、研发力度最大的公司,与斯堪尼亚相比,福田汽车在研发投入上仍然处于明显的劣势,这也说明了在我国的汽车行业里研发投入还存在不足,技术水平较低。表 8-10 为 2012~2017 年福田汽车研发支出中资本化的支出情况,结合表 8-9 与 8-10 来看,正如前文所说,资本化的研发支出体现的是该企业的技术水平,资本化的研发支出越大,证明该企业的技术水平越高。从表中我们能够看出来,2017 年的资本化研发支出金额最多,2013 年的资本化的研发支出占研发投入的比例最高。再结合收益情况来看,却发现 2012

年的收益是最高的,出现这一反差的原因是 2012 年所获得的营业外收入居多,政府补助增多,导致了这一年净利润的增加。除此之外,2013 年的净利润排在第二位,2016 年的净利润排在第三位,这也说明了资本化的研发支出与企业收益之间呈现正相关的关系,资本化的研发支出越多,技术水平越高,收益越高,顾客的满意程度越高。福田汽车的技术水平在我国的汽车领域里处于领先地位,但是与斯堪尼亚的比较,明显看出了福田汽车的劣势地位,技术水平的缺失,是导致收益减少的重要原因。

表 8-9　2012~2016 年福田汽车与美国斯堪尼亚研发情况的比较

时间	福田汽车			斯堪尼亚		
	研发投入金额（万元）	研发投入占营业收入比例（%）	净利润（万元）	研发投入金额（万元）	研发投入占营业收入比例（%）	净利润（万元）
2012 年	168,019	4.10	140,219	3,348,974	5.70	4,501,455
2013 年	161,331	4.72	74,726	3,405,920	6.00	4,199,098
2014 年	189,474	5.62	458,63	3,595,740	5.80	4,073,681
2015 年	223,798	6.58	35,653	3,796,408	5.90	4,578,061
2016 年	255,289	5.49	51,213	4,881,096	6.90	2,198,526

资料来源:笔者根据各公司各年年报计算所得。

表 8-10　2012~2017 年福田汽车研发支出中资本化的支出情况

指标	2012 年	2013 年	2014 年	2015 年	2016 年	2017 年
研发支出资本化的金额（万元）	99,680	122,717	127,300	128,226	144,849	152,293
资本化研发支出占研发投入的比例（%）	59.30	76.10	67.20	57.30	56.74	63.78

资料来源:笔者根据各公司各年年报计算所得。

8.2.1.4　电气机械及器材制造业存在缺乏核心技术导致供需不匹配的问题

电气机械及器材制造业是国民经济的基础性产业,包括电机制造业、输配电及控制设备制造业、日用电器制造业等,其在提升产业经济、提高国民生活质量方面有着不可替代的作用。然而在这一基础行业中,仍然存在着核心技术缺乏的问题,阻碍了国民经济的发展。追根究底,其最主要的原因是研发投入不足,缺乏核心技术,出口以代工生产和贴牌加工为主,自主品牌建设刚刚起步。虽然目前在家电领域已出现部分实力较强的"龙头"企业,但关键零部件仍受制于人。

表 8-11 为 2013~2015 年电气机械及器材制造行业研发情况，从表中可以看出，2013~2015 年电气机械及器材制造行业的研发投入金额增长了 124 亿元，增长幅度为 82%。研发投入占营业收入的比重从 2013 年的 4.21% 增长到 2015 年的 5.44%，增长了 1.23%。研发投入资本化的金额从 2013 年的 8.18 亿元增长到 2015 年的 19.83 亿元，增长了 11.65 亿元。资本化研发投入（支出）占研发投入的比例也从 5.42% 增长到了 7.20%。由此看来，整个电气机械及器材制造行业的研发情况是朝着良好的趋势发展的，但目前来看，总体的研发水平较低。在研发投入中最为重要的资本化研发投入（支出）的比例不及 10%。这也说明了在通用设备行业，大多研发投入都还是处于研究阶段的支出，能够形成新产品或新技术的支出很少，即缺乏核心技术。

表 8-11　2013~2015 年电气机械及器材制造行业研发情况

指标	2013 年	2014 年	2015 年
研发投入金额（亿元）	151	219	275
研发投入占营业收入比重（%）	4.21	4.85	5.44
研发投入（支出）资本化的金额（亿元）	8.18	7.86	19.83
资本化研发投入（支出）占研发投入的比例（%）	5.42	3.58	7.20

资料来源：笔者根据国泰安数据库计算所得。

为了更好地说明在电气机械及器材制造业存在缺乏核心技术的问题，我们以特变电工与日本三菱电机的研发情况来比较说明。特变电工股份有限公司目前是中国最大的变压器、电线电缆研发、制造和出口企业。

表 8-12 表示的是特变电工与日本三菱电机在研发情况方面的比较，从表中可以看出：首先，2012~2016 年特变电工的研发力度一直低于日本三菱电机，尽管我国电机行业首屈一指的特变电工，其所投入的研发金额是最大的，并且多次获得国家创优创新的奖项，但与全球知名企业日本三菱电机相比，其研发力度却是远远不够的。这也可以间接说明，我国电机行业所投入的研发金额还是较低的，研发技术水平与国外相比趋于劣势地位。其次，研发投入与所获利润之间的关系来看，虽然不是完全的正相关关系，但可以明显看出，研发投入大的企业所获得的收益远高于研发投入低的企业，这也能够证明研发投入的增加、技术水平的提高，会更容易获得顾客的青睐，更容易取得顾客的信赖，从而增加公司的收益。

表8-12　2012~2016年特变电工与日本三菱电机研发情况的对比

年份	特变电工			三菱电机		
	研发投入金额（万元）	研发投入占营业收入比例（%）	净利润（万元）	研发投入金额（万元）	研发投入占营业收入比例（%）	净利润（万元）
2012	106,022	5.20	93,342	1,018,116	4.70	672,378
2013	116,251	3.90	137,838	1,033,332	4.80	417,100
2014	151,657	4.20	181,142	1,073,670	4.40	920,838
2015	129,443	3.50	202,513	1,171,884	4.50	1,408,164
2016	143,736	3.60	250,619	1,217,532	4.60	1,370,964

资料来源：笔者根据公司各年年报计算所得。

表8-13表示的是特变电工近些年来资本化的研发支出在研发投入中的情况，能够很明显地看到，资本化的研发支出所占比例较低，基本维持在7%~8%之间，甚至有些年维持在2%左右。资本化的研发支出代表了一个企业的技术水平，低的研发资本化说明：一是企业的研发技术形成无形资产的水平较低，大部分的研发投入都停留在研究阶段；二是企业的技术转化周期较长，研发投入多，能够形成无形资产需要很长的一段时间。

表8-13　2012~2017年特变电工研发情况中资本化研发支出的情况

指标	2012年	2013年	2014年	2015年	2016年	2017年
研发支出资本化的金额（万元）	7,507	8,524	2,844	11,639	5,767	3,674
资本化研发支出占研发投入的比例（%）	7.08	7.30	1.80	8.90	4.01	2.01

资料来源：笔者根据各公司各年年报计算所得。

8.2.2　民营企业过度追求低成本导致供需不匹配

民营企业为了获取短期利益，实现高利润，片面追求利润最大化，以牺牲产品质量为代价，刻意追求成本最低化，而忽略了顾客对产品质量的要求。在委托代理下，很多的民营企业多为中小型企业，在参与经济活动和经营过程中逐步暴露出的道德失信行为所导致的产品不安全事件屡见不鲜。由于下游产业所涉及的民营企业大多数经营规模偏小且其企业数量和行业分布广泛，导致其不良的生产经营活动很难被监管机构的监管人所察觉到，具有较强的隐蔽性。再者，民营企业普遍存在融资难，导致民营企业大多存在资金不足问题。此外，生产设备陈旧以及生产工艺落后导致中小民营企业长期处于产业链低端，高级技术人员资源极度匮乏，使其在产品研发及技术创新方面和大型企业相比存在明显的劣势，产品较难适应不断更新的市场需求，存在生存的压力。同时，由于经营管理者自身素质局限及盈利动机的驱使，在产品生产上更注重于削减成本，质量理念较为淡薄，更愿意通过低廉的价格抢占市场，这种行为容易导致不符合质量标准的产品流入市场。另外，市场信息不对称及惩罚失信行为机制的不完善，加快了民营企业产品质量问题的蔓延。

下文将从主营业务成本的角度来分析下游企业中民营企业存在过度追求低成本导致的产品质量问题，从主营业务成本的角度能够更直观地反映出企业是否存在过度追求低成本的现象。

8.2.2.1 通用设备行业中存在民营企业过度追求低成本导致供需不匹配的问题

目前，我国通用设备制造业，行业集中度较低。根据Wind数据库，2016年我国通用设备制造行业规模以上企业接近2.5万家，产值规模达到4.71万亿元，通用设备制造企业以小型企业为主，小型企业数量占比高达81%，而大中型企业数量占比仅为19%。在大型企业中，年销售收入规模超过100亿元的企业仅有几家，大部分企业年销售规模仅在几十亿元或十几亿元。

表8-14为2013~2016年通用设备行业民营企业主营业务成本与本行业平均水平的比较，可以看出，在通用设备行业，企业单位数众多，行业集中度低，民营企业居多，根据表内数据计算，2013~2016年平均占整个行业的95%。虽然在通用设备行业中民营企业占了绝大多数，但是从主营业务成本这一角度来看，民营企业维持在16,000亿元左右，行业水平维持在20,000亿元左右，其金额是远远低于行业平均水平的。民营企业的主营业务成本均值维持在1.2亿元左右，行业平均水平在1.4亿元左右，也低于行业平均水平，但民营企业的营业利润均值与行业平均水平相差不大，成本利润率均值在2013年甚至超过了行业的平均水平，这说明了虽然民营企业在主营业务成本方面低于整个行业平均水平，但是其一元成本所创造的利润是高于整个行业平均水平的。通用设备行业多数为中小型的民营企业，很多的民营企业会更加注重企业短期的利益，在创业初期为了获取高额的利润，不得不缩减成本。在成本构成中，主营业务成本的比重是最大的，同时原材料作为生产的主力军必然占了更大的比例。所以中小型的企业就会选择减少主营业务成本，忽略顾客对产品质量的要求，生产大量低质量的产品来占据市场。

表 8 – 14　　　　2013~2016 年通用设备行业民营企业主营
业务成本与行业平均水平的比较

年份	民营企业					行业平均水平				
	企业单位数（个）	主营业务成本（亿元）	主营业务成本均值（亿元）	营业利润均值（亿元）	成本利润率均值	企业单位数（个）	主营业务成本（亿元）	主营业务成本均值（亿元）	营业利润均值（亿元）	成本利润率均值
2013	14,316	15,842	1.11	0.098	0.09	15,476	21,843	1.41	0.100	0.07
2014	14,801	17,701	1.20	0.094	0.08	15,559	21,826	1.40	0.100	0.07
2015	14,727	17,979	1.22	0.094	0.08	15,074	19,986	1.33	0.100	0.08
2016	14,106	18,579	1.32	0.099	0.08	14,828	22,512	1.52	0.100	0.07

注：主营业务成本均值＝主营业务成本/企业单位数；营业利润均值＝营业利润总额/企业单位数；成本利润率均值＝营业利润均值/主营业务成本均值。

资料来源：笔者根据国家统计局数据计算所得。

8.2.2.2　专用设备行业中存在民营企业过度追求低成本导致供需不匹配的问题

我国专用设备制造业行业集中度低，行业内的产品差异不大，在这种市场环境下，很多的中小民营企业为了追求利润，大量削减了主营业务的成本。

表 8 – 15 为 2013~2016 年专用设备行业民营企业主营业务成本与行业平均水平的比较，可以看出，在专用设备行业企业单位数众多，行业集中度低，民营企业居多，根据表内数据计算，2013~2016 年平均占整个行业的 91%。虽然在专用设备行业中民营企业占了绝大多数，但是从主营业务成本这一角度来看，民营企业维持在 12,000 亿元左右，行业水平在 15,000 亿元以上，其金额远远低于行业平均水平。民营企业的主营业务成本均值维持在 1.3 亿元左右，行业平均水平维持在 1.6 亿元左右，也低于行业平均水平，但民营企业的营业利润均值与行业平均水平相差不大，成本利润率均值在 2013 年甚至超过了行业的平均水平，这说明了虽然民营企业在主营业务成本方面低于整个行业平均水平，但是其一元成本所创造的利润是高于整个行业平均水平的。专用设备行业多数为中小型的民营企业，很多的民营企业会更加注重企业短期的利益，在创业初期为了获取高额的利润，不得不缩减成本，在成本构成中，主营业务成本的比重是最大的，同时原材料作为生产的主力军必然占了更大的比例，因此中小型的企业就会选择减少主营业务成本，忽略顾客对产品质量的要求，生产大量低质量的产品来占据市场。

表 8-15　　　　　2013~2016 年专用设备行业民营企业
主营业务成本与行业平均水平的比较

年份	民营企业					行业平均水平				
	企业单位数（个）	主营业务成本（亿元）	主营业务成本均值（亿元）	营业利润均值（亿元）	成本利润率均值	企业单位数（个）	主营业务成本（亿元）	主营业务成本均值（亿元）	营业利润均值（亿元）	成本利润率均值
2013	9,382	11,002	1.17	0.11	0.09	10,110	18,073	1.79	0.10	0.06
2014	9,819	12,467	1.27	0.10	0.08	10,537	16,730	1.59	0.10	0.06
2015	10,065	14,220	1.41	0.11	0.08	10,792	15,747	1.46	0.12	0.08
2016	9,957	15,109	1.52	0.11	0.07	10,664	18,638	1.75	0.09	0.05

注：主营业务成本均值＝主营业务成本/企业单位数；营业利润均值＝营业利润总额/企业单位数；成本利润率均值＝营业利润均值/主营业务成本均值。

资料来源：笔者根据国家统计局数据计算所得。

8.2.2.3　交通运输设备行业中存在民营企业过度追求低成本导致供需不匹配的问题

根据 Wind 数据库，2016 年我国交通运输设备制造行业规模以上企业接近 1.9 万家，产值规模达到 3.01 万亿元，交通设备制造企业以小型企业为主，小型企业数量占比接近 63%，而大中型企业数量占比仅为 37%。

表 8-16 为 2013~2016 年交通运输行业民营企业主营业务成本与行业平均水平的比较，可以看出，在交通运输设备行业企业单位数众多，行业集中度低，民营企业居多，根据表内数据计算，2013~2016 年平均占整个行业的 89%。虽然在交通运输设备行业中民营企业占了绝大多数，但是从主营业务成本这一角度来看，民营企业维持在 14,000 亿元左右，行业水平维持在 43,000 亿元左右，其金额是远远低于行业平均水平的。民营企业的主营业务成本均值维持在 1.6 左右，行业平均水平维持在 4.1 左右，也低于行业平均水平，但民营企业的营业利润均值与行业平均水平相差不大，成本利润率均值在 2013 年与 2015 年与行业水平基本持平，这说明了虽然民营企业在主营业务成本方面低于整个行业平均水平，但是其一元成本所创造的利润是高于整个行业平均水平的。交通运输设备行业中，中小型民营企业较多，由于自身资金的限制，会注重企业的短期利益。同时，一些汽车制造的大型国有企业，在推进国有自主汽车的过程中，面临技术"瓶颈"，多采取中外合资或中外合作的方式，一定程度上也减弱了本国产品的自主创新。

表 8-16　　2013~2016 年交通运输行业民营企业
主营业务成本与行业平均水平的比较

年份	民营企业					行业平均水平				
	企业单位数（个）	主营业务成本（亿元）	主营业务成本均值（亿元）	营业利润均值（亿元）	成本利润率均值	企业单位数（个）	主营业务成本（亿元）	主营业务成本均值（亿元）	营业利润均值（亿元）	成本利润率均值
2013	8,866	12,258	1.38	0.22	0.16	10,061	38,768	3.85	0.62	0.16
2014	9,432	14,172	1.50	0.24	0.16	10,636	43,971	4.13	0.70	0.17
2015	9,804	15,728	1.60	0.26	0.16	11,064	46,151	4.17	0.67	0.16
2016	9,987	16,778	1.98	0.26	0.13	11,253	46,788	4.16	0.68	0.16

注：主营业务成本均值＝主营业务成本/企业单位数；营业利润均值＝营业利润总额/企业单位数；成本利润率均值＝营业利润均值/主营业务成本均值。

资料来源：笔者根据国家统计局数据计算所得。

8.2.2.4　电气机械及器材制造业中存在民营企业过度追求低成本导致供需不匹配的问题

根据 Wind 数据库，2016 年我国电气机械及器材制造行业规模以上企业接近 2.4 万家，但电气机械及器材制造企业以小型企业为主，小型企业数量占比接近 68%，而大中型企业数量占比仅为 32%。

表 8-17 为 2013~2016 年电气机械及器材制造业民营企业主营业务成本与行业平均水平的比较，可以看出，在电气机械及器材制造行业企业单位数众多，行业集中度低，民营企业居多，根据表内数据计算，2013~2016 年平均占整个行业的 95%。虽然在电气机械及器材制造行业中民营企业占了绝大多数，但是从主营业务成本这一角度来看，民营企业维持在 20,000 亿元左右，行业水平维持在 25,000 亿元左右，其金额是远远低于行业平均水平的。民营企业的主营业务成本均值维持在 1.5 亿元左右，行业平均水平维持在 1.9 亿元左右，也低于行业平均水平，但民营企业的营业利润均值与行业平均水平相差不大，成本利润率均值在 2013 年和 2015 年高于行业平均水平，2014 年和 2016 年与行业水平持平，这说明了虽然民营企业在主营业务成本方面低于整个行业平均水平，但是其一元成本所创造的利润是高于整个行业平均水平的。电气机械及器材制造行业多数为中小型的民营企业，很多的民营企业会更加注重企业短期的利益，在创业初期为了获取高额的利润，不得不缩减成本。然而在成本构成中，主营业务成本的比重是最大的，同时原材料作为生产的主力军必然占了更大的比例，因此中小型企业就会选择减少主营业务成本，忽略顾客对产品质量的要求，生产大量低质量的产品来占据市场。

表 8-17　　2013~2016 年电气机械及器材制造业民营企业
主营业务成本与行业平均水平的比较

年份	民营企业					行业平均水平				
	企业单位数（个）	主营业务成本（亿元）	主营业务成本均值（亿元）	营业利润均值（亿元）	成本利润率均值	企业单位数（个）	主营业务成本（亿元）	主营业务成本均值（亿元）	营业利润均值（亿元）	成本利润率均值
2013	12,283	18,867	1.53	0.11	0.07	12,878	23,156	1.80	0.13	0.07
2014	12,782	20,770	1.62	0.11	0.07	13,364	25,240	1.89	0.13	0.07
2015	13,088	21,410	1.68	0.12	0.07	13,683	25,967	1.90	0.14	0.07
2016	13,086	22,763	1.74	0.13	0.07	13,690	27,563	2.01	0.16	0.08

注：主营业务成本均值＝主营业务成本/企业单位数；营业利润均值＝营业利润总额/企业单位数；成本利润率均值＝营业利润均值/主营业务成本均值。

资料来源：笔者根据国家统计局数据计算所得。

8.3　非再生性资源下游产业供给侧价值链治理建构

针对上文中非再生资源下游产业供给侧价值链存在的问题，本节分别建构了相应的解决方案。

8.3.1　以市场为导向，统领政、金、产、学、研，合力开发核心技术

从前文可以看出，在我国非再生性资源下游产业中，由于缺乏核心技术导致企业经济效益低下，但从绝对数值来看，下游产业在科研方面的投入力度也是较大的，而如此高的投入却没有得到相应的回报，这跟企业与科研院所没有密切结合相关。高等院校与科研院所的科技成果与市场需求背离较大，时常遭受冷落，而企业的市场敏感度较强，但却缺少科研的专业设备以及高级人才。因此，应将企业与科研院所相结合，发挥各自优势，提高技术创新与市场的吻合性，进一步向市场靠拢，为企业自己"量身定做"新产品，以此来满足市场需求。

8.3.1.1　企业尝试与高等院校、科研院所结成利益共享的共同体

企业尝试与高等院校、科研院所结成利益共享、风险共担的共同体模式。由于科技成果转化存在很大的不确定性，在这种模式下企业与高等院校、科研院所都会尽心竭力，携手做好技术创新工作，为解决我国非再生性资源下游产业由于缺乏核心技术而出现的供需不匹配问题作出应有的贡献。这种共同体模式主要有两种表现形式：一是契约型产业技术联盟，指的是产业内相关企业、大学、科研

机构在平等、自愿、互利基础上以契约为基础，进行合作研究与开发。这种合作方式区别于传统企业的组织方式，不依靠资产为纽带，不需要以资本和劳务投入来进行利益分配，成员间的责任、权利与利益分配在沟通与谈判过程中以协议确定。这是一种介于企业和市场之间、企业之间半结合的中间组织状态。联盟成员间的责任、权利、利益分配方式主要是通过沟通和谈判过程中所商定的共守协议确定，而不必需要依照在形成联盟过程中的资本和劳动投入。二是实体型产业技术联盟，是指合作联盟的多家企业与科研院所共同建立独立的团体法人或建立新的公司，各方以各自的优势资源投入到法人实体中。在这种模式中，企业可以派遣优秀员工进入高等院校、科研院所进行学习，补充理论知识，补齐实践中的短板，更好地在企业技术团队中进行应用；高等院校、科研院所可以派遣优秀科研人员进入企业学习，补充实践知识，补齐理论的短板，更好地开发核心技术。

8.3.1.2 企业与高等院校、科研院所实行项目纽带合作模式

项目纽带模式是以企业、大学、科研院所的具体项目为纽带进行的合作模式，主要是双方以签订技术合同为基础建立合作关系，在项目期限内进行合作创新，是一种较为松散的合作模式。但同时项目纽带模式短期目的性较强，能在短时间内形成项目结果，及时为企业解决因缺乏核心技术而导致的市场供需不匹配问题。这种合作模式下，项目一旦结束，双方的合作关系解除。其合作模式主要有：技术转让、项目委托、联合研发。

8.3.1.3 政府政策及资金支持企业与院校合作

政府的资金支持对于企业与科研院所的合作来说极其重要。要加大对科研合作资金的投入，鼓励企业与科研院所合作。可以通过两方面进行：第一，增加科技创新资金的投入，设立专项资金提高关键产品的生产水平以及制造产品核心技术的研发，推动下游制造业企业的技术创新和升级活动的顺利开展。第二，降低企业的风险，扩大政府采购规模和范围，形成一个足够的市场来保障企业自主创新产品顺利研制成功。通过对下游高新技术产业降低税收，减轻企业税赋等税收优惠政策来鼓励企业进行创新，保障企业自主创新顺利进行，提高我国制造业的核心竞争力。减少金融行业的限制，放活市场，支持各类投资公司、资产经营公司投资下游制造企业，支持民间资本创立高技术型制造企业。

8.3.1.4 我国企业积极与国际间的企业合作研发

在下游企业中，很多的核心技术受制于国外的企业，致使本国企业无法做大做强。政、金、产、学、研的合作不仅节省了资金占用，节约了资源，而且推进了科学技术的发展，开发了一批新的科技成果。虽然我国非再生性资源丰富，但资源总有枯竭的一天，我们更应该在其下游产业中推进技术的发展，生产质量上

乘、满足人们生活的产品，使资源得到充分利用。

8.3.2 顺应市场需求实行企业价值链成本控制，提高产品质量

我国非再生性资源下游产业多数为竞争性的企业，随着经济全球化的进一步推动，许多国外资金、技术以及管理经验开始逐渐进入中国。外资的加入使得中国企业面临两种极端化的现象：一方面，使得我国企业能够快速地借鉴外国先进的现代企业制度；另一方面，也使得国内市场的竞争日趋激烈。低端产品的同质化使得传统的"价格大战"失去意义，竞争的焦点也逐渐转为以原材料为载体的价值链层面。企业进行成本控制也是从整条价值链出发，充分考虑顾客群体的差异性，了解市场需求，从原材料的采购到产品的生产加工，再到产品的销售和售后服务，实施有效的成本控制措施，才能更好地占领市场。因此，这就要求企业不再是单纯地追求某一环节的最优化，而应该从整个价值链的总成本角度来考察战略的可行性。同时，要注重质量成本的控制，顺应市场发展的需要，增强质量意识。

8.3.2.1 研发设计环节成本控制

研发设计环节的成功与否决定了产品的前景和命运，也直接影响到产品的成本和市场价格。研发设计成本一般占产品整体成本的70%左右，在很大程度上决定了产品的成本。主要包括人工成本、办公成本、差旅费、实验检验费、材料费等，还包括由于设计不合理或决策不正确带来的潜在成本。这些成本主要在以下阶段产生：市场调研、产品分析、初步设计方案、分析计算和验证、最优方案选取、应用效果和经验总结、持续改进等。我们有必要明确如何在这些阶段控制成本。第一，树立集成产品开发理念。该理念是企业在进行一项投资决策时，提前对产品研发进行有效的投资分析，并在其研发设计的过程中设立相关的关键环节审查点，决定该产品是否继续开发，向什么方向开发。这一理念有助于企业进行理性的决策分析，降低研发成本。开发过程以用户价值需求为主张，同时创新客户的需求主张。集成产品的开发注重系统间以及各部门之间的协同合作，运用并行模式、异步开发等方式[①]减少下一层级对上一层级的依赖，进而缩短产品的开发周期，降低成本。第二，在市场调研阶段，对于要开发的新产品做好市场规模、产能、产量、市场需求及备品备件的市场预测。这一阶段主要是降低新产品无法达到预期销量而导致投资失败的风险，所以必须保持调查部门与系统间各部

---

① 并行模式，指开发产品的各个环节同时开始。异步开发，指将产品开发在纵向上划分为不同层次，不同层次由不同层级并行的异步开发完成，从而减少下层对上层的依赖制约，每个层级直接面向市场。

门的动态性，帮助企业各部门人员，特别是技术部门人员及时了解市场动向，降低企业因开发不对路产品的成本；又因为市场环境与用户心理期望在快速发展的社会中都是不断发展变化的，我们亦必须保持调查人员、设计人员和销售人员系统间的动态性，目的是及时了解用户的价值主张，决定产品开发方向，减少产品与用户期望值之间的落差。第三，在产品分析阶段，充分分析产品是否符合社会要求、经济效益要求和制造流程工艺要求，只有符合这些要求的产品才是开发正确的产品。要符合社会发展环境的要求，企业的产品只有符合社会日新月异的发展要求，才能被社会接纳，被国家允许，被顾客喜欢；要充分分析产品的成本发生额与目标利润要求的成本之间的差异，使得其产品的开发符合经济效益要求；要充分了解产品的优点和缺点，分析其是否符合现代消费者的需求，主要包括可靠性、安全性和易操作性；要充分分析产品制造流程的工艺要求，只有符合企业现有生产工艺条件或要求、适度超前生产工艺流程的产品才能被企业接受和生产。第四，在初步设计方案上，及时的沟通、ECSR① 原则优化产品结构和供应商早期参与有助于降低研发环节的成本。要根据产品技术开发的要求，使得设计人员、工艺人员和生产人员充分沟通，避免出现产品损坏而增大成本的问题；ECSR 原则优化产品结构是在围绕产品所需实现的功能基础上，对产品已有的初步设计方案进行结构分析，以满足功能、降低产品生产成本为目标，找出不合理的成本发生处进行改进。其中主要包括对不必要的结构进行取消、对细小的结构进行合并、对复杂的结构进行部分简化和对整体的结构进行重排；供应商早期参与会使得设计人员依据供应商提出的性能规格要求，及早调整设计方案，避免陈旧的设计方案由于未及时更新而带来的额外成本。第五，对于分析计算和验证这一阶段，建立各类产品所需零部件工序及设备数据库并定期更新维护、原材料成本评估要准确、建立制造成本测算标准，同时采用目标成本法对成本进行偏离标准评估，确定偏离原因，以便找到降低成本的着手点；确认选材及工艺的合理性，由采购及工艺人员共同论证，保证材料成本及加工工序最优，最终通过标准动作控制，保证生产效率最优化。第六，设计方案初步完成后，还要模拟方案实施过程，从经验和理论的角度去充分论证产品工艺性及加工的可行性，做好出现质量问题的预警方案及补救措施，达到缩短研制周期、尽快批量生产的目的。

8.3.2.2　采购环节成本控制

采购成本在产品成本当中占有相当大的比重，对于采购环节的成本控制，主要应做到四点：第一，采购商树立战略采购的思想。现代企业的竞争已经转变为

---

① ECSR 指 "effective corporate social responsibility"，意为有效的企业社会责任。

价值链的竞争，仅依靠传统的采购思想已经远远不够，必须树立战略采购思想。该思想是指采购商准确把握采购流程和数据信息，与供应商建立战略合作伙伴的关系，打造战略采购的核心能力，使自身的总体拥有成本①最小。其中，采购商必须关注成本动因的分析，以便分解分析成本构成项，找到降低成本的着手点；关注共享资源的利用效率，可供许多共同产品共同使用且其总成本不随产量而变动的资源是共享资源，它们的利用效率越高，则产品的单位成本越小；建立高效的信息管理系统，信息化建设可降低由于缺货登记不及时更新而引发的不必要的成本，进而降低采购成本。第二，要做好采购中总成本的控制。对于产品的主要原材料，企业应与供应商签订采购协议，这期间要时刻注意了解与把握好市场的需求和价格走势，在下达采购计划时要选准最佳采购期；对于其他原料，通过比较产品的质量、价格和服务，实行竞争招标采购等方式降低成本；对于难以采购的物资，企业要通过合理制定采购和库存策略，采用较大的订购批量降低成本；采购成本总体管控要根据年度预算中采购总目标所制定的年度降本目标进行分解，落实财务部严格考核，月度提示，季度评分。第三，要做好对损失成本的控制，定期监控供应商的生产情况，并随时进行抽检，以确保产品的质量，维护公司的信誉和品牌；加强对供应商生产能力和信誉度的全面了解，定期监控供应商的生产进度，以确保准时交付。第四，实行阳光采购。阳光采购是把产品采购的各个环节按一定的制度和程序运行，采购过程及信息公开（罗红雨，2013b）。阳光采购要求高素质的采购人员和采购业务的制度化管理，因为采购人员的综合素质和采购制度直接影响到采购成本高低。采购人员综合素质越高，即不谋私利，具有价值分析、市场预测和沟通能力，则采购过程中出现腐败的概率越低；严谨的采购制度和标准的采购流程能够降低企业的采购成本。

8.3.2.3 生产环节成本控制

生产环节的成本是构成产品成本的直接项目，它的高低直接影响到产品的利润空间。生产成本主要是指企业为了满足顾客需要而生产一定种类、一定数量的产品所支出的各项生产性费用，包括材料、人工、能源、制造费用、因产品质量问题而支出的费用等。

生产成本的控制是基于预算管理的基础上的，对于生产成本的控制主要表现在八个方面：第一，工艺设计及优化的成本控制。根据历史数据建立原料和辅料的消耗定额并严格执行。消除等待、多余过程、多余动作、过量生产等浪费，降低生产成本。第二，推进班组建设。采用由上而下的方式，将公司预算指标分解

---

① 总体拥有成本：亦称总成本，本质是产品生命周期成本。

至班组，班组再将指标分解到个人，实施标准化、指标化、程序化的工作流程，通过开展培训、实战操作、指标分析、实时跟踪原辅材料的领用和实际发生等过程，生产现场与工艺人员形成互动，充分沟通，更好地管控产品成本。第三，设备管理精益化。公司对设备及工装从采购环节到修理记录、报废的寿命周期全过程进行有效的管理和监督，要求班组每日点检和定期保养常态化，降低使用成本及维修成本，提高设备可靠性；班组设置兼职安全生产管理员，对设备保养及设备维护进行翔实地跟踪记录。当设备出现故障时，由班组安全员提供设备的保养维修记录，能够缩短检修和维修的时间，避免设备重复故障导致重复检测的浪费。第四，生产过程质量管理。各班组要在生产准备阶段对原料、设备等进行检查；在制造工序开展一般工序的质量控制和特殊工序的质量控制，操作人员自主检查，做好制造工序的检查和监督审核记录等；降低废品的产生及关键工序的上下道工序互检，提高产品一次交检合格率，避免简单问题影响批产质量及批产下线时间。第五，推进看板管理。对安全库存短缺产品及时预警，有利于提高供应商、上下道工序衔接的及时、准确性，降低库存。第六，实施节能减排活动。通过集中化生产和集中休息提高生产效率，降低能源消耗；各生产部门从技术上和管理上落实各项节能措施，防止能源管网跑、冒、滴、漏；要有专门人员每天抄表并对数据进行分析，发现隐形能源浪费。制定能源应急预案，减少突然停电损失。第七，运用并行模式生产制造产品。对于可分解为不同步骤且上下环节依赖度不高的产品采用并行模式生产，各个环节同时加足马力生产，有利于缩短产品的生产周期，也节约了生产过程中的部分固定成本。第八，建立健全岗位责任制度。健全的岗位制度直接规定了生产线上员工的责任与义务，是实现有效降低生产环节成本的保证。当责任义务被规定之后，员工便会按照标准要求自己，减少工作中不必要环节和意外带来的额外成本。

8.3.2.4 销售环节成本控制

价值链上的销售关系不仅仅局限于从分销商销售到个人消费者手上，更是供应商与采购商之间的销售关系。价值链下的销售成本较以上范围有所扩大，还包括产品投放前与投放后的市场调查成本、产品售后服务成本以及对潜在客户或长期客户的维护成本。销售资源的合理分配和使用效率的提升可以积极有效地调动商家的积极性，提升经营业绩，创造更多的利润。从这个意义上讲，如何确保各类销售资源发挥更大效益就显得尤为重要。销售环节成本控制主要包括两个方面：销售渠道成本控制和顾客成本控制。对销售商的管理越恰当，越可以减少可能因销售环节导致的差错及相关成本。

8.3.2.5 物流环节成本控制

物流成本作为经济中的"黑暗大陆"一直因其金额小而被忽视，随着实践以及学者的研究发现，物流成本耗费的大小对于企业的生存发展也有至关重要的意义。第一，企业可以通过学习培训等方式，使管理层的物流成本管理意识与国际管理理念接轨，从根本上降低成本。第二，整个企业都要加强成本管理的意识，使这种意识渗透于企业的各个层次和企业的各个具体工作，从整体上降低成本。第三，企业要改善存货管理，实施 ABC 库存成本管理，设计最好的经济订货批量，加强设备保养和维修工作，降低故障率，提高产品的一次合格率，加强工具维修，减少大修，这样才能在物流环节减少不必要的浪费，降低成本。

价值链成本控制对于我国非再生性资源下游产业来说是至关重要的，不仅可以帮助企业减少不必要的开支，而且还可以合理提高产品的质量，满足市场和消费者的需求。

8.3.3 以行业治理推进产业合作，使市场价格机制发挥基础性作用

在非再生性资源下游产业中出现了资源分配不均的情况，国有企业占有资源较多，但利用率不高，容易造成产能过剩以及资源的浪费。民营企业竞争激烈，创新水平高，但资源的占有较少，为了获利，民营企业不得不过度地追求低成本来维持企业的发展。资源分配不均以及不能合理利用，可能会导致整个下游产业的产品假冒伪劣率增加。因此，建议国有企业与民营企业合作，发挥各自优势，推进行业健康发展。

8.3.3.1 采取企业所有制与经营形式均不变的合作发展模式

企业所有制与经营形式均不变的合作发展模式主要针对国有企业与民营企业在拥有独立产权的情况下进行。彼此间在产品生产、组织架构、资本结构以及经营形态上均无任何关联的平行互动合作模式，具体表现主要有企业与供应商企业间、企业与顾客或客户企业间的纵向合作模式以及企业与替代者或互补者企业间的横向合作模式几种。

企业与供应商企业间的纵向合作模式必须在产品标准统一化为基础的条件下进行，这一模式会使企业在产品研发及生产过程中降低风险并且从规模经济中获益，同时也会避免某些企业对指定供应商的过度依赖而降低交易成本。此外，还会节约谈判、协商价格的时间和费用等相关成本，双方合作还可以改善产品的质量，保持价格的稳定性，提高相应的服务质量，使双方利益都能得到兼顾与均衡。

企业与顾客或客户企业间的纵向合作模式就是要建立起企业与顾客或客户企业间的良好互动，以企业产品及服务价值理念的宣传以及对客户群体反馈意见的完善和改进来为二者维持良好的合作提供基础。针对性地从产品性能和服务类型

偏好、接受价格范围等方面对顾客或客户企业进行分类管理，不仅可以提高顾客对企业的满意度，而且还有助于企业自身进行准确的市场定位。此外，还要随时了解顾客企业的需求，并据此更新生产，提供更具优势的产品及服务来增加收益，把握市场动态趋势并调动顾客或客户企业参与合作的积极性，实现企业与顾客或客户企业间的持续性发展。

企业与替代者或互补者企业间的合作模式主要是两者通过贴牌生产或制造原始设备实现双方产业内合作，进而避免行业恶性竞争以及促进产业的优化发展。替代者或互补者企业通过学习合作方的优势与经验进一步提升自身实力，在获益于规模经济的同时也使利润大幅增长。对于选择与替代者或互补者企业合作的一方，则既能减少生产流程及库存用地来降低生产成本和管理费用，使资产周转率和品牌附加值得以提高，又能起到优化社会资源配置的作用。

8.3.3.2 采取企业所有制不变但经营形式改变的合作发展模式

企业所有制不变但经营形式改变的合作发展模式主要有两种：企业之间资产的委托经营及租赁合作发展模式与组装产品生产过程中的分工协作合作发展模式。

（1）企业之间资产的委托经营及租赁合作发展模式。

企业之间资产的委托经营及租赁模式主要指有闲置资产或无能力经营和承担风险的企业将资产交付给具备相关条件的企业经营，一方盘活资产并使资产保值增值的同时另一方也获取资产便利并赚取相关收益。具体来讲，一般为具有一定实力的民营企业受托经营或租赁国有企业的资产，对于小规模且整体经营状况不佳的国有企业可对其资产进行承包租赁，对于大规模但实力不强的国有企业，既可以选择受托经营，也可以先采取租赁方式，获得资产后再循序渐进地参与到国有企业产权改革之中，或是抓住良好时机对国有企业产权进行购买。

（2）组装产品生产过程中的分工协作合作发展模式。

组装产品生产过程中的分工协作合作发展模式中的产品一般是具有复杂生产工序流程、固定生产标准和多种多样且可拆分生产的零部件的大型机械设备等加工制造类可组装产品。具体来讲，是指有强大技术能力和资金实力的大企业与中小企业在组装产品生产过程中进行分工协作。中小企业参与到大企业核心产品生产流程中或负责某部分零件的生产，一方面可以在大企业的带动下使其自身发展趋于稳定，另一方面还有助于其培育企业专门技艺及业务精湛性进而在同类企业中形成特有竞争优势。而大企业借助于小企业的协助可以节约时间成本，将精力与资源更多地投入到新技术的研发和新产品的推广、市场开发等方面。目前，许多大型机械设备加工制造类的国有企业都通过与中小型民营企业分工协作进行产品生产。大型国有企业侧重于对核心产品的生产装配、相关技术的改良与革新，而将相关辅助零件、配件的分散化生产交给中小型民营企业。可以说，企业间产品配套生产的分工协作模式是不同产权主体或是不同股份形式利益主体之间实现良好互动的常见形式，面对激烈的市场竞争需求以及行业潜在规则及规律多变性的制约，不同产权性质的国有企业与民营企业的分工协作也是顺应客观发展要求的体现。针对这种分工协作的模式，国家也积极出台了相关扶持政策，对大、中小企业进行分工协作的机制平台加以完善并以此提高中小企业的配套协作效率，同时有利于国有企业、民营企业所处行业中完备的产业链协作体系的构建与推广。

8.3.3.3 采取企业所有制与经营形式均改变的合作发展模式

企业所有制与经营形式均改变的合作发展模式主要有三种：企业之间的相互参股与控股的合作发展模式、同行业之间优势产品整合的合作发展模式以及兼并重组形成资源共享的新企业合作发展模式。

（1）企业之间的相互参股与控股合作发展模式。

企业之间的相互参股与控股模式主要有国有企业控股民营企业参股、民营企业控股国有企业参股这两种模式。国有企业与民营企业的互相参股不仅会使得民营企业借此获得发展机会，甚至可能成为行业"龙头"企业，同时在这些行业领域中对于持有较低股权比重的国有企业而言也会进一步推动其经营管理体制的转变及治理机制的完善。此外，由于下游产业多为竞争性的行业，对于这类型的行业来说国有企业、民营企业间相互参股控股主要遵循市场发展客观规律及企业自身战略目标的引导自然形成，并无定性要求与规定明确限定国有企业、民营企业的持股比例及合作形式，所以选择融合发展的国有企业、民营企业可根据自身目标需求，选择是进行国有企业控股民营企业参股还是民营企业控股国有企业参股。

（2）同行业之间优势产品整合的合作发展模式。

下游产业中行业众多，且多为集中度低下的竞争性行业，同行业之间优势产品的整合会极大地促进行业集中度的提高，产生规模经济。同行业之间优势产品整合模式主要针对竞争行业中一些优势产品或支柱产品，国家或地区政府出台相关优惠政策使国有企业、民营企业打破所有制及地区界限实现资本、技术等方面的互动融合，使优势产品或支柱产品在生产及销售环节进行优势互补，从而形成产品规模优势和产品市场优势。区别于所有制与经营形式不变的企业与替代者或互补者企业横向合作模式，这种模式下国有企业、民营企业的产品整合打破了企业间、地区间或产业间的所有制桎梏而非单纯意义上的平行合作关系。而两者共同之处则体现在合作对象的选择上要求产品具备一定程度的相似性或可替代性。同行业之间优势产品的整合模式也存在着它特有且显著的发展效果，一方面可以有效避免国有企业、民营企业同类产品间出现过度竞争现象，通过对同类产品进行整合可以塑造产品核心竞争力，另一方面还可以提升国有企业、民营企业优势产品或支柱产品在国内外市场和不同地区间的竞争优势，并有助于促进区域经济的发展。

（3）兼并重组形成资源共享的新企业合作发展模式。

兼并重组一直是近年来各大型企业进行扩张发展的一个主流方式，对下游产业的企业进行兼并重组形成资源共享的新企业。兼并重组形成资源共享的新企业模式对国有企业、民营企业而言主要是互补资源间的融合统一，既包括人力、财力、组织架构、物资原料等各种有形资源的融合，也包括制度、品牌和企业文化、技术、经营管理理念等无形资源的融合，兼并重组形成的新企业制定双方达成共识的战略目标、经营机制和管理体制等。这种合作发展模式多出现在实力悬殊且能够优势互补的国有企业、民营企业间，一般而言实力雄厚的一方企业通常会采取兼并重组的方式吸收相对而言实力薄弱的另一方企业，这既是市场发展优胜劣汰机制的驱动，也是企业双方需求的主动合作行为。

目前市场上主要有两种兼并方式：国有企业主动兼并民营企业与民营企业主动兼并国有企业。国有企业兼并民营企业的模式较为常见的是国有企业子公司以增值换股及合作上市等方式获取民营企业股权进而使子公司实现多元化的产权结构而母公司仍保持国有独资形式。这种形式虽然不能改变母公司的单一产权结构但能够建立和维护行业竞争的合理秩序以及产业结构升级，确保双方企业均能在良好的行业态势下实现合作共赢。民营企业兼并国有企业的模式中经常出现实力雄厚的民营企业兼并中小型国有企业，或是某些民营企业受政府委托对实力薄弱的国有企业进行托管进而兼并被托管的国有企业，也可能是民营企业直接收购国有企业转让的股权而形成的新企业。此时的民营企业，不仅在借助国有企业丰富的生产要素和基础条件的同时完成了企业的高效扩张，而且受益于产权联合带来的成果，使自身在管理体制和经营机制方面的灵活优势得以展现。此外，还需注意，国有企业、民营企业进行兼并重组形成资源共享的新企业，不仅仅应对原有国有企业、民营企业双方资本融合产生的协同效应加以利用，还要注重内部体制和技术工艺方面自主创新能力的培养，以维持新企业的可持续发展与行业优势。

小　　结

本章的研究表明：非再生性资源下游产业因自身规模小、核心技术缺乏、过度追求低成本,从而导致供需不匹配、产品质量低下等现象。为解决此问题,本章力图从三个方面进行下游产业供给侧价值链治理的建构:(1)从国家意志层面出发,提出通过市场导向统领政、金、产、学、研,合力开发核心技术;(2)从市场实际需求出发,提出合理控制企业内部价值链成本的治理路径,缓解成本与质量间的差异性造成的结构性矛盾;(3)提出以行业治理推进国有企业与民营企业之间的合作,发挥好市场价格机制的基础性作用。

第 9 章

政 策 建 议

本书在梳理了价值链分析的四大视角基础上,确定空间价值是研究国家价值链的一个理想视角。并通过不同视角下我国非再生性资源的价值链分析,确定了非再生性资源供给侧价值链治理中存在的主要问题,并进一步提出"空间价值—链主主导权—核心能力—治理环节"的治理框架,然后针对节点的不同,提出了不同的治理路径。本章将进一步结合四大分析视角对这些路径进行梳理,以期获得更为科学的研究结果。

9.1 非再生性资源供给侧价值链治理路径的政策建议

9.1.1 上游产业供给侧价值链路径的建构

根据第 6 章关于上游产业供给侧价值链治理路径的分析,进一步从投入产出视角、地理范围视角、制度分析视角和产业升级视角,对上游产业治理路径的设计进行了一致性和合理性分析,结果如表 9-1 所示。

表 9-1　　上游产业供给侧价值链构建路径的一致性和合理性分析

空间价值	投入产出视角	地理范围视角	制度分析视角	产业升级视角
将生态成本介入价格中,重塑利益协调机制	将资源的生态成本纳入资源定价体系,完善资源产品价格形成机制(√)		进一步充分落实资源税制改革(√)	
	建立资源生态环境补偿机制,使我国资源所在地居民在生态治理上获得一定的收益(√)			

续表

空间价值	投入产出视角	地理范围视角	制度分析视角	产业升级视角
提高我国上游产业的行业集中度，实现治理效率和企业竞争力同步提高		减少政策壁垒，推动企业间并购与重组（√）	政策导向控制资源产量，提升上游企业平均规模（√）	
		跨地区、跨行业以资源、市场需求为导向的联盟（√）		
		宏观限制投资规模的扩大，为大企业兼并小企业提供财务便利（√）		
空间价值期权评估为企业管理提供了一种新方式			应该先建立并完善职业经理人市场（√）	
			应该综合使用股价和综合财务指标体系作为行权的标准（√）	
适当收缩非再生性资源企业的业务，加快可再生资源的发展				以技术的不断成熟和创新来降低可再生性资源的开发与利用成本（√）
			建立健全可再生性资源市场（√）	
			完善与可再生资源企业有关的政策（√）	

注：括号内√表示基于空间价值所提出的价值链治理路径与不同视角的一致性。

通过表 9-1，可以看出第 6 章提出的价值链治理路径与投入产出视角、地理范围视角、制度分析视角和产业升级视角下分析出的路径具有较好的一致性，也间接地反映了上游产业价值链治理路径建构的合理性。

9.1.2 中游产业供给侧价值链路径的建构

根据第 7 章关于中游产业供给侧价值链治理路径的分析，进一步从投入产出视角、地理范围视角、制度分析视角和产业升级视角，对中游产业治理路径的设计进行了一致性和合理性分析，结果如表 9-2 所示。

表 9-2 中游产业供给侧价值链构建路径的一致性和合理性分析

空间价值	投入产出视角	地理范围视角	制度分析视角	产业升级视角
通过横向战略联盟、兼并重组提高行业集中度，提高竞争力		横向战略联盟（√）		
			政府应当支持、指导非再生性资源产业中的中游国有企业兼并重组，同时减少不必要的行政干预（√）	
		银行应当协助政府加快企业间的兼并重组（√）		
		降低退出壁垒，提高"僵尸企业"退出效率（√）		
			与完善现代企业制度结合，建立规范的法人治理结构（√）	
以质量为导向的标杆管理补齐创新短板，优化产业结构，防止产能过剩		建设大型非再生性资源中游产业集群基地，提高企业创新动力（√）	政府部门要扮演好角色（√）	标杆管理的管理方式为企业创造间接竞争机制，鼓励企业不断创新（√）
				把握标杆管理过程，将其渗透于企业内部，提高企业创新动力（√）
				质量创新的质量管理新范式为企业创造另一间接竞争机制，鼓励企业不断创新（√）

续表

空间价值	投入产出视角	地理范围视角	制度分析视角	产业升级视角
以质量为导向的标杆管理补齐创新短板，优化产业结构，防止产能过剩				质量创新贯穿于上游和中游企业之间，为企业提供更高品质的产品（√） 标杆管理、成本管理与质量管理的结合，提高企业创新动力，提升企业竞争优势（√）
完善代理人市场，缓解委托代理冲突			建立并完善职业经理人市场（√） 综合使用股价和综合财务指标体系作为行权的标准（√）	
通过纵向战略联盟实现产业一体化，减少企业对国外原材料的依赖，从而提高利润		通过纵向战略联盟，整合技术活动，减少企业对外依赖程度，提高经济效益（√） 通过纵向战略联盟，及时保证供应或者需求，减少企业对外依赖程度，提高企业经济效益（√） 通过国际化的纵向联盟方式，拓展企业获得经济原材料的渠道，促使企业在国际市场上获得一定议价能力和市场份额。（√）		

注：括号内√表示基于空间价值所提出的价值链治理路径与不同视角的一致性。

通过表9-2，可以看出本书第7章提出的价值链治理路径与投入产出视角、地理范围视角、制度分析视角和产业升级视角下分析出的路径具有较好的一致性，也间接地反映了中游产业价值链治理路径建构的合理性。

9.1.3 下游产业供给侧价值链路径的建构

根据第 8 章关于下游产业供给侧价值链治理路径的分析，进一步从投入产出视角、地理范围视角、制度分析视角和产业升级视角，对下游产业治理路径的设计进行了一致性和合理性分析，结果如表 9-3 所示。

表 9-3　下游产业供给侧价值链构建路径一致性和合理性分析

空间价值	投入产出视角	地理范围视角	制度分析视角	产业升级视角
以市场为导向，统领政、金、产、学、研，合力开发核心技术				企业尝试与高等院校、科研院所结成利益共享的共同体（√）
				企业与高等院校、科研院所实行项目纽带合作模式（√）
				企业积极与高等院校、科研院所探索成熟度高的生产线产品（√）
				政府政策及资金支持企业与院校合作（√）
				我国企业积极与国际间的企业合作研发（√）
顺应市场需求实行企业价值链成本控制，真正实现低成本、高质量	研发设计环节成本控制（√）			
	采购环节成本控制（√）			
	生产环节成本控制（√）			
	销售环节成本控制（√）			
	物流环节成本控制（√）			

续表

空间价值	投入产出视角	地理范围视角	制度分析视角	产业升级视角
以行业治理推进国有企业与民营企业的合作，使市场价格机制发挥基础性作用			采取企业所有制与经营形式均不变的合作发展模式（√）	
			采取企业所有制不变但经营形式改变的合作发展模式（√）	
			采取企业所有制与经营形式均改变的合作发展模式（√）	

注：括号内√表示基于空间价值所提出的价值链治理路径与不同视角的一致性。

通过表 9-3，可以看出第 8 章提出的价值链治理路径与投入产出视角、地理范围视角、制度分析视角和产业升级视角下分析出的路径具有较好的一致性，也间接地反映了对于下游产业价值链治理路径建构的合理性。

9.2 结合需求侧非再生性资源价值链治理路径的政策建议

结合需求侧寻求入口，精准预测需求侧相关价量关系。入口即价值点（周永亮，2016），与价值链所处的相对外界以某种方式的连接，消除价值链上、中、下游企业非增值活动，是实现价值链增值的重要环节。需求侧是相对供给侧而言的，精准预测在一定的时期内、在既定的价格水平下、预测消费者愿意并且能够购买的商品数量即是需求预测。在其他因素不变的情况下，精准的需求预测显示了随着价格升降消费者在不同时期内愿意购买的某商品数量。简而言之，需求预测即价格与需求量的价量关系的预测，企业以销定存的一种方式——通过对需求价量关系的预测，能够准确确定企业当期生产的产量，消除企业不必要的生产和储存环节的非增值活动，获得企业的成本竞争优势，实现价值链整体水平的提升。

9.2.1 以信息化提升价值链治理的动态反应能力

信息化改变居民的需求理念，为价值链治理提供了一种入口升级机会。就顾客而言，信息化的发展让现实与虚拟世界通过各种平台实现连接，人们可以方便快捷地通过网络等传媒迅速获得有关商品和服务的最新信息，他们的消费变得理性而有序，从过去厂商引导下的批量消费阶段走向体现自我的个性化消费阶段。虽然顾客所获得的信息可能会比生产经营者更完全、更充分，但实际上销售商在和客户交流过程中，也掌握了一部分顾客潜在的需求信息。销售商应充分利用这些有限信息，向上游企业施加压力，加快企业创新投入，设计生产新技术和新产品，解决客户未知的需求，为用户创造价值，并从中获取利益。

信息化改变了企业的经营模式，为价值链治理提供了一种入口升级方式。对企业来说，信息化虽然让顾客需求的个性化趋势愈演愈烈，对供应链理论发出了严峻的挑战，但同时也改变了企业从提供管理的便利到为顾客提供需求的便利。需求个性化趋势造成的信息不对称性虽然在一定程度上威胁到企业的生存和发展。但与此同时，及时通过平台终端的大数据分析用户行为，能为供应商提供品牌种类投放的依据，即通过个性化数据向企业提供顾客偏好信息，解决企业与客户之间的信息不对称。

9.2.2　以开放化提升价值链治理的市场接纳水平

企业与用户之间的开放化为企业提供了最及时的反馈机制。企业与用户之间的开放化的组织模式强调的是有明显且共同的社交属性、共同爱好、共同偶像或者共同家乡、共同价值观的一群人能对企业生产经营产生影响的组织模式。信息化的发展同时让这些社群因为"共性"——对某种产品或者企业的价值引力，聚集在QQ群、微信群等平台上，这不仅为企业的粉丝经济和社群经济提供了精神传播平台，更为企业获取用户需求的信息提供了便利，为企业获取用户使用提供最快捷方便的反馈机制，同时也为企业的价值链升级提供了依据。

企业与企业之间的开放化为企业提供及时的生产运营信息。企业与企业之间的开放化组织模式强调的是由上游、中游和下游企业共用一套用户需求预测系统。下游企业作为与用户直接接触的商家，能及时接收到用户的需求信息。因而，下游企业应将其需求信息传输进需求预测系统，向上游企业传递用户最真实、最急切的价值主张，上游企业运用这些价值主张信息，向设计、生产部门施加压力，及时设计满足用户需求主张的产品，满足用户对产品的需求。这种价值链入口升级的方式在一定程度上不仅降低了企业的库存和流转成本，更能够帮助企业获取价值链竞争优势。

9.2.3　以生态化提升价值链治理的社会认同标准

生态是指生物与环境构成的一种统一的整体。在这个统一的整体当中，生物与环境相互影响、相互制约，并在一定时期内处于相对稳定的动态平衡状态。只有相对稳定平衡的状态才是可持续的，因而，企业间的平衡是整个商业系统改革前进的最终目标。应以用户价值主张为核心创造价值链发展的环境，将利益辐射进价值链生态系统。随着贸易合作机制的推进和供应链业务的推广，如果企业仍然满足于各自内部系统与外部产业系统的连接，仅仅埋头于供应链管理模式的转变，不但难以满足用户日益增长和变化的个性化需求，而且还可能因为管理观念落后而失去竞争优势。因此，客观上要求企业的管理模式必须适应市场的个性化需求，从顾客的价值观出发，为顾客创造价值——即不仅需要把生产前的市场调研、生产过程的实施调整和售后服务等各个环节相互连接，与价值链上游、中游和下游企业实现联动式发展，更需要转换管理理念和思维方式，根据市场的需求变化实现有机地灵活互动，创造更好的用户体验。这种从产、供、销到用户之间都以顾客的价值观为核心而进行的企业与企业之间、企业与用户之间的有机互动，强调将企业向外辐射渗透和与价值链上相关企业的联动式发展，创造价值链发展的环境，将利益辐射进价值链生态系统。

小　　结

本章进一步对全书研究结果进行了汇总和梳理，并从投入产出视角、地理范围视角、制度分析视角和产业升级视角，对结论的一致性和合理性进行了分析。在此基础上，结合需求侧，提出以信息化提升价值链治理的动态反应能力、以开放化提升价值链治理的市场接纳水平、以生态化提升价值链治理的社会认同标准的建议。

附　　录

本书在研究过程中，涉及《中国工业统计年鉴》《2012年全国投入产出表》《2015年全国投入产出表》《上市公司年报》等多项数据，这些数据都可以通过一些经济数据库查询。但是，本书第4章4.2节计算中所涉及的世界500强企业数据，因为此数据并非一个表列数据一致延续的数据，并且此数据也涉及上中下游的划分。为此，笔者通过Wind数据库，查找了本书涉及的世界500强企业的数据，以期更好地审核本书的结论。

附表1　　　　　　　　　各企业成本费用净利率计算依据

国内					
上游——煤炭采选业					
中煤能源	2013年	2014年	2015年	2016年	2017年
营业成本（万元）	5,614,196.30	4,943,438.60	4,069,555.50	4,032,095.90	5,483,145.10
税金及附加（万元）	129,381.10	107,811.20	149,270.80	190,012.90	266,589.60
销售费用（万元）	1,378,759.80	1,255,361.70	1,229,662.40	876,129.90	995,892.60
管理费用（万元）	442,037.20	417,900.50	368,797.70	351,707.70	372,894.60
财务费用（万元）	62,976.70	195,187.30	398,121.00	374,268.40	325,170.90
所得税费用（万元）	172,576.70	29,930.10	-46,087.60	43,922.60	170,086.30
净利润（万元）	429,573.90	122,205.10	-206,417.90	293,170.60	444,607.10
成本费用总和（万元）	7,799,927.80	6,949,629.40	6,169,319.80	5,868,137.40	7,613,779.10
成本费用净利率（%）	5.51	1.76	-3.35	5.00	5.84
中国神华	2013年	2014年	2015年	2016年	2017年
营业成本（万元）	18,771,300.00	16,323,300.00	11,042,700.00	11,076,900.00	14,384,200.00
税金及附加（万元）	484,500.00	405,100.00	583,300.00	692,200.00	964,000.00
销售费用（万元）	103,100.00	79,400.00	58,400.00	61,000.00	61,200.00
管理费用（万元）	1,812,800.00	1,793,500.00	1,833,300.00	1,793,200.00	1,939,400.00
财务费用（万元）	210,100.00	346,000.00	466,900.00	505,900.00	345,700.00
所得税费用（万元）	1,406,100.00	1,286,000.00	981,800.00	936,000.00	1,628,300.00
净利润（万元）	5,570,700.00	4,637,300.00	2,326,400.00	2,953,600.00	5,405,000.00
成本费用总和（万元）	22,787,900.00	20,233,300.00	14,966,400.00	15,065,200.00	19,322,800.00
成本费用净利率（%）	24.45	22.92	15.54	19.61	27.97

续表

陕西煤业	2013年	2014年	2015年	2016年	2017年
营业成本（万元）	2,877,250.94	2,693,779.16	2,204,138.97	1,875,628.05	2,271,191.79
税金及附加（万元）	77,121.59	78,189.18	119,009.57	153,787.99	266,907.88
销售费用（万元）	166,183.32	516,579.34	565,649.45	393,721.10	359,266.17
管理费用（万元）	441,524.43	427,363.20	417,807.85	372,399.31	429,750.96
财务费用（万元）	74,944.37	63,862.36	81,190.50	45,846.28	27,316.03
所得税费用（万元）	119,852.44	70,597.45	75,043.66	74,554.14	249,035.63
净利润（万元）	627,023.71	281,210.60	-235,006.19	437,971.00	1,572,567.30
成本费用总和（万元）	3,756,877.09	3,850,370.69	3,462,840.00	2,915,936.87	3,603,468.46
成本费用净利率（%）	16.69	7.30	-6.79	15.02	43.64
兖州煤业	2013年	2014年	2015年	2016年	2017年
营业成本（万元）	4,561,119.80	5,170,399.60	5,899,038.40	8,894,436.60	12,608,797.60
税金及附加（万元）	57,637.00	61,719.70	78,457.80	164,618.00	305,652.50
销售费用（万元）	299,135.10	312,690.50	282,445.20	258,038.30	384,828.90
管理费用（万元）	399,608.40	445,959.20	373,851.80	362,810.10	438,934.80
财务费用（万元）	320,445.90	137,435.60	205,192.00	221,945.70	366,565.40
所得税费用（万元）	-16,887.80	150,779.70	67,952.40	84,347.50	245,860.00
净利润（万元）	29,920.20	185,844.80	83,121.00	229,265.60	786,186.30
成本费用总和（万元）	5,621,058.40	6,278,984.30	6,906,937.60	9,986,196.20	14,350,639.20
成本费用净利率（%）	0.53	2.96	1.20	2.30	5.48

上游——金属采选业

北方稀土	2013年	2014年	2015年	2016年	2017年
营业成本（万元）	539,071.50	392,391.85	501,113.51	401,146.32	833,230.67
税金及附加（万元）	3,505.17	1,984.21	4,990.39	6,227.15	8,781.34
销售费用（万元）	5,132.05	5,822.03	7,868.79	6,713.47	7,755.55
管理费用（万元）	86,652.27	76,937.46	70,111.77	59,822.09	60,848.33
财务费用（万元）	33,778.01	30,104.65	14,587.22	8,508.07	21,417.92
所得税费用（万元）	25,839.93	16,356.09	31,050.12	22,951.79	10,377.19
净利润（万元）	95,008.26	26,345.79	5,763.71	8,027.94	69,671.28
成本费用总和（万元）	693,978.93	523,596.29	629,721.80	505,368.89	942,411.00
成本费用净利率（%）	13.69	5.03	0.92	1.59	7.39

续表

山东黄金	2013年	2014年	2015年	2016年	2017年
营业成本（万元）	4,259,929.22	4,249,525.50	3,559,294.36	4,579,912.17	4,641,236.90
税金及附加（万元）	682.25	896.1	555.6	18,060.34	24,065.80
销售费用（万元）	3,703.48	3,566.91	3,476.84	3,444.10	3,115.22
管理费用（万元）	181,447.20	175,354.47	174,012.96	220,520.65	220,098.41
财务费用（万元）	28,357.26	39,380.51	35,641.83	32,466.26	49,996.81
所得税费用（万元）	36,138.35	29,515.61	24,866.84	38,264.36	43,522.20
净利润（万元）	112,011.58	85,302.65	60,141.15	130,880.86	119,339.11
成本费用总和（万元）	4,510,257.76	4,498,239.10	3,797,848.43	4,892,667.88	4,982,035.34
成本费用净利率（%）	2.48	1.90	1.58	2.68	2.40
紫金矿业	2013年	2014年	2015年	2016年	2017年
营业成本（万元）	4,084,648.01	5,088,176.76	6,800,772.96	6,978,224.68	8,137,197.37
税金及附加（万元）	71,919.60	83,841.62	80,966.20	90,795.58	135,234.04
销售费用（万元）	52,566.57	90,551.29	69,186.14	66,748.37	74,894.24
管理费用（万元）	216,581.72	217,512.42	262,074.06	282,247.23	299,407.02
财务费用（万元）	73,305.99	76,795.40	94,566.83	58,152.55	201,295.03
所得税费用（万元）	97,343.25	68,869.60	74,348.44	43,878.38	132,041.10
净利润（万元）	286,126.91	263,544.20	134,268.78	168,726.79	324,754.92
成本费用总和（万元）	4,596,365.14	5,625,747.09	7,381,914.63	7,520,046.79	8,980,068.80
成本费用净利率（%）	6.23	4.68	1.82	2.24	3.62

上游——石油和天然气开采业

中国石化	2013年	2014年	2015年	2016年	2017年
营业成本（万元）	245,704,100.00	242,901,700.00	159,277,100.00	149,216,500.00	189,039,800.00
税金及附加（万元）	19,067,200.00	19,120,200.00	23,634,300.00	23,200,600.00	23,529,200.00
销售费用（万元）	4,435,900.00	4,627,400.00	4,687,200.00	4,955,000.00	5,605,500.00
管理费用（万元）	7,357,200.00	7,050,000.00	7,188,100.00	7,415,500.00	7,892,800.00
财务费用（万元）	627,400.00	961,800.00	901,700.00	661,100.00	156,000.00
所得税费用（万元）	9,698,200.00	6,648,100.00	5,595,900.00	7,987,700.00	8,657,300.00
净利润（万元）	7,137,700.00	4,891,000.00	4,334,600.00	5,917,000.00	7,029,400.00
成本费用总和（万元）	286,890,000.00	281,309,200.00	201,284,300.00	193,436,400.00	234,880,600.00
成本费用净利率（%）	2.49	1.74	2.15	3.06	2.99

续表

广汇能源	2013年	2014年	2015年	2016年	2017年
营业成本（万元）	307,107.10	447,469.67	345,036.32	289,591.17	506,257.42
税金及附加（万元）	9,471.12	15,395.87	13,205.09	14,743.08	23,210.86
销售费用（万元）	15,246.37	18,031.87	21,152.21	21,719.91	25,618.08
管理费用（万元）	22,508.00	36,762.89	37,837.29	35,832.68	40,075.85
财务费用（万元）	44,885.84	40,928.50	59,797.21	54,369.41	100,491.51
所得税费用（万元）	24,001.46	23,157.66	7,291.28	9,741.79	40,787.36
净利润（万元）	75,346.97	168,387.70	22,998.15	14,457.30	49,054.87
成本费用总和（万元）	423,219.89	581,746.46	484,319.40	425,998.04	736,441.08
成本费用净利率（%）	17.80	28.95	4.75	3.39	6.66
中国石油	2013年	2014年	2015年	2016年	2017年
营业成本（万元）	170,184,000.00	173,535,400.00	130,041,900.00	123,570,700.00	158,424,500.00
税金及附加（万元）	23,866,300.00	22,777,400.00	20,025,500.00	18,784,600.00	19,609,500.00
销售费用（万元）	6,003,600.00	6,320,700.00	6,296,100.00	6,397,600.00	6,606,700.00
管理费用（万元）	9,056,400.00	8,459,500.00	7,965,900.00	7,595,800.00	7,756,500.00
财务费用（万元）	2,189,700.00	2,487,700.00	2,382,600.00	2,065,200.00	2,164,800.00
所得税费用（万元）	3,578,700.00	3,773,400.00	1,580,200.00	1,577,800.00	1,629,500.00
净利润（万元）	14,222,900.00	11,903,400.00	4,236,400.00	2,941,400.00	3,678,800.00
成本费用总和（万元）	214,878,700.00	217,354,100.00	168,292,200.00	159,991,700.00	196,191,500.00
成本费用净利率（%）	6.62	5.48	2.52	1.84	1.88
上海石化	2013年	2014年	2015年	2016年	2017年
营业成本（万元）	10,047,700.00	9,004,689.00	6,008,929.70	5,574,330.60	6,965,697.70
税金及附加（万元）	998,714.80	940,128.30	1,371,093.30	1,190,643.80	1,274,408.80
销售费用（万元）	69,102.00	54,422.70	51,694.30	49,328.90	51,019.90
管理费用（万元）	273,235.50	266,659.70	266,741.30	268,331.00	255,061.00
财务费用（万元）	-18,902.40	39,162.50	25,411.40	-5,583.00	-21,720.20
所得税费用（万元）	37,915.10	-21,418.40	92,677.70	179,682.20	169,873.90
净利润（万元）	201,371.90	-69,996.50	328,195.20	596,858.30	615,249.50
成本费用总和（万元）	11,407,765.00	10,283,643.80	7,816,547.70	7,256,733.50	8,694,341.10
成本费用净利率（%）	1.77	-0.68	4.20	8.22	7.08

续表

中游——金属冶炼和压延加工业					
山东钢铁股份	2013年	2014年	2015年	2016年	2017年
营业成本（万元）	6,699,864.71	4,973,779.40	3,808,771.01	4,787,428.80	4,430,611.63
税金及附加（万元）	16,289.06	14,363.92	8,081.12	16,121.87	19,370.77
销售费用（万元）	21,660.94	26,595.80	28,720.33	33,060.58	29,838.65
管理费用（万元）	189,642.21	205,528.92	143,432.95	112,674.81	74,062.13
财务费用（万元）	93,807.32	93,877.80	116,892.98	65,715.54	42,500.21
所得税费用（万元）	5,463.70	1,786.42	1,256.71	5,135.66	2,922.48
净利润（万元）	16,383.82	-139,357.42	8,871.53	-53,803.05	196,075.20
成本费用总和（万元）	7,026,727.94	5,315,932.26	4,107,155.10	5,020,137.26	4,599,305.87
成本费用净利率（%）	0.23	-2.62	0.22	-1.07	4.26
沙钢股份	2013年	2014年	2015年	2016年	2017年
营业成本（万元）	1,024,029.23	965,722.21	703,609.83	669,650.48	1,015,843.46
税金及附加（万元）	2,528.09	3,721.76	2,559.84	4,397.57	7,866.72
销售费用（万元）	13,284.98	12,865.24	11,367.89	10,667.88	10,030.77
管理费用（万元）	18,453.37	18,596.14	18,122.98	18,640.20	21,584.91
财务费用（万元）	11,804.74	7,443.00	-400.47	-208.35	-1,861.39
所得税费用（万元）	2,024.67	6,412.90	-5,853.55	13,982.36	48,045.24
净利润（万元）	4,088.69	6,948.32	-12,943.48	43,418.25	141,670.44
成本费用总和（万元）	1,072,125.08	1,014,761.25	729,406.52	717,130.14	1,101,509.71
成本费用净利率（%）	0.38	0.68	-1.77	6.05	12.86
宝钢股份	2013年	2014年	2015年	2016年	2017年
营业成本（万元）	17,171,819.98	16,893,113.55	14,925,835.62	16,185,137.41	24,842,510.24
税金及附加（万元）	41,366.65	47,050.27	46,620.14	52,349.91	187,990.44
销售费用（万元）	196,304.10	220,034.74	215,276.27	226,762.51	336,645.20
管理费用（万元）	688,073.13	772,823.62	728,661.23	758,798.17	963,197.55
财务费用（万元）	-54,413.16	48,771.39	239,256.72	218,597.22	337,041.85
所得税费用（万元）	196,942.67	218,708.15	114,006.06	231,452.97	363,199.29
净利润（万元）	604,033.46	609,069.22	71,407.02	920,529.84	2,040,313.72
成本费用总和（万元）	18,240,093.37	18,200,501.72	16,269,656.04	17,673,098.19	27,030,584.57
成本费用净利率（%）	3.31	3.35	0.44	5.21	7.55

续表

首钢股份	2013年	2014年	2015年	2016年	2017年
营业成本（万元）	916,004.23	2,225,415.98	1,760,717.82	3,700,612.89	5,231,647.65
税金及附加（万元）	491.56	4,386.25	5,095.72	31,838.21	54,999.90
销售费用（万元）	29,166.89	67,196.25	61,172.92	96,234.01	126,196.95
管理费用（万元）	13,768.70	70,150.35	70,343.78	100,611.41	96,020.00
财务费用（万元）	19,249.38	48,541.40	46,664.52	184,354.20	201,680.91
所得税费用（万元）	268.87	-6,761.33	-13,263.00	12,820.28	23,730.72
净利润（万元）	-34,189.39	-2,856.15	-147,623.20	47,163.25	310,740.18
成本费用总和（万元）	978,949.63	2,408,928.90	1,930,731.76	4,126,471.00	5,734,276.13
成本费用净利率（%）	-3.49	-0.12	-7.65	1.14	5.42
河钢股份	2013年	2014年	2015年	2016年	2017年
营业成本（万元）	10,088,405.66	8,754,561.87	6,336,598.81	6,426,120.21	9,550,584.01
税金及附加（万元）	11,649.84	12,233.92	13,950.02	29,602.47	52,928.96
销售费用（万元）	59,788.68	64,908.01	61,240.26	81,124.05	100,917.86
管理费用（万元）	548,949.56	532,716.46	400,324.02	349,800.79	432,709.30
财务费用（万元）	328,453.01	386,607.48	449,184.97	398,974.74	370,232.19
所得税费用（万元）	9,398.23	22,013.60	15,836.86	18,630.46	92,944.81
净利润（万元）	13,712.82	71,729.10	40,175.18	142,975.41	212,584.34
成本费用总和（万元）	11,046,644.98	9,773,041.34	7,277,134.94	7,304,252.72	10,600,317.13
成本费用净利率（%）	0.12	0.73	0.55	1.96	2.01
鞍钢股份	2013年	2014年	2015年	2016年	2017年
营业成本（万元）	6,692,900.00	6,549,000.00	4,946,900.00	5,018,600.00	7,274,300.00
税金及附加（万元）	19,400.00	21,300.00	22,400.00	27,100.00	89,600.00
销售费用（万元）	174,300.00	221,800.00	231,100.00	192,800.00	233,400.00
管理费用（万元）	327,000.00	185,000.00	180,800.00	162,600.00	180,700.00
财务费用（万元）	121,800.00	127,200.00	134,600.00	128,600.00	117,400.00
所得税费用（万元）	-2,700.00	65,500.00	83,700.00	500.00	-13,200.00
净利润（万元）	75,500.00	92,400.00	-460,000.00	161,500.00	561,200.00
成本费用总和（万元）	7,332,700.00	7,169,800.00	5,599,500.00	5,530,200.00	7,882,200.00
成本费用净利率（%）	1.03	1.29	-8.22	2.92	7.12

续表

中游——非金属矿物制品					
冀东水泥	2013年	2014年	2015年	2016年	2017年
营业成本（万元）	1,170,762.44	1,238,111.90	940,603.16	935,331.32	1,072,920.94
税金及附加（万元）	9,314.58	8,198.94	6,397.88	14,731.95	21,556.24
销售费用（万元）	68,679.01	41,923.13	40,540.53	45,483.54	61,916.05
管理费用（万元）	197,616.02	216,195.69	230,014.54	167,413.86	239,605.71
财务费用（万元）	141,350.94	151,972.53	143,409.67	125,015.25	118,041.68
所得税费用（万元）	24,566.29	9,832.47	41,468.84	22,249.79	23,038.57
净利润（万元）	19,872.40	-27,748.06	-215,034.41	-2,365.34	13,113.38
成本费用总和（万元）	1,612,289.28	1,666,234.66	1,402,434.62	1,310,225.71	1,537,079.19
成本费用净利率（%）	1.23	-1.67	-15.33	-0.18	0.85
海螺水泥	2013年	2014年	2015年	2016年	2017年
营业成本（万元）	3,701,808.22	4,026,433.00	3,688,785.52	3,776,995.90	4,888,773.03
税金及附加（万元）	29,678.76	33,999.48	42,526.12	67,245.00	94,698.77
销售费用（万元）	268,450.47	293,683.47	310,509.38	327,641.37	357,193.00
管理费用（万元）	239,576.65	267,985.77	317,759.61	314,359.98	345,969.05
财务费用（万元）	96,851.00	71,448.91	56,950.07	33,685.67	21,561.97
所得税费用（万元）	281,981.23	329,521.42	241,144.52	270,256.34	480,002.22
净利润（万元）	981,145.39	1,158,759.58	762,795.17	895,064.26	1,642,873.39
成本费用总和（万元）	4,618,346.33	5,023,072.05	4,657,675.22	4,790,184.26	6,188,198.04
成本费用净利率（%）	21.24	23.07	16.38	18.69	26.55
中国建材	2013年	2014年	2015年	2016年	2017年
营业成本（万元）	8,774,299.09	8,890,917.74	7,587,737.15	7,553,364.31	9,294,508.31
税金及附加（万元）	93,500.98	92,593.48	77,457.19	115,869.55	164,102.49
销售费用（万元）	692,847.91	776,039.09	710,977.56	723,944.33	816,012.46
管理费用（万元）	720,324.81	780,624.75	781,265.41	753,130.84	822,241.31
财务费用（万元）	969,324.37	1,110,274.16	1,079,769.69	967,380.25	1,019,451.81
所得税费用（万元）	1,060,302.50	1,155,300.99	410,527.79	406,043.54	956,303.19
净利润（万元）	831,187.04	867,164.62	279,265.55	282,224.30	634,013.80
成本费用总和（万元）	12,310,599.66	12,805,750.21	10,647,734.79	10,519,732.82	13,072,619.57
成本费用净利率（%）	6.75	6.77	2.62	2.68	4.85

续表

华润水泥	2013 年	2014 年	2015 年	2016 年	2017 年
营业成本（万元）	1,649,579.00	1,770,522.00	1,705,838.00	1,665,757.00	1,732,669.00
税金及附加（万元）	—	—	—	—	—
销售费用（万元）	-128,410.00	-149,844.00	-147,166.00	149,907.00	149,092.00
管理费用（万元）	-214,442.00	-204,600.00	-204,387.00	-205,884.00	223,681.00
财务费用（万元）	-55,387.00	-51,645.00	-47,376.00	-61,929.00	53,360.00
所得税费用（万元）	81,438.00	128,647.00	3,980.00	80,224.00	107,951.00
净利润（万元）	262,473.00	331,830.00	85,032.00	118,599.00	302,327.00
成本费用总和（万元）	1,332,778.00	1,493,080.00	1,310,889.00	1,628,075.00	2,266,753.00
成本费用净利率（%）	19.69	22.22	6.49	7.28	13.34
华新水泥	2013 年	2014 年	2015 年	2016 年	2017 年
营业成本（万元）	1,152,043.97	1,127,850.13	1,013,195.57	997,100.07	1,471,649.26
税金及附加（万元）	22,052.37	23,506.21	19,984.71	20,755.99	33,181.13
销售费用（万元）	110,664.17	111,743.58	106,012.54	110,552.11	140,211.94
管理费用（万元）	93,324.18	97,378.89	91,563.38	93,928.14	120,401.93
财务费用（万元）	60,348.84	65,403.68	67,442.14	56,939.96	66,063.02
所得税费用（万元）	39,038.03	49,957.38	11,142.78	18,616.28	60,027.63
净利润（万元）	139,452.35	149,376.94	22,559.26	62,083.27	221,175.82
成本费用总和（万元）	1,477,471.56	1,475,839.87	1,309,341.12	1,297,892.55	1,891,534.91
成本费用净利率（%）	9.44	10.12	1.72	4.78	11.69
下游——通用设备制造业					
华中数控	2013 年	2014 年	2015 年	2016 年	2017 年
营业成本（万元）	37,365.82	42,159.26	37,677.00	54,366.15	66,035.55
税金及附加（万元）	271.57	338.13	156.64	672.46	752.07
销售费用（万元）	5,052.89	5,718.80	6,245.50	6,817.66	9,579.99
管理费用（万元）	10,748.79	15,141.49	20,673.23	20,626.37	24,335.86
财务费用（万元）	-253.88	-108.45	352.82	841.27	1,681.58
所得税费用（万元）	392.67	518.25	-78.43	783.21	923.57
净利润（万元）	1,583.68	1,600.71	-4,527.79	481.99	3,607.77
成本费用总和（万元）	53,577.86	63,767.48	65,026.76	84,107.12	103,308.62
成本费用净利率（%）	2.96	2.51	-6.96	0.57	3.49

续表

重庆纳川股份	2013年	2014年	2015年	2016年	2017年
营业成本（万元）	42,958.37	83,752.66	103,105.26	77,950.75	113,378.61
税金及附加（万元）	454.49	457.61	537.67	812.77	845.51
销售费用（万元）	3,934.32	4,325.01	7,868.41	9,512.51	10,295.37
管理费用（万元）	5,462.34	6,702.69	8,786.80	10,117.03	10,618.42
财务费用（万元）	-428.89	888.37	3,449.93	2,479.64	1,260.78
所得税费用（万元）	1,920.59	1,051.21	-113.99	1,588.87	2,594.52
净利润（万元）	9,104.55	4,971.50	5,315.04	8,496.58	8,254.10
成本费用总和（万元）	54,301.22	97,177.55	123,634.08	102,461.57	138,993.21
成本费用净利率（%）	16.77	5.12	4.30	8.29	5.94

下游——交通运输设备制造业

上汽集团	2013年	2014年	2015年	2016年	2017年
营业成本（万元）	49,098,848.21	54,923,602.59	58,583,288.32	65,021,810.59	74,238,241.23
税金及附加（万元）	343,946.00	375,721.09	559,840.23	752,071.80	788,167.58
销售费用（万元）	3,473,050.11	4,007,377.53	3,553,751.55	4,750,341.66	6,112,168.01
管理费用（万元）	1,834,461.48	1,930,870.51	2,427,528.19	2,825,836.32	3,130,120.82
财务费用（万元）	-25,471.54	-16,459.87	-23,119.21	-33,231.95	14,323.46
所得税费用（万元）	590,905.62	443,802.22	573,570.73	653,049.58	714,491.51
净利润（万元）	3,558,394.15	3,825,077.30	4,007,396.92	4,396,196.17	4,711,609.75
成本费用总和（万元）	55,315,739.88	61,664,914.07	65,674,859.81	73,969,878.00	84,997,512.61
成本费用净利率（%）	6.43	6.20	6.10	5.94	5.54

福田汽车	2013年	2014年	2015年	2016年	2017年
营业成本（万元）	2,979,133.08	2,967,952.30	2,975,470.00	4,018,517.63	4,498,702.62
税金及附加（万元）	22,329.29	22,495.22	25,020.43	60,067.31	72,885.80
销售费用（万元）	174,940.76	176,034.03	202,830.77	284,198.70	336,523.61
管理费用（万元）	208,791.80	236,623.59	256,231.76	325,551.84	358,948.71
财务费用（万元）	-3,808.63	18,399.15	1,174.92	-3,846.08	44,634.80
所得税费用（万元）	81,781.45	45,955.55	40,148.20	51,787.17	4,734.63
净利润（万元）	74,726.86	45,863.34	35,653.14	51,212.79	2,892.91
成本费用总和（万元）	3,463,167.75	3,467,459.84	3,500,876.08	4,736,276.57	5,316,430.17
成本费用净利率（%）	2.16	1.32	1.02	1.08	0.05

续表

比亚迪	2013 年	2014 年	2015 年	2016 年	2017 年
营业成本（万元）	4,474,555.50	4,914,388.60	6,651,355.90	8,240,090.00	8,577,548.20
税金及附加（万元）	120,353.40	95,743.50	126,732.60	151,171.70	132,947.70
销售费用（万元）	201,184.50	222,875.80	286,799.20	419,633.90	492,528.80
管理费用（万元）	331,472.70	443,027.10	541,506.00	684,263.50	678,608.30
财务费用（万元）	116,025.90	138,912.50	144,599.50	122,219.00	231,440.10
所得税费用（万元）	5,621.50	13,408.20	65,679.00	108,839.80	70,370.50
净利润（万元）	77,586.60	73,987.00	313,819.60	548,001.20	491,693.60
成本费用总和（万元）	5,249,213.50	5,828,355.70	7,816,672.20	9,726,217.90	10,183,443.60
成本费用净利率（%）	1.48	1.27	4.01	5.63	4.83

下游——专用设备制造业

三一重工	2013 年	2014 年	2015 年	2016 年	2017 年
营业成本（万元）	2,755,269.40	2,253,867.00	1,757,677.00	1,717,940.20	2,680,585.30
税金及附加（万元）	23,302.70	18,314.90	12,113.00	21,956.20	27,922.00
销售费用（万元）	304,434.70	287,217.10	193,927.80	235,906.60	383,225.70
管理费用（万元）	294,545.10	253,252.20	200,276.60	212,080.50	253,313.80
财务费用（万元）	32,494.90	123,034.80	132,121.70	87,539.30	131,903.40
所得税费用（万元）	35,555.50	22,915.80	-1,826.10	-10,083.00	64,176.10
净利润（万元）	309,485.20	75,597.20	13,815.00	16,379.90	222,708.50
成本费用总和（万元）	3,445,602.30	2,958,601.80	2,294,290.00	2,265,339.80	3,541,126.30
成本费用净利率（%）	8.98	2.56	0.60	0.72	6.29

大连重工	2013 年	2014 年	2015 年	2016 年	2017 年
营业成本（万元）	712,752.29	675,950.86	591,107.52	524,230.77	495,389.06
税金及附加（万元）	4,746.91	3,471.71	4,345.09	6,095.25	7,807.26
销售费用（万元）	9,726.23	9,964.87	11,811.33	20,174.46	44,566.03
管理费用（万元）	103,553.28	100,313.97	91,415.21	92,759.65	103,709.25
财务费用（万元）	1,820.50	-969.18	-1,947.87	-419.89	5,342.70
所得税费用（万元）	10,213.39	6,056.71	1,096.63	711.22	8,195.97
净利润（万元）	33,336.80	595.99	599.22	911.94	1,867.88
成本费用总和（万元）	842,812.60	794,788.94	697,827.91	643,551.46	665,010.27
成本费用净利率（%）	3.96	0.07	0.09	0.14	0.28

续表

柳工	2013年	2014年	2015年	2016年	2017年
营业成本（万元）	868,470.85	526,324.66	495,677.82	803,548.72	998,437.72
税金及附加（万元）	7,743.35	7,039.67	4,300.66	5,693.71	6,510.65
销售费用（万元）	104,268.25	72,429.82	72,891.84	81,405.46	81,129.40
管理费用（万元）	83,469.84	68,202.98	72,918.47	87,609.04	84,597.09
财务费用（万元）	5,095.41	10,215.09	17,761.78	17,434.08	21,666.89
所得税费用（万元）	13,542.92	7,046.75	3,054.20	10,361.54	9,107.28
净利润（万元）	32,224.99	4,756.96	2,076.52	19,315.88	33,179.87
成本费用总和（万元）	1,082,590.62	691,258.97	666,604.77	1,006,052.55	1,201,449.03
成本费用净利率（%）	2.98	0.69	0.31	1.92	2.76

下游—电气机械及器材制造业

特变电工	2013年	2014年	2015年	2016年	2017年
营业成本	2,445,462.95	2,993,441.27	3,070,554.91	3,281,834.54	3,007,428.49
税金及附加	11,902.44	17,344.10	19,860.60	31,131.19	40,886.53
销售费用	153,604.57	168,805.31	178,443.02	191,585.86	197,762.22
管理费用	107,140.49	147,289.33	180,954.87	188,961.77	203,618.98
财务费用	52,713.32	64,209.91	63,680.48	39,926.57	82,922.06
所得税费用	17,526.08	23,950.42	34,363.02	48,429.59	41,814.68
净利润	137,838.56	181,141.85	202,512.73	250,619.10	264,203.58
成本费用总和	2,788,349.85	3,415,040.34	3,547,856.90	3,781,869.52	3,574,432.96
成本费用净利率	4.94	5.30	5.71	6.63	7.39

超威动力	2013年	2014年	2015年	2016年	2017年
营业成本（万元）	1,294,651.00	1,614,021.00	1,646,054.00	1,836,908.00	2,173,138.00
营业开支（万元）	141,591.00	186,983.00	192,173.00	214,134.00	232,031.00
利息收入（万元）	-2,660.00	-3,396.00	-4,858.00	-4,085.00	-3,824.00
利息支出（万元）	15,295.00	20,957.00	22,384.00	19,312.00	25,064.00
所得税费用（万元）	11,318.00	3,507.00	5,787.00	8,601.00	16,376.00
净利润（万元）	31,024.00	-2,896.00	33,167.00	50,380.00	45,482.00
成本费用总和（万元）	1,460,195.00	1,822,072.00	1,861,540.00	2,074,870.00	2,442,785.00
成本费用净利率（%）	2.12	-0.16	1.78	2.43	1.86

续表

亨通光电	2013年	2014年	2015年	2016年	2017年
营业成本（万元）	685,799.78	843,644.05	1,081,890.06	1,523,360.62	2,073,841.47
税金及附加（万元）	2,968.08	3,549.34	6,358.16	13,666.77	11,806.54
销售费用（万元）	41,772.28	49,710.25	63,776.19	79,441.89	91,659.50
管理费用（万元）	66,415.53	73,277.87	92,203.68	139,268.85	166,020.43
财务费用（万元）	30,300.19	33,304.00	38,970.09	34,770.15	38,773.03
所得税费用（万元）	7,670.95	7,420.73	12,054.18	26,641.01	32,968.66
净利润（万元）	32,670.93	38,344.28	69,327.52	152,312.74	223,575.99
成本费用总和（万元）	834,926.81	1,010,906.24	1,295,252.36	1,817,149.29	2,415,069.63
成本费用净利率（%）	3.91	3.79	5.35	8.38	9.26

国外

上游——煤炭开采洗选业

美国康索尔	2013年	2014年	2015年	2016年	2017年
营业成本（万元）	1,696,997.00	1,508,720.00	1,350,940.00	1,343,933.00	662,418.00
营业开支（万元）	153,054.00	464,565.00	283,743.00	293,792.00	134,330.00
利息收入（万元）	-9,687.00	-1,409.00	-1,493.00	-1,045.00	
利息支出（万元）	133,643.00	136,799.00	129,397.00	132,827.00	105,490.00
所得税费用（万元）	-20,235.00	8,779.00	-87,290.00	6,944.00	-115,301.00
净利润（万元）	402,665.00	99,795.00	-243,435.00	-588,328.00	248,788.00
成本费用总和（万元）	1,953,772.00	2,117,454.00	1,675,297.00	1,776,451.00	786,937.00
成本费用净利率（%）	20.61	4.71	-14.53	-33.12	31.61

上游——金属采选业

英国力拓	2013年	2014年	2015年	2016年	2017年
营业成本（万元）	22,012,248.00	20,749,529.00	18,129,482.00	18,590,466.00	17,631,232.00
营业开支（万元）	802,962.00	690,835.00	619,489.00	579,239.00	541,032.00
利息收入（万元）	-49,995.00	-39,162.00	-33,767.00	-61,739.00	-92,132.00
利息支出（万元）	309,113.00	397,123.00	487,020.00	545,942.00	390,745.00
所得税费用（万元）	1,479,108.00	1,868,131.00	644,814.00	1,087,028.00	2,590,810.00
净利润（万元）	2,234,514.00	3,993,871.00	-562,346.00	3,202,813.00	5,725,266.00
成本费用总和（万元）	24,553,436.00	23,666,456.00	19,847,038.00	20,740,936.00	21,061,687.00
成本费用净利率（%）	9.10	16.88	-2.83	15.44	27.18

续表

澳大利亚 FMG	2013年	2014年	2015年	2016年	2017年
营业成本（万元）	4,308,191.00	4,540,571.00	3,358,040.00	3,311,327.00	2,397,607.00
营业开支（万元）	139,669.00	61,747.00	135,276.00	113,810.00	181,401.00
利息收入（万元）	—	—	—	—	—
利息支出（万元）	433,157.00	383,934.00	423,734.00	278,428.00	153,680.00
所得税费用（万元）	721,723.00	63,581.00	244,691.00	592,083.00	178,483.00
净利润（万元）	1,679,714.00	193,801.00	652,510.00	1,417,882.00	427,484.00
成本费用总和（万元）	5,602,740.00	5,049,833.00	4,161,741.00	4,295,648.00	2,911,171.00
成本费用净利率（%）	29.98	3.84	15.68	33.01	14.68

澳大利亚必和必拓	2013年	2014年	2015年	2016年	2017年
营业成本（万元）	—	—	—	18,656,698	—
营业开支（万元）	27,680,832.00	22,323,199.00	23,237,714.00	—	18,289,606.00
利息收入（万元）	—	—	—	-96,874.00	—
利息支出（万元）	306,409.00	192,578.00	471,478.00	1,066,291.00	497,568.00
所得税费用（万元）	4,314,343.00	2,241,246.00	-697,602.00	2,777,504.00	3,101,200.00
净利润（万元）	8,510,553.00	1,167,698.00	-4,234,021.00	3,990,122.00	2,451,450.00
成本费用总和（万元）	32,301,584.00	24,757,023.00	23,011,590.00	22,403,619.00	21,888,374.00
成本费用净利率（%）	26.35	4.72	-18.40	17.81	11.20

上游——石油和天然气开采业

荷兰壳牌石油	2013年	2014年	2015年	2016年	2017年
营业成本（万元）	248,980,325.00	236,217,264.00	165,698,490.00	151,302,213.00	181,825,223.00
营业开支（万元）	9,750,772.00	9,292,925.00	8,473,499.00	9,097,875.00	7,469,244.00
利息收入（万元）	-118,280.00	-126,051.00	-233,120.00	-312,859.00	-442,365.00
利息支出（万元）	1,001,111.00	1,103,868.00	1,225,992.00	2,221,921.00	2,641,124.00
所得税费用（万元）	10,404,970.00	8,312,050.00	-99,352.00	575,077.00	3,067,807.00
净利润（万元）	9,981,235.00	9,101,401.00	1,259,109.00	3,173,677.00	8,479,431.00
成本费用总和（万元）	270,018,898.00	254,800,056.00	175,065,509.00	162,884,227.00	194,561,033.00
成本费用净利率（%）	3.70	3.57	0.72	1.95	4.36

续表

法国道达尔	2013 年	2014 年	2015 年	2016 年	2017 年
营业成本（万元）	—	—	—	—	—
营业开支（万元）	129,384,181.00	124,336,856.00	91,598,072.00	85,193,297.00	92,482,453.00
利息收入（万元）	-53,881.00	-66,085.00	-61,040.00	-2,775.00	—
利息支出（万元）	346,017.00	244,760.00	391,564.00	437,725.00	701,773.00
所得税费用（万元）	9,353,398.00	5,270,907.00	1,073,392.00	672,889.00	1,979,209.00
净利润（万元）	7,105,552.00	2,596,904.00	3,303,294.00	4,298,165.00	5,639,668.00
成本费用总和（万元）	139,029,715.00	129,786,438.00	93,001,988.00	86,301,136.00	95,163,435.00
成本费用净利率（%）	5.11	2.00	3.55	4.98	5.93
美国埃克斯美孚	2013 年	2014 年	2015 年	2016 年	2017 年
营业成本（万元）	120,247,576.00	120,247,576.00	120,247,576.00	120,247,576.00	120,247,576.00
营业开支（万元）	28,110,977.00	27,464,520.00	25,173,090.00	25,465,033.00	26,829,425.00
利息收入（万元）	—	—	—	—	—
利息支出（万元）	5,487.00	175,003.00	201,951.00	314,246.00	392,705.00
所得税费用（万元）	14,792,908.00	11,023,379.00	3,516,284.00	-281,642.00	-767,115.00
净利润（万元）	19,863,700.00	19,898,988.00	10,487,164.00	5,438,608.00	12,878,908.00
成本费用总和（万元）	163,156,948.00	158,910,478.00	149,138,901.00	145,745,213.00	146,702,591.00
成本费用净利率（%）	12.17	12.52	7.03	3.73	8.78

中游——黑色金属冶炼和压延加工业

韩国浦项钢铁	2013 年	2014 年	2015 年	2016 年	2017 年
营业成本（万元）	31,765,151.00	32,902,540.00	28,489,441.00	26,709,004.00	31,949,574.00
营业开支（万元）	2,231,417.00	2,316,165.00	2,274,499.00	2,563,227.00	2,492,905.00
利息收入（万元）	—	—	-115,921.00	—	-43,570.00
利息支出（万元）	229,431.00	322,868.00	435,008.00	329,738.00	
所得税费用（万元）	341,300.00	467,507.00	152,732.00	221,463.00	736,881.00
净利润（万元）	794,869.00	356,313.00	99,627.00	784,857.00	1,704,476.00
成本费用总和（万元）	34,567,299.00	36,009,080.00	31,235,759.00	29,823,432.00	35,135,790.00
成本费用净利率（%）	2.30	0.99	0.32	2.63	4.85

续表

秘鲁南方铜业	2013年	2014年	2015年	2016年	2017年
营业成本（万元）	1,750,602.00	1,738,104.00	1,901,066.00	2,104,755.00	2,125,445.00
营业开支（万元）	335,044.00	381,214.00	427,863.00	542,127.00	518,162.00
利息收入（万元）	-12,185.00	-9,352.00	-7,078.00	-4,925.00	-3,594.00
利息支出（万元）	119,868.00	84,795.00	136,885.00	201,659.00	199,947.00
所得税费用（万元）	469,048.00	461,757.00	301,887.00	347,613.00	1,041,159.00
净利润（万元）	986,794.00	815,646.00	478,189.00	538,658.00	476,016.00
成本费用总和（万元）	2,662,377.00	2,656,518.00	2,760,623.00	3,191,229.00	3,881,119.00
成本费用净利率（%）	37.06	30.70	17.32	16.88	12.26

中游——非金属矿物制品业

法国 Lafarge	2013年	2014年	2015年	2016年	2017年
营业成本（万元）	7,577,632.00	6,614,545.00	10,556,568.00	10,628,040.00	12,252,611.00
营业开支（万元）	4,288,774.00	3,916,177.00	5,014,530.00	5,734,872.00	5,433,807.00
利息收入（万元）	—	—	—	—	—
利息支出（万元）	339,001.00	349,916.00	580,003.00	609,181.00	376,634.00
所得税费用（万元）	364,290.00	368,729.00	499,981.00	567,708.00	357,935.00
净利润（万元）	869,374.00	807,065.00	-940,424.00	1,217,683.00	-1,118,548.00
成本费用总和（万元）	12,569,697.00	11,249,367.00	16,651,082.00	17,539,801.00	18,420,987.00
成本费用净利率（%）	6.92	7.17	-5.65	6.94	-6.07

墨西哥 cemex	2013年	2014年	2015年	2016年	2017年
营业成本（万元）	28,604,434.00	34,377,519.00	40,258,292.00	5,420,674.00	5,620,222.00
营业开支（万元）	9,823,741.00	12,094,964.00	13,829,058.00	1,855,344.00	1,983,789.00
利息收入（万元）	—	—	-28,565.00	—	—
利息支出（万元）	—	—	4,357,833.00	718,859.00	—
所得税费用（万元）	1,318,010.00	968,859.00	609,353.00	103,670.00	17,239.00
净利润（万元）	-2,299,408.00	-1,633,550.00	321,544.00	469,897.00	504,591.00
成本费用总和（万元）	39,746,185.00	47,441,342.00	59,025,971.00	8,098,547.00	7,621,250.00
成本费用净利率（%）	-5.79	-3.44	0.54	5.80	6.62

续表

德国 heidellberg	2013 年	2014 年	2015 年	2016 年	2017 年
营业成本（万元）	11,744,366.00	—	—	4,282,735.00	5,253,835.00
营业开支（万元）	-1,354,096.00	8,283,022.00	8,275,061.00	5,557,771.00	6,573,984.00
利息收入（万元）	—	—	—	—	—
利息支出（万元）	422,124.00	344,672.00	281,112.00	310,393.00	252,951.00
所得税费用（万元）	196,413.00	48,089.00	208,954.00	222,857.00	268,867.00
净利润（万元）	627,545.00	362,118.00	567,687.00	516,006.00	716,017.00
成本费用总和（万元）	11,008,807.00	8,675,783.00	8,765,127.00	10,373,756.00	12,349,637.00
成本费用净利率（%）	5.70	4.17	6.48	4.97	5.80

下游——通用设备制造业

日本 fanuc	2013 年	2014 年	2015 年	2016 年	2017 年
营业成本（万元）	1,361,316.00	1,798,345.00	1,880,725.00	1,874,073.00	2,353,178.00
营业开支（万元）	357,441.00	416,200.00	465,642.00	497,519.00	585,297.00
利息收入（万元）	-21,511.00	-18,791.00	-14,595.00	-85,305.00	-118,091.00
利息支出（万元）	—	—	—	—	—
所得税费用（万元）	376,585.00	528,609.00	397,124.00	253,562.00	396,262.00
净利润（万元）	664,693.00	1,064,402.00	918,754.00	788,733.00	1,074,747.00
成本费用总和（万元）	2,073,831.00	2,724,363.00	2,728,896.00	2,539,849.00	3,216,646.00
成本费用净利率（%）	32.05	39.07	33.67	31.05	33.41

美国通用电气	2013 年	2014 年	2015 年	2016 年	2017 年
营业成本（万元）	47,032,096.00	49,754,201.00	53,697,526.00	60,686,957.00	60,071,514.00
营业开支（万元）	24,363,822.00	23,263,826.00	13,272,269.00	13,428,645	14,317,739.00
利息收入（万元）	-12,803.00	—	-42,208.00	-115,848.00	-195,373.00
利息支出（万元）	6,167,624.00	5,849,152.00	2,248,734.00	3,485,842.00	3,181,502.00
所得税费用（万元）	412,150.00	1,084,287.00	4,211,100.00	-321,877.00	-1,988,357.00
净利润（万元）	7,960,722.00	9,321,073.00	-3,977,979.00	6,126,065.00	-3,780,688.00
成本费用总和（万元）	77,962,889.00	79,951,466.00	73,387,421.00	77,163,719.00	75,387,025.00
成本费用净利率（%）	10.21	11.66	-5.42	7.94	-5.02

续表

下游——专用设备制造业					
美国卡特彼勒	2013年	2014年	2015年	2016年	2017年
营业成本（万元）	24,830,845.00	24,333,427.00	21,910,705.00	19,637,953.00	20,288,038.00
营业开支（万元）	4,629,376.00	4,792,401.00	4,781,887.00	4,604,087.00	4,627,520.00
利息收入（万元）	—	—	—	—	—
利息支出（万元）	726,750.00	677,985.00	710,400.00	763,764.00	769,075.00
所得税费用（万元）	804,181.00	844,422.00	481,825.00	133,190.00	2,181,769.00
净利润（万元）	2,310,115.00	2,260,971.00	1,364,955.00	-46,478.00	492,679.00
成本费用总和（万元）	30,991,152.00	30,648,235.00	27,884,817.00	25,138,994.00	27,866,402.00
成本费用净利率（%）	7.45	7.38	4.89	-0.18	1.77
美国洛克希德马丁	2013年	2014年	2015年	2016年	2017年
营业成本（万元）	25,101,547.00	24,687,106.00	26,579,604.00	29,264,428.00	29,730,610.00
营业开支（万元）					
利息收入（万元）	—	—	—	—	—
利息支出（万元）	213,392.00	208,046.00	287,666.00	459,923.00	425,376.00
所得税费用（万元）	734,676.00	1,005,964.00	920,792.00	785,962.00	2,182,423.00
净利润（万元）	1,817,486.00	2,211,407.00	2,340,943.00	3,677,997.00	1,308,147.00
成本费用总和（万元）	26,049,615.00	25,901,116.00	27,788,062.00	30,510,313.00	32,338,409.00
成本费用净利率（%）	6.98	8.54	8.42	12.05	4.05
美国联合技术	2013年	2014年	2015年	2016年	2017年
营业成本（万元）	27,631,760.00	29,032,819.00	26,254,274.00	28,760,802.00	28,719,769.00
营业开支（万元）	5,637,803.00	5,589,707.00	5,302,024.00	5,824,999.00	5,599,809.00
利息收入（万元）	-83,528.00	-133,394.00	-78,573.00	-84,631.00	-70,569.00
利息支出（万元）	630,419.00	673,090.00	613,645.00	805,386.00	664,528.00
所得税费用（万元）	1,364,486.00	1,385,342.00	1,370,799.00	1,177,209.00	1,857,673.00
净利润（万元）	3,488,036.00	3,806,018.00	4,940,331.00	3,506,653.00	2,974,368.00
成本费用总和（万元）	35,180,940.00	36,547,564.00	33,462,169.00	36,483,765.00	36,771,210.00
成本费用净利率（%）	9.91	10.41	14.76	9.61	8.09

续表

美国波音	2013 年	2014 年	2015 年	2016 年	2017 年
营业成本（万元）	44,625,040.00	46,922,328.00	53,263,105.00	56,003,095.00	49,657,306.00
营业开支（万元）	4,284,292.00	4,169,487.00	4,452,012.00	5,718,169.00	4,752,324.00
利息收入（万元）	—	—	—	—	—
利息支出（万元）	281,067.00	245,984.00	220,133.00	253,200.00	280,971.00
所得税费用（万元）	1,003,550.00	1,034,723.00	1,285,083.00	466,860.00	1,208,827.00
净利润（万元）	2,795,429.00	3,332,407.00	3,361,087.00	3,395,661.00	5,356,084.00
成本费用总和（万元）	50,193,949.00	52,372,522.00	59,220,333.00	62,441,324.00	55,899,428.00
成本费用净利率（%）	5.57	6.36	5.68	5.44	9.58

下游——交通运输设备制造业

美国福特汽车	2013 年	2014 年	2015 年	2016 年	2017 年
营业成本（万元）	76,353,917.00	75,579,440.00	80,547,264.00	87,811,321.00	85,814,955.00
营业开支（万元）	8,033,275.00	8,638,192.00	9,739,751.00	8,460,365.00	7,531,972.00
利息收入（万元）	-129,864.00	-216,001.00	-202,600.00	-207,416.00	-297,960.00
利息支出（万元）	2,249,146.00	2,147,157.00	2,095,485.00	6,800,341.00	6,685,793.00
所得税费用（万元）	-89,624.00	707,356.00	1,870,806.00	1,518,509.00	339,778.00
净利润（万元）	4,362,332.00	1,950,125.00	4,787,731.00	3,188,245.00	4,967,299.00
成本费用总和（万元）	86,416,850.00	86,856,144.00	94,050,706.00	104,383,120.00	100,074,538.00
成本费用净利率（%）	5.05	2.25	5.09	3.05	4.96

德国宝马汽车	2013 年	2014 年	2015 年	2016 年	2017 年
营业成本（万元）	51,173,442.00	47,265,522.00	52,534,989.00	55,123,961.00	61,438,431.00
营业开支（万元）	6,135,694.00	5,880,232.00	6,058,591.00	6,820,898.00	7,844,432.00
利息收入（万元）	—	—	—	-203,860.00	-462,676.00
利息支出（万元）	—	—	261,813.00	—	—
所得税费用（万元）	2,166,183.00	2,154,668.00	2,006,523.00	2,013,023.00	1,520,668.00
净利润（万元）	4,473,803.00	4,322,757.00	4,518,933.00	5,014,657.00	6,725,583.00
成本费用总和（万元）	8,301,877.00	8,034,900.00	8,326,927.00	8,630,061.00	8,902,424.00
成本费用净利率（%）	53.89	53.80	54.27	58.11	75.55

续表

日本丰田汽车	2013年	2014年	2015年	2016年	2017年
营业成本（万元）	124,640,425.00	111,986,641.00	130,049,240.00	140,420,900.00	141,103,671.00
营业开支（万元）	15,571,171.00	13,547,503.00	16,935,003.00	17,717,484.00	18,254,318.00
利息收入（万元）	-573,914.00	-637,060.00	-908,180.00	-981,974.00	-1,060,477.00
利息支出（万元）	—	—	203,673.00	181,302.00	162,939.00
所得税费用（万元）	4,600,706.00	4,580,994.00	5,052,682.00	3,884,464.00	2,979,324.00
净利润（万元）	10,924,129.00	11,143,139.00	13,304,929.00	11,310,028.00	14,730,960.00
成本费用总和（万元）	144,238,388.00	129,478,078.00	151,332,418.00	161,222,176.00	161,439,775.00
成本费用净利率（%）	7.57	8.61	8.79	7.02	9.12
美国通用汽车	2013年	2014年	2015年	2016年	2017年
营业成本（万元）	82,262,423.00	84,492,376.00	83,326,525.00	94,574,202.00	75,057,702.00
营业开支（万元）	9,041,703.00	9,910,944.00	12,427,452.00	14,222,237.00	13,527,754.00
利息收入（万元）	-149,984.00	-129,111.00	-109,742.00	-128,335.00	-189,492.00
利息支出（万元）	203,636.00	246,596.00	287,666.00	396,796.00	375,717.00
所得税费用（万元）	1,296,811.00	139,513.00	-1,231,836.00	1,675,979.00	7,535,893.00
净利润（万元）	3,259,403.00	2,416,393.00	6,290,350.00	6,539,510.00	-2,524,815.00
成本费用总和（万元）	92,654,589.00	94,660,318.00	94,700,065.00	110,740,879.00	96,307,574.00
成本费用净利率（%）	3.52	2.55	6.64	5.91	-2.62

下游——电气机械及器材制造业

日本三菱电机	2013年	2014年	2015年	2016年	2017年
营业成本（万元）	17,315,348.00	17,464,217.00	15,546,496.00	17,669,966.00	18,225,473.00
营业开支（万元）	5,390,213.00	5,420,351.00	4,990,181.00	5,878,105.00	6,286,747.00
利息收入（万元）	-8,211.00	-19,534.00	-17,135.00	-29,214.00	-160,196.00
利息支出（万元）	—	—	—	—	—
所得税费用（万元）	-63,222.00	516,498.00	384,094.00	443,246.00	453,881.00
净利润（万元）	462,191.00	919,610.00	1,203,323.00	1,314,526.00	1,300,131.00
成本费用总和（万元）	22,634,128.00	23,381,532.00	20,903,636.00	23,962,103.00	24,805,905.00
成本费用净利率（%）	2.04	3.93	5.76	5.49	5.24

附表 2　　各行业每年平均值及各行业五年平均值的计算过程与结果　　（单位：%）

国内					
上游——煤炭采选业					
	2013 年	2014 年	2015 年	2016 年	2017 年
中煤能源成本费用净利率	5.51	1.76	-3.35	5.00	5.84
中国神华成本费用净利率	24.45	22.92	15.54	19.61	27.97
陕西煤业成本费用净利率	16.69	7.30	-6.79	15.02	43.64
兖州煤业成本费用净利率	0.53	2.96	1.20	2.30	5.48
煤炭采选业每年平均值	11.79	8.74	1.65	10.48	20.73
煤炭采选业五年平均值	10.68				
上游——石油和天然气开采业					
	2013 年	2014 年	2015 年	2016 年	2017 年
中国石化成本费用净利率	2.49	1.74	2.15	3.06	2.99
广汇能源成本费用净利率	17.80	28.95	4.75	3.39	6.66
中国石油成本费用净利率	6.62	5.48	2.52	1.84	1.88
上海石化成本费用净利率	1.77	-0.68	4.20	8.22	7.08
石油和天然气开采业每年平均值	7.17	8.87	3.40	4.13	4.65
石油和天然气开采业五年平均值	5.64				
上游——金属采选业					
	2013 年	2014 年	2015 年	2016 年	2017 年
北方稀土成本费用净利率	13.69	5.03	0.92	1.59	7.39
山东黄金成本费用净利率	2.48	1.90	1.58	2.68	2.40
紫金矿业成本费用净利率	6.23	4.68	1.82	2.24	3.62
金属采选业每年平均值	7.47	3.87	1.44	2.17	4.47
金属采选业五年平均值	3.88				
中游——金属冶炼和压延加工业					
	2013 年	2014 年	2015 年	2016 年	2017 年
鞍钢股份成本费用净利率	1.03	1.29	-8.22	2.92	7.12
沙钢股份成本费用净利率	0.38	0.68	-1.77	6.05	12.86
山东钢铁股份成本费用净利率	0.23	-2.62	0.22	-1.07	4.26
宝钢股份成本费用净利率	3.31	3.35	0.44	5.21	7.55
河钢股份成本费用净利率	0.12	0.73	0.55	1.96	2.01
首钢股份成本费用净利率	-3.49	-0.12	-7.65	1.14	5.42
金属冶炼和压延加工业每年平均值	0.26	0.55	-2.74	2.70	6.54
金属冶炼和压延加工业五年平均值	1.46				

续表

中游——非金属矿物制品业					
	2013 年	2014 年	2015 年	2016 年	2017 年
海螺水泥成本费用净利率	21.24	23.07	16.38	18.69	26.55
华润水泥成本费用净利率	19.69	22.22	6.49	7.28	13.34
华新水泥成本费用净利率	9.44	10.12	1.72	4.78	11.69
中国建材成本费用净利率	6.75	6.77	2.62	2.68	4.85
冀东水泥成本费用净利率	1.23	-1.67	-15.33	-0.18	0.85
非金属矿物制品业每年平均值	11.67	12.10	2.38	6.65	11.46
非金属矿物制品业五年平均值	8.85				
下游——通用设备制造业					
	2013 年	2014 年	2015 年	2016 年	2017 年
华中数控成本费用净利率	2.96	2.51	-6.96	0.57	3.49
重庆纳川股份成本费用净利率	16.77	5.12	4.30	8.29	5.94
通用设备制造业每年平均值	9.86	3.81	-1.33	4.43	4.72
通用设备制造业五年平均值	4.30				
下游——专用设备制造业					
	2013 年	2014 年	2015 年	2016 年	2017 年
三一重工成本费用净利率	8.98	2.56	0.60	0.72	6.29
大连重工成本费用净利率	3.96	0.07	0.09	0.14	0.28
柳工成本费用净利率	2.98	0.69	0.31	1.92	2.76
专用设备制造业每年平均值	5.30	1.11	0.33	0.93	3.11
专用设备制造业五年平均值	2.16				
下游——交通运输设备制造业					
	2013 年	2014 年	2015 年	2016 年	2017 年
上汽集团成本费用净利率	6.43	6.20	6.10	5.94	5.54
福田汽车成本费用净利率	2.16	1.32	1.02	1.08	0.05
比亚迪成本费用净利率	1.48	1.27	4.01	5.63	4.83
交通运输设备制造业每年平均值	3.36	2.93	3.71	4.22	3.48
交通运输设备制造业五年平均值	3.54				
下游——电气机械及器材制造业					
	2013 年	2014 年	2015 年	2016 年	2017 年
特变电工成本费用净利率	4.94	5.30	5.71	6.63	7.39
超威动力成本费用净利率	2.12	-0.16	1.78	2.43	1.86
亨通光电成本费用净利率	3.91	3.79	5.35	8.38	9.26
电气机械及器材制造业每年平均值	3.66	2.98	4.28	5.81	6.17
电气机械及器材制造业五年平均值	4.58				

续表

国外					
上游——煤炭采选业					
	2013 年	2014 年	2015 年	2016 年	2017 年
康索尔成本费用净利率	20.61	4.71	-14.53	-33.12	31.61
煤炭采选业每年平均值	20.61	4.71	-14.53	-33.12	31.61
煤炭采选业五年平均值	1.86				
上游——石油和天然气开采业					
	2013 年	2014 年	2015 年	2016 年	2017 年
壳牌石油成本费用净利率	3.70	3.57	0.72	1.95	4.36
埃克斯美孚成本费用净利率	12.17	12.52	7.03	3.73	8.78
道达尔成本费用净利率	5.11	2.00	3.55	4.98	5.93
石油和天然气开采业每年平均值	6.99	6.03	3.77	3.55	6.35
石油和天然气开采业五年平均值	5.34				
上游——金属采选业					
	2013 年	2014 年	2015 年	2016 年	2017 年
力拓成本费用净利率	9.10	16.88	-2.83	15.44	27.18
FMG 成本费用净利率	29.98	3.84	15.68	33.01	14.68
必和必拓成本费用净利率	26.35	4.72	-18.40	17.81	11.20
金属采选业每年平均值	21.81	8.48	-1.85	22.09	17.69
金属采选业五年平均值	13.64				
中游——金属冶炼和压延加工业					
	2013 年	2014 年	2015 年	2016 年	2017 年
浦项钢铁成本费用净利率	2.30	0.99	0.32	2.63	4.85
南方铜业成本费用净利率	37.06	30.70	17.32	16.88	12.26
金属冶炼和压延加工业每年平均值	19.68	15.85	8.82	9.76	8.56
金属冶炼和压延加工业五年平均值	13.00				
中游——非金属矿物制品业					
	2013 年	2014 年	2015 年	2016 年	2017 年
法国 Lafarge 成本费用净利率	6.92	7.17	-5.65	6.94	-6.07
墨西哥 cemex 成本费用净利率	-5.79	-3.44	0.54	5.80	6.62
德国 heidelberg 成本费用净利率	5.70	4.17	6.48	4.97	5.80
非金属矿物制品业每年平均值	2.28	2.63	0.46	5.91	2.12
非金属矿物制品业五年平均值	2.68				

续表

	下游——通用设备制造业				
	2013年	2014年	2015年	2016年	2017年
日本fanuc成本费用净利率	32.05	39.07	33.67	31.05	33.41
通用电气成本费用净利率	10.21	11.66	-5.42	7.94	-5.02
通用设备制造业每年平均值	21.13	25.36	14.12	19.50	14.20
通用设备制造业五年平均值	18.86				
	下游——专用设备制造业				
	2013年	2014年	2015年	2016年	2017年
卡特彼勒成本费用净利率	7.45	7.38	4.89	-0.18	1.77
洛克希德马丁成本费用净利率	6.98	8.54	8.42	12.05	4.05
联合技术成本费用净利率	9.91	10.41	14.76	9.61	8.09
波音成本费用净利率	5.57	6.36	5.68	5.44	9.58
专用设备制造业每年平均值	7.48	8.17	9.62	6.73	5.87
专用设备制造业五年平均值	7.57				
	下游——交通运输设备制造业				
	2013年	2014年	2015年	2016年	2017年
福特汽车成本费用净利率	5.05	2.25	5.09	3.05	4.96
宝马汽车成本费用净利率	9.56	7.87	7.42	7.82	7.52
丰田汽车成本费用净利率	7.57	8.61	8.79	7.02	9.12
通用汽车成本费用净利率	3.52	2.55	6.64	5.91	-2.62
交通运输设备制造业每年平均值	6.43	5.32	6.99	5.95	4.75
交通运输设备制造业五年平均值	5.89				
	下游——电气机械及器材制造业				
	2013年	2014年	2015年	2016年	2017年
三菱电机成本费用净利率	2.04	3.93	5.76	5.49	5.24
电气机械及器材制造业每年平均值	2.04	3.93	5.76	5.49	5.24
电气机械及器材制造业每年平均值	4.49				

参 考 文 献

[1] 程俊杰：《中国转型时期产业政策与产能过剩——基于制造业面板数据的实证研究》，载于《财经研究》2015年第41卷第8期。

[2] 戴家权、郭一凡、董振宇：《中国经济发展面临的风险和模式转变路径及对国内石油市场的影响》，载于《国际石油经济》2013年第3期。

[3] 杜春峰：《标杆管理在提升企业竞争力中的作用》，载于《科技情报开发与经济》2007年第22期。

[4] 冯根福：《双重委托代理理论：上市公司治理的另一种分析框架——兼论进一步完善中国上市公司治理的新思路》，载于《经济研究》2004年第12期。

[5] 高越、李荣林：《国际生产分割、技术进步与产业结构升级》，载于《世界经济研究》2011年第12期。

[6] 韩国高、高铁梅、王立国、齐鹰飞、王晓姝：《中国制造业产能过剩的测度、波动及成因研究》，载于《经济研究》2011年第12期。

[7] 胡援成、肖德勇：《经济发展门槛与自然资源诅咒——基于我国省际层面的面板数据实证研究》，载于《管理世界》2007年第4期。

[8] 韩永奇：《去产能悖论与"马歇尔冲突"——用产业经济学原理破解去产能难题之思考》，载于《建材发展导向》2016年第10期。

[9] 淮阳婷、张倩肖：2018，《中国工业企业产能过剩影响的实证检验》，载于《统计与决策》2018年第34卷第21期。

[10] 韩汕清：《基于价值链的煤炭企业资本运作》，载于《煤炭经济管理新论》2005年。

[11] 贾康、苏京春：《探析"供给侧"经济学派所经历的两轮"否定之否定"——对"供给侧"学派的评价、学理启示及立足于中国的研讨展望》，载于《财政研究》2014年第8期。

[12] 贾若祥：《"中部崛起"的产业优势、问题及发展思路》，载于《中国经济时报》2005年12月30日第5版。

[13] 李百兴：《价值链会计分析研究——对会计管理的战略新思考》，首都

经济贸易大学出版社 2011 年版。

[14] 陆大道:《区域发展及其空间结构》,科学出版社 1995 年版。

[15] 罗红雨:《价值链成本控制保障体系构建》,中国经济出版社 2013 年版。

[16] 罗红雨:《价值链成本控制研究》,中国经济出版社 2013 年版。

[17] 罗瑞荣:《基于全球价值链分工的中国产业升级中的人力资源开发研究》,博士学位论文,江西财经大学,2011 年。

[18] 刘小玄:《现代企业的激励机制:剩余支配权》,载于《经济研究》1996 年第 5 期。

[19] 林毅夫:《供给侧改革 不应照搬西方理论》,载于《南方企业家》2016 年第 2 期。

[20] 刘志彪:《重构国家价值链:转变中国制造业发展方式的思考》,载于《世界经济与政治论坛》2011 年第 4 期。

[21] 刘志彪、张杰:《从融入全球价值链到构建国家价值链:中国产业升级的战略思考》,载于《学术月刊》2009 年第 9 期。

[22] [美] 迈克尔·波特著,李明轩、邱如美译:《竞争优势》,中信出版社 2014 年版。

[23] 马士华:《供应链管理》,机械工业出版社 2005 年版。

[24] 任艳:《物流企业运输成本控制策略研究》,载于《西部财会》2016 年第 9 期。

[25] [瑞典] 冈纳·缪尔达尔著,方福前译:《亚洲的戏剧:南亚国家贫困问题研究(重译本)》,首都经济贸易大学出版社 1997 年版。

[26] 邵帅:《煤炭资源开发对中国煤炭城市经济增长的影响——基于资源诅咒学说的经验研究》,载于《财经研究》2010 年第 36 卷第 3 期。

[27] 邵帅、齐中英:《中国西部地区的能源开发与经济增长——基于"资源诅咒"假说的实证分析》,载于《中国高等学校学术文摘·经济学》2008 年第 4 期 (2008a)。

[28] 邵帅、齐中英:《西部地区的能源开发与经济增长——基于"资源诅咒"假说的实证分析》,载于《经济研究》2008 年第 4 期 (2008b)。

[29] 邵帅、齐中英:《中国西部地区的能源开发与经济增长——基于"资源诅咒"假说的实证分析》,载于《中国经济学前沿》2009 年第 1 期。

[30] 邵帅、杨莉莉、黄涛:《能源回弹效应的理论模型与中国经验》,载于《经济研究》2013 年第 48 卷第 2 期 (2013a)。

[31] 邵帅、范美婷、杨莉莉：《资源产业依赖如何影响经济发展效率？——有条件资源诅咒假说的检验及解释》，载于《管理世界》2013 年第 2 期 (2013b)。

[32] 王建：《生产过剩的前瞻与反危机措施的思考》，载于《经济管理文摘》2005 年第 24 期。

[33] 吴敬琏：《靠投资拉动不可取》，载于《资本市场》2015 年第 4 期。

[34] 万建香、梅国平：《社会资本、技术创新与"资源诅咒"的拐点效应》，载于《系统工程理论与实践》2016 年第 10 期。

[35] 巫强、刘志彪：《双边交易平台下构建国家价值链的条件、瓶颈与突破——基于山寨手机与传统手机产业链与价值链的比较分析》，载于《中国工业经济》2010 年第 3 期。

[36] 王新红、聂亚倩：《资源税从价计征后煤炭企业税收负担变化分析》，载于《煤炭经济研究》2017 年第 37 卷第 2 期。

[37] 夏飞、曹鑫、赵锋：《基于双重差分模型的西部地区"资源诅咒"现象的实证研究》，载于《中国软科学》2014 年第 9 期。

[38] 徐康宁、王剑：《自然资源丰裕程度与经济发展水平关系的研究》，载于《经济研究》2006 年第 1 期。

[39] 谢诗芬、戴子礼：《新中国成本管理会计的发展——回顾与展望》，载于《湘潭工学院学报（社会科学版）》2000 年第 1 期。

[40] 咸玉娟：《煤炭企业成本管理探析——论基于价值链的成本管理》，载于《现代商贸工业》2010 年第 22 卷第 13 期。

[41] 许小年：《高层为什么要强调"供给侧"？》，载于《新产经》2016 年第 1 期。

[42] 岳殿民、吴晓丹：《基于价值链理论的成本管理体系研究》，载于《商业研究》2008 年第 7 期。

[43] 闫磊：《中国西部区域自我发展能力研究》，博士学位论文，兰州大学 2011 年。

[44] 杨天宇、张蕾，2009，《中国制造业企业进入和退出行为的影响因素分析》，载于《管理世界》第 6 期。

[45] 叶泽：《电力企业标杆管理的启示》，载于《中国电力企业管理》2006 年第 5 期。

[46] 杨振兵、张诚：《产能过剩与环境治理双赢的动力机制研究——基于生产侧与消费侧的产能利用率分解》，载于《当代经济科学》2015 年第 6 期

（2015a）。

［47］杨振兵、张诚：《中国工业部门产能过剩的测度与影响因素分析》，载于《南开经济研究》2015年第6期（2015b）。

［48］袁振兴：《股票期权激励的源条件、代理问题及其激励效果——雏鹰农牧股份公司股票期权激励计划的案例分析》，载于《会计之友》2016年第2卷第2期。

［49］詹浩勇、冯金丽：《知识密集型服务业集群、国家价值链与西部地区产业升级》，载于《学术论坛》2015年第5期。

［50］张秀生、盛见：《"比较优势陷阱"与中部经济增长》，载于《经济管理》2008年第7期。

［51］周永亮：《价值链重构——突破企业成长的关口》，机械工业出版社2016年版。

［52］张智勇：《煤炭企业价值创新管理模式的构建》，载于《中州煤炭》2009年第5期。

［53］Adams, Richard M. and Katz, C. R. W. 1984, "Assessing the adequacy of natural science information: a Bayesian approach", *The Review of Economics and Statistics*, Vol. 66, No. 4.

［54］Auty, Richard M. and Mikesell, Raymond Frech. 1993, *Sustainable Development in Mineral Economies*, London: Clarendon Press.

［55］Battese, George Edward and Coelli, Tim J. 1995, "A model for technical inefficiency effects in a stochastic frontier production function for panel data", *Empirical Economics*, Vol. 20, No. 2.

［56］Borys, Bryan and Jemison, David B. 1989, "Hybrid arrangements as strategic alliances: theoretical issues in organizational combinations", *Academy of Management Review*, Vol. 14, No. 2.

［57］Capie, David H. and Evans, Paul M. 2002, *The Asia-Pacific Security Lexicon*. Singapore: Institute of Southeast Asian Studies.

［58］Cook, Philip J. and Graham, Daniel A. 1977, "The demand for insurance and protection: the case of irreplaceable commodities", *Foundations of Insurance Economics*. Springer, Dordrecht, pp. 206–219.

［59］Cory, Dennis C. and Saliba, Bonnie Colby. 1987, "Requiem for option value", *Land Economics*, Vol. 63, No. 1.

［60］Day, George S. and Wensley, Robin. 1983, "Marketing theory with a strategic orientation", *Journal of Marketing*, Vol. 47, No. 4.

[61] Drucker, P. F. 1974, *Management: Tasks, Responsibilities, Practices*, New York: Harper and Row.

[62] Gallagher, David R. and Smith, V. Kerry. 1985, "Measuring values for environmental resources under uncertainty", *Journal of Environmental Economics and Management*, Vol. 12, No. 2.

[63] Grossman, Gene M. and Krueger, Alan B. 1991, *Environmental impacts of a North American free trade agreement*, National Bureau of Economic Research, No. 3914.

[64] Grossman, Gene M. and Krueger, Alan B. 1995, "Economic growth and the environment", *The Quarterly Journal of Economics*, Vol. 110, No. 2.

[65] Holmstrom, Bengt. 1982, "Moral hazard in teams", *The Bell Journal of Economics*.

[66] Hotelling, Harold. 1931, "The economics of exhaustible resources", *Bulletin of Mathematical Biology*, Vol. 39, No. 1 - 2.

[67] Humphrey, John and Schmitz, Hubert 2002, "How does insertion in global value chains affect upgrading in industrial clusters?", *Regional Studies*, Vol. 36, No. 9.

[68] Katsumata, Hiro. 2003, "Reconstruction of diplomatic norms in Southeast Asia: the case for strict adherence to the 'ASEAN Way'", *Contemporary Southeast Asia: A Journal of International and Strategic Affairs*, Vol. 25, No. 1.

[69] King, William R. 1965, "Toward a methodology of market analysis", *Journal of Marketing Research*, Vol. 2, No. 3.

[70] Kirkley, Jameset al. 2002, "Capacity and capacity utilization in common-pool resource industries", *Environmental and Resource Economics*, Vol. 22, No. 1 - 2.

[71] Kohli, Ajay K. andJaworski, Bernard J. 1990, "Market orientation: the construct, research propositions, and managerial implications", *Journal of Marketing*, Vol. 54, No. 2.

[72] Lin, Fu-Ren and Shaw, Michael J. 1998, "Reengineering the order fulfillment process in supply chain networks", *International Journal of Flexible Manufacturing Systems*, Vol. 10, No. 3.

[73] Lynch, Robert Porter. 1989, *The Practical Guide to Joint Ventures and Corporate Alliances: How to Form, How to Organize, How to Operate*, New York: John Wiley & Sons Inc.

[74] Madariaga, Bruce and McConnell, Kenneth E. 1987, "Exploring existence value", *Water Resources Research*, Vol. 23, No. 5.

[75] Meeusen, Wim and van den Broeck, Julien. 1977, "Efficiency estimation from Cobb-Douglas production functions with composed error", *International Economic Review*, Vol. 18, No. 2.

[76] Rollins, Kimberly and Lyke, Audrey. 1998, "The case for diminishing marginal existence values", *Journal of Environmental Economics and Management*, Vol. 36, No. 3.

[77] Papyrakis, Elissaios and Gerlagh, Reyer. 2004, "The resource curse hypothesis and its transmission channels", *Journal of Comparative Economics*, Vol. 32, No. 1.

[78] Park, Innwon. 2006, "East Asian regional trade agreements: do they promote global free trade?", *Pacific Economic Review*, Vol. 11, No. 4.

[79] Porter, Michael E. 1985, *The Competitive Advantage*, New York: The Free Press.

[80] Ramcharan, Robin. 2000, "ASEAN and non-interference: a principle maintained", *Contemporary Southeast Asia*, Vol. 22, No. 1.

[81] Rayport, Jeffrey F. and Sviokla, John J. 1995, "Exploiting the virtual value chain", *Harvard Business Review*, Vol. 73, No. 6.

[82] Sachs, Jeffrey D. and Warner, Andrew M. 1995, "Natural resource abundance and economic growth", *Nber Working Papers*, Vol. 81, No. 4.

[83] Safra, Zvi. 1983, "Manipulation by reallocating initial endowments", *Journal of Mathematical Economics*, Vol. 12, No. 1.

[84] Shank, John and Govindarajan, Vijay. 2004, *Strategic Cost Management: The Value Chain Perspective*, New York: The Free Press.

[85] Wellmer, F-W. and Becker-Platen, J. 2002, "Sustainable development and the exploitation of mineral and energy resources: a review", *International Journal of Earth Sciences*, Vol. 91, No. 5.

后　　记

本书即将出版之际，我思考了这样一个问题，即"如何评价一本书的价值？"有人说，应该用："有多少人记住"和"记住多少"来评判。而我却在思考"读者记住了什么？"之前，同类书籍在产业层面的研究，多重视价值链中高端问题，这个问题已经引起了学界和政界多年的关注。

2020年1月爆发的新冠肺炎疫情，使中美两国贸易摩擦加剧。在这样一个背景下，媒体关注的"因海外订单交付效应递减等因素，出口较前期产生了大幅回落""尽管国内复工复产基本恢复正常，但受海外疫情影响，制造业仍然相对疲弱""从产品的角度分析，我国出口结构仍以劳动密集型产品为主，处于价值链的相对低位"等诸多问题，似乎忽视了经济安全、产业链安全问题。

本书基于资源禀赋战略，思考了国家价值链的治理问题，为此类问题的研究提供了一个新的视角，即"非再生性资源的下游控制有利于价值链的中高端收益"。结合当前的经济形势，面对日益庞杂的市场体系，保证产业链的安全问题开始凸显出来，为此，我将进一步去研究上游、中游和下游控制给产业链安全带来的不同变化。虽然说，保证产业链的完整安全是一件很难做到的事。但是，从上游、中游和下游的角度去梳理安全问题，可能倒是一个多快好省、事半功倍的事情。

林毅夫先生的新结构经济学，为我打开了一扇思考中国经济发展的"资源禀赋结构之路"，进一步思考资源禀赋的战略重置是一件很有意义、也很有启发性的事情。在本书即将出版之际，"如何用资源禀赋的战略重置去思考后疫情时期的经济博弈问题？"这或许将是我下一步研究的一个重点问题。

本书研究和出版过程中，得到了兰州大学姜安印教授、兰州大学绿色金融研究院魏丽莉院长、兰州大学经济学院潘永昕副院长、兰州理工大学机关党委张军成书记、兰州理工大学经济管理学院蒙立元副教授、南京邮电大学经济管理学院徐广业副教授、浙江万里学院商学院孟祥霞院长、浙江万里学院科研部余丹部长等领导和朋友们各方面的帮助；感谢参与课题研究的王芸、张晓波、杨蕊、朱雨婷、张骐娟、姚彤彤、万永坤、王海燕、李兆娟、邱斯琪、贺维佳、冯龙飞等老师和同学的大力帮助，在此表示衷心的感谢。同时，也感谢浙江万里学院"数字金融服务港口经济研究"校级科研创新团队的支持。

由于水平、能力和时间等因素的制约，本书难免存在不足，还请各位读者和专家不吝指正，联系邮箱：stoneyan_2004@163.com。

闫磊
2020 年 6 月